Featuring. 마흔다섯 살, 열세 살, 열 살의 호주 한달살이

초등 6년의
모든 경험은
성장이다

Featuring. 마흔다섯 살, 열세 살, 열 살의 호주 한달살이

초등 6년의 모든 경험은 성장이다

신체적, 정신적, 사회적으로 건강하고
자기주도적인 아이로 키우는 방법
(2022개정 교육과정 핵심역량 키우기)

황희진 지음

이담북스

독자님, 안녕하세요. 이 책의 서문까지 펼쳐봐 주셔서 진심으로 감사드립니다. 저는 사람과 인연처럼, 책도 독자와의 인연이 있다고 생각합니다. 제 진심을 담은 책이 독자님과 인연이 닿아서 우선 감사하다는 마음을 전하며, 부디 서문이 아니라 맺음말까지 읽어주시면 더욱 감사하겠다라는 당부의 말씀도 드립니다. 나의 마음, 너의 마음이 더해져 우리의 마음이 될 때, 아이들이 건강하게, 자기주도적으로 '성장'할 수 있기 때문입니다.

저는 아이들의 건강과 행복을 지키는 일에 진심이며, 그것과 관련되는 일을 할 때 삶의 의미를 찾는 사람입니다. 이 책《초등 6년의 모든 경험은 성장이다》를 집필하는 시간은 제 삶의 의미를 찾는 또 하나의 과정이었습니다. 글 속에 담긴 저의 진심이 독자님께 진정성 있게 전해지길 바라며, 이 책을 읽는 과정 자체가 '성장'이라고 말씀드리겠습니다. 저와 함께 성장해보실까요?

인문계 고등학교 보건실에서 오랜 시간 근무했습니다. 학생들의 신체적 건강뿐 아니라, 정신적, 사회적 건강이 흔들리는 경우를 종종 보게 됩니다. 세계보건기구에서는 건강을 단순히 질병이 없거나 허약하지 않을 뿐 아니라, 신체적, 정신적, 사회적 안녕(well-bing)이 역동적이며 완전한 상태라고 정의하고 있습니다. 누구나 다 알듯, 건강이 무엇보다 우선입니다. 건강해야 공부도 하고, 건강해야 행복합니다.

학생들의 신체적 건강은 정신적, 사회적 건강과 연결이 되는 경우가 많습니다. 신체적 건강은 자신의 몸을 잘 돌보고 일상 생활을 수행할 수 있는 상태입니다. 정신적 건강은 불안이나 걱정에 적절하게 대처하고 자신감 있고, 자아존중감이 적절한 상태입니다. 사회적 건강은 주변 사람과 의사소통을 원활하게 하고, 변화하는 환경에 잘 적응하는 것입니다. 신체적 증상으로 머리가 아프다고 찾아오지만, 결국 머리가 아픈 이유는 '스트레스'이고, 스트레스는 아이들이 무언가를 겪고 있다는 것이지요. 즉, 성장하고 있다는 증거입니다. 스트레스 요인과 스트레스 반응은 언제 어디서나 경험하게 됩니다. 단 이를 어떻게 받아들이고 헤쳐가느냐가 중요합니다. 학생뿐 아니라, 성인도 마찬가지입니다. 인생의 모든 경험을 성장의 의미로 되새길 수 있어야 건강할 수 있습니다.

 6학년이 되는 딸에게 엄마로서 무엇을 해주어야 할까 고민했습니다. 예비 중학생에게 중학교 교과과정의 선행학습보다 더 중요한 경험을 해주고 싶었습니다. 건강해야 공부도 하니까요. 신체적 건강에 영향을 미치는 정신적, 사회적 건강의 뿌리를 튼튼하게 해주고 싶었습니다. 정신적, 사회적 건강의 기반이 탄탄해야, 건강하고 행복할 수 있다는 것을 누구보다 잘 알고 있습니다. 보건실에서 매일 정신적, 사회적 건강이 흔들려 신체적 증상을 호소하는 학생들을 18년째 보고 있으니까요. 그래서 결심했습니다. 중학생이 되기 전 겨울방학, 아이 둘을 데리고 호주라는 나라로 한달살이를 떠났습니다. 한달살이를 위해서 돈과 시간을 투자하는 것에 대한 대한 수많은 고민을 했고, 고비고비가 있었지만, 결국 다녀왔습니다. 그리고 그것을 나누고자 합니다. 꼭 한달살이를 가야만 건강하고 행복할 수 있느냐? 그렇지는 않습니다. 다만, 워킹맘으로서 아이들의 일상을 관찰할 수 있는 상황, 또한 나와 아이들이 일상에서 벗어나 새로운 곳에서 적응하는 상황 속에 우리를 두게 되면, 더 정확하게 관찰할 기회가 많습니다. 나와 아이들의 정신적, 사회적 건강 수준의 정도가 어떤지, 보다 면밀하게 확인할 수 있었습니다.

내 아이만 건강하게 키운다고 우리 아이가 건강한 환경에서 자랄 수 없습니다. 개인의 건강은 건강한 사회 속에서 지킬 수 있습니다. 우리 모두는 타인의 사회적 환경이 됩니다. 그래서 우리 모두 함께 건강해야 합니다. 저와 아이들의 경험을 나누는 이유는 우리 아이뿐 아니라, 우리 아이 친구들도 함께 건강하고 행복하기를 바라기 때문입니다. 우리 가족의 경험을 살펴보시며, 정신적, 사회적 건강에 대한 인식이 생기면 좋겠습니다. 그리고 독자님도 신체적 건강을 바탕으로 정신적, 사회적으로도 건강하기를 바랍니다.

신체적, 정신적, 사회적으로 건강하다는 전제가 되고 나면, 자기주도적으로 인생을 살아갈 수 있는 역량을 키워주어야 합니다. 급변하는 사회에 필요한 인재상에 맞춰서 교육부는 2022년 개정교육과정을 제시하였습니다. 이에 맞춰 교과서가 새로 집필되고, 곧 초, 중, 고등학교에서는 새로운 교과서가 사용됩니다. 자기관리역량, 지식정보처리역량, 창의적 사고역량, 심미적 감성역량, 협력적 소통 역량, 공동체 역량 등 교육과정이 지향하는 역량을 키워주어야 하는 것이 교사와 부모의 역할입니다. 학교에서의 시간은 선생님께 맡겨두고, 학교 이외의 시간에서 아이들을 어떤 눈으로 바라보고 키워야 하는지 나누고자 합니다. 대입을 앞둔 고등학생들에게 국어, 영어, 수학 점수가 중요하지 않다고 말할 수 없습니다. 적어도 초등학생들에게는 과목 점수보다는 교육과정이 추구하는 핵심역량에 대한 이해가 있어야 한다고 생각합니다. 결국 역량이 있는 아이들이 대학입시에서도 좋은 성적을 내고, 대학을 졸업하고 사회에 진출해서도 건강하고 행복하게 살아갈 것이기 때문입니다.

부모는 아이가 건강하게 자랄 수 있도록 지지해주고, 자기주도적으로 인생을 살아갈 수 있는 힘, 역량을 키워주어야 합니다. 결국 아이가 경험하는 모든 것이 성장의 거름이 된다는 눈이 있어야 건강하게 키우고, 자기주도적으로 키워낼 수 있습니다. 뼈 때리는 진실은 '성장'하는 부모의 아이는 '성장'할 수밖에 없습니다. 아이를 잘 키우기 위해서는 부모 먼저 '성장하는 어른'으로 살아야 한다고 감히 말씀드립니다.

2024년 1월, 호주 한달살이의 경험을 신체적, 정신적, 사회적 건강의 개념, 2022개정교육과정 핵심역량과 함께 풀어내고자 합니다. 각 장마다, 저의 사례를 보고, 독자분들의 경험에서 떠오르는 건강의 개념, 핵심역량을 생각해 볼 기회를 드리고자 합니다. 여러분의 경험이 딱히 떠오르지 않아도 괜찮습니다. 적어도 이 책을 읽는 동안 30번의 반복되는 〈적용하기〉 코너를 통해서, 건강의 개념과 핵심역량이 저절로 기억될 테니까요. 저와 아이들의 경험을 토대로, 그 경험이 어떻게 '성장'이 되는지 자연스럽게 익혀질 수 있도록 서술하고자 노력했습니다. 굳이, 호주로 떠나지 않아도 이미 우리는 성장하고 있습니다. 경험을 성장으로 이끌어 낼 수 있는 시선과 태도가 갖추어져 있다면 '성장'의 단서들을 더 잘 발견할 수 있습니다. 인생의 모든 경험을 성장으로 바라볼 수 있는 방법을 안내하고자 합니다. 경험 속에서 성장을 발견할 수 있는 눈을 갖고 싶다면 제대로 잘 찾아오셨습니다. 성장의 단서들을 보물찾기하듯 찾아볼까요? 저와 함께 호주 한달살이, 떠나보아요!

2024년 10월
황희진

목차

1. 준비 운동
건강해야 경험하고 역량 키워 성장한다

2. 본 운동
호주 한달살이 + 건강, 역량 적용하기

시드니

3. 마무리 운동
함께 잘 키워요! 건강+역량 있게!

부록
호주 한달살이 준비하기

1

준비 운동

건강해야 경험하고 역량 키워 성장한다

'초등 6년의 모든 경험은 성장이다.'라는 제목과 '신체적, 정신적, 사회적으로 건강하고 2022개정교육과정 핵심역량을 갖춘 아이로 키우는 방법'이라는 부제목의 키워드는 경험, 성장, 건강, 역량입니다. 건강해야 경험할 수 있고, 경험을 제대로 소화해야 역량이 생기고, 성장합니다. 어떤 경험을 해야 할까요? 역량을 키워줄 수 있는 경험을 해야 합니다. 어떤 경험이 역량 키우는 데 도움이 될까요? 궁금하시죠? 이에 대한 답을 하기 위해서 지금부터 하나씩 설명드리고자 합니다. 너무 궁금하신 분은 〈마무리 운동〉 편을 먼저 펼치셔도 되는데요. 준비 운동-본 운동-마무리 운동 순서대로 읽어가시길 권해 드립니다. 〈준비운동〉 부분에서는 건강과 역량에 대해서 살펴볼 것입니다. 〈본 운동〉에서는 호주에서의 실제 사례를 통해 살펴볼 것이구요. 〈마무리 운동〉에서는 어떤 경험이 역량을 키우는지에 대한 명쾌한 답을 드리고자 합니다.

우선, 자기관리역량, 지식정보처리역량, 창의적 사고 역량, 심미적 감성 역량, 협력적 의사소통 역량, 공동체 역량 6가지 역량을 향상시켜 줄 수 있는 다양한 경험을 해주어야 한다는 말씀을 드리며, '건강'과 '역량'에 대해서 설명드려 볼게요.

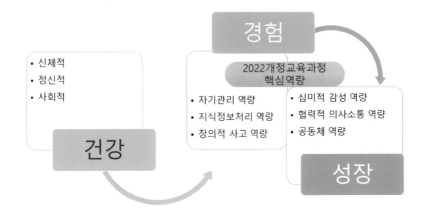

1) 건강 : 신체적, 정신적, 사회적으로 완전한 안녕(well-being)

'건강'이라고 하면 떠오르는 단어가 무엇일까요? 운동, 웰빙, 헬스, 영양 제 등 대부분의 단어는 신체적 건강과 관련이 됩니다. 최근 10년 사이 우울, 불안 등 정신적 건강에 대한 관심도 높아지고 있습니다. 자존감, 회복 탄력성 등이 높은 경우 정신적으로 건강하다고 볼 수 있습니다. 또한, 주변 사람들과 의사소통을 원활히 하고, 적절한 관계를 맺을 수 있으면 사회 적으로 건강하다고 볼 수 있습니다. '사회적'이라는 뜻이 어렵다면, '관계' 라고 생각하셔도 됩니다. 사회적으로 건강하지 못한 상황의 사례로는 왕따, 집단괴롭힘 등이 있습니다.

세계보건기구(World Health Organzation)에서는 '건강'이라는 개념 을 건강을 단순히 질병이 없거나 허약하지 않을 뿐 아니라, 신체적, 정신 적, 사회적으로 완전한 안녕상태(well-bing)라고 정의하였습니다. 여러분은 건강하신가요? 신체적 건강뿐 아니라, 정신적, 사회적으로도 안녕하신가요?

신체적 건강 상태는 키와 몸무게, 혈액검사 수치 등을 통해 객관화되기에, 건강 상태를 파악하기가 어렵지 않습니다. 그런데 정신적 건강, 사회적 건강은 평가하기가 쉽지 않습니다. 정신적 건강 및 사회적 건강의 중요성에 대한 인식이 생기면서, 약 10년 전부터 우리나라 초1, 초4, 중1, 고1 학생들을 대상으로 학생정서행동발달검사가 진행되고 있습니다. 학교에 상담교사가 배치되기도 하였고요. 개인의 정신적, 사회적 건강에 대해 관심을 기울이는 사회 분위기로 변화하고 있습니다.

그러나, 여전히 데이트 폭력, 묻지마 살인 등이 사건 사고 소식을 종종 접합니다. 정신적 건강, 사회적 건강이 결여된 사례라고 볼 수 있지요. 우리 사회에서 문제가 되는 사건, 사고의 이면에는 여러 가지 복합적인 원인이 있지만, 그중 하나는 개인의 정신적 건강, 사회적 건강이 튼튼하지 못한 부분이 있다고 생각합니다.

나와 내 가족이 사건, 사고의 피해자가 되길 원하지 않습니다. 또한 상상하고 싶지도 않지만, 가해자가 되어서도 안 될 것입니다. 하지만, 나와 내 가족이 가해자가 될 수도, 피해자가 될 수도 있다는 것이 팩트입니다. 그래서 우리는 나와 내 아이의 신체적 건강뿐 아니라, 정신적, 사회적 건강에도 관심을 기울여야 합니다. 내 아이만 건강한 것이 아니라, 내 아이 주변 사람들도 정신적, 사회적으로 건강할 때, 내 아이의 삶을 지킬 수 있다는 사실을 기억해야 합니다.

고3 학생들은 2학기가 되면 많이 아픕니다. 중요한 입시를 앞두고 마음의 힘이 무너지면, 실력을 제대로 발휘할 수 없습니다. 극단적으로 수능시험 날, 쓰러져서 시험을 망치는 학생들도 있습니다. 국, 영, 수 실력만큼 정신적으로 튼튼해야, 마음의 힘이 단단해야 합니다. 끈기, 인내, 도전, 용기 등 태도적인 측면이 탄탄해야 제 실력을 발휘할 수 있다고 생각합니다. 설령 실수로 시험을 망쳤다고 해도, 심기일전해서 도전할 수 있는 힘이 있어야 합니다. 개인의 정신적 건강에 대한 척도는 삶을 살아가는 태도와 자세로 생각하시면 될 것 같아요. 한 번에 측정하기 어렵지만, 삶을 살아가는 자세, 태도를 지켜보면 정신적 건강 상태를 가늠할 수 있습니다.

사회적 건강은 '관계'로 생각할 수 있다고 했는데요. 나와 타인의 관계, 나와 사회의 관계 등을 생각해볼 수 있겠습니다. 최근 MBTI로 성격유형을 분류하는 것이 대중화되어 있습니다. MBTI가 유행하는 것은 서로 다른 존재로 인정하고자 하며, 타인을 이해하려는 노력이 반영된 것이라고 생각합니다. 사회의 변화에 잘 적응하는 것 역시 '사회적 건강'의 한 부분인데요. 사회의 변화를 빠르게 읽어내고 적응하려는 노력 역시 세상을 살아가는 데 중요합니다. 사회적 건강이 결여된 사례인 '은둔형 외톨이' 현상을 생각하면, 사회적 건강에 대한 이해가 조금 더 쉬워질 것입니다.

'건강'이라고 하면 이제 어떤 단어가 떠오르시나요? 신체적 건강에 대한 부분만이 아니라, 정신적, 사회적 건강에 대한 개념이 조금이라도 구체화되었을까요? 정신적 건강, 사회적 건강이 결여된 사례를 생각하시면 이해하기가 쉬울 것입니다.

씨앗을 심어서 나무로 키운다고 생각해 볼까요? 땅이 기름져야, 그 땅에 심은 씨앗이 잘 자라납니다. '건강'은 경험을 소화하기 위한 밑바탕이라고 보면 되는데요. 일단 땅이 비옥할수록, 씨앗이 잘 자랄 가능성이 높아지지요. 신체적, 정신적, 사회적으로 균형 잡힌 건강 상태여야 다양한 경험을 통해 역량을 키우고, 성장할 수 있는 가능성이 높아집니다. '건강이 무엇보다 우선이다.', '건강을 잃으면 다 잃는다'라는 말을 다시 한번 상기해보세요. 건강해야 뭘 해도 합니다.

2) 2022개정교육과정 핵심역량

2022개정교육과정에서 제시하는 핵심역량을 알아보기 전에, 교육과정은 무엇인지, 역량은 무엇인지 살펴보는 것이 필요할 것 같습니다.

일단, '교육과정'이라는 것은 '커리큘럼(Curriculum)'과 동일한 단어인데요. 영어 낱말 커리큘럼(curriculum)은 본래 라틴어의 Curere에서 유래한 용어입니다. Curere의 뜻은 '달리다'이며 Curere의 명사형 Curriculum의 뜻은 '말이 뛰는 길(Course of race)'이며, 교육과정은 '경주로'를 의미합니다. 교육의 목적에 맞게 정해진 교육내용을 종합적으로 계획한 것이라고 할 수 있습니다.

우리나라는 2025년 초고령사회로 진입, 2029년부터는 총인구가 감소되어 질적, 양적으로 인재가 부족하게 됩니다. 뿐만 아니라, 미래사회는 지속저으로 변화하는 변동성, 어떻게 변화할지 예측할 수 없는 불확실성, 변화의 방향이나 단계가 복잡한 것이 특징적이고요. 이러한 사회 변화에 따라 교육 비전을 재정립할 필요가 요구되어 2022개정교육과정이 등장한 것이죠. 2022개정교육과정이 추구하는 인간상은 '포용성과 창의성을 갖춘 자기주도적인 사람'입니다.

변동성, 불확실성, 복잡성이 특징적인 시대를 살아갈 아이들은 단순한 지식 획득을 넘어 역량을 갖춘 인재로 성장해야 합니다. '역량'이라는 것은 어떤 일을 해낼 수 있는 힘을 의미하는데요. '포용성과 창의성을 갖춘 자기주도적인 사람'이 되기 위해 6가지 핵심역량을 제시하고 있습니다. 자기관리 역량, 지식정보처리 역량, 창의적 사고 역량, 심미적 감성 역량, 협력적 의사소통 역량, 공동체 역량입니다. 하나씩 자세히 알아볼까요?

가. 자기관리 역량

자아정체성과 자신감을 가지고 자신의 삶과 진로를 스스로 설계하며 이에 필요한 기초능력과 자질을 갖추어 자기주도적으로 살아갈 수 있는 능력

- 목표설정과 시간관리 : 자신의 목표를 설정하고, 이를 달성하기 위해 시간을 효율적으로 관리할 수 있는 능력
- 감정조절 : 자신의 감정을 이해하고 적절히 표현하며, 감정적으로 어려운 상황에서도 적절한 대응을 할 수 있는 능력
- 건강관리 : 균형 잡힌 식습관, 적절한 운동, 충분한 휴식 등 건강생활습관을 형성하는 능력
- 위험관리와 안전한 생활 : 일상생활에서 발생할 수 있는 다양한 위험으로부터 자신을 보호하고 안전을 지킬 수 있는 능력

나. 지식정보처리 역량

문제를 합리적으로 해결하기 위하여 다양한 영역의 지식과 정보를 깊이 있게 이해하고 비판적으로 탐구하며 활용할 수 있는 능력

- 정보수집능력 : 다양한 매체와 도구를 통해 필요한 정보를 효과적으로 찾아내고 수집하는 능력
- 정보분석 및 평가능력 : 수집된 정보를 분석하고, 정보의 신뢰성, 정확성, 관련성을 비판적으로 가치를 평가하는 능력
- 정보활용능력 : 분석된 정보를 바탕으로 지식을 구축하고, 문제해결이나 의사결정과정에서 정보를 적절하게 활용하는 능력
- 정보관리능력 : 수집하고 분석하나 정보를 체계적으로 관리하고 보호하는 능력
- 디지털리터러시 : 디지털 기술, 매체, 인터넷을 이해하고 활용하여 정보를 수집, 분석, 공유할 수 있는 능력

다. 창의적 사고 역량

폭넓은 기초 지식을 바탕으로 다양한 전문 분야의 지식, 기술, 경험을 융합적으로 활용하여 새로운 것을 창출하는 능력

- 문제인식과 해결 : 주변에서 발생하는 다양한 문제를 식별하고, 그 문제를 해결하기 위한 창의적인 접근방식을 모색할 수 있는 능력
- 융합적 사고 : 서로 다른 분야의 지식과 정보를 통합하여 새로운 가치를 창출할 수 있는 능력
- 상상력과 창의력 : 기존의 틀에 얽매이지 않고 자유롭게 생각을 확장하며, 상상력을 바탕으로 새로운 아이디어를 창출할 수 있는 능력

-창의적 실행 : 아이디어를 실제로 구현하는 과정에서 나타나는 능력

라. 심미적 감성 역량

인간에 대한 공감적 이해와 문화적 감수성을 바탕으로 삶의 의미와 가치를 성찰하고 향유하는 능력

-아름다움 인식 : 자연, 예술, 일상 속에서 아름다움을 발견하고 감상할 수 있는 능력
-창조적 표현 : 음악, 미술, 문학 등 다양한 예술 형태를 통해 자신의 생각과 감정을 창조적으로 표현하는 능력
-문화적 이해와 소통 : 다양한 문화적 배경에서 나타나는 예술적 가치와 표현을 이해하고 이를 통해 다른 문화와 소통할 수 있는 능력
-비판적 감상 : 예술작품이나 자연 속 아름다움을 감상하면서, 내재된 의미를 탐구하고 비판적으로 사고할 수 있는 능력

마. 협력적 의사소통 역량

다른 사람의 관점을 존중하고 경청하는 가운데 자신의 생각과 감정을 효과적으로 표현하며 상호협력적인 관계에서 공동의 목적을 구현하는 능력

-의사소통 능력 : 자신의 생각과 정보를 효과적이고 명확하게 전달하는 능력
-공감과 존중 : 다른 사람의 관점을 이해하고 공감하며, 다양성을 존중하는 태도
-팀워크와 협력 : 공동의 목표를 향해 다른 구성원들과 협력하며, 팀 내 역할을 적절히 수행할 수 있는 능력
-갈등해결 : 의견 차이나 갈등 상황에서 효과적으로 대처하고, 문제를 해결하

기 위한 협상과 중재능력

-비판적 사고와 창의적 문제 해결 : 정보를 분석하고 평가하는 비판적 사고능
력과 창의적인 아이디어로 문제를 해결하는 능력

바. 공동체 역량

지역, 국가, 세계 공동체 구성원에게 요구되는 개방적, 포용적 가치와
태도로 지속 가능한 인류 공동체 발전에 적극적이고 책임감 있게 참여하
는 능력

-사회적 책임 : 개인이 공동체 일원으로서 가지는 책임감을 인식하고 공동체의
이익과 발전을 위해 행동하는 태도
-협력과 소통 : 공동체 내의 다른 구성원들과 효과적으로 소통하고 협력하여
공동의 목표를 달성하기 위한 노력
-공동체 의식 : 개인이 소속된 공동체에 대한 소속감과 연대감을 느끼고, 그 공
동체 발전을 위해 노력하는 태도
-문제해결과 참여 : 공동체 내에서 발생하는 다양한 사회적, 환경적 문제에 적
극적으로 참여하고, 창의적이고 혁신적인 해결책을 모색하려는 노력
-윤리적 판단 : 공동체의 이익과 관련된 결정을 내릴 때, 윤리적 기준과 원칙에
따라 판단하고 행동하는 능력

건강의 개념과 2022개정교육과정 핵심역량에 대해서 살펴보았는데요.
이 내용을 바탕으로, 〈본 운동〉을 시작해볼까 합니다. '호주 한달살이'의
일상에서 건강의 개념과 핵심역량을 살펴볼 차례입니다. 앞서 말했 듯이
건강과 역량을 키워주기 위해 꼭 외국으로 한달살이를 가야만 하는 건 아

닙니다. 워킹맘인 제가 아이들과 일상을 보낼 수 있는 순간이 응축된 시간이고, 아이들도 저도 새로운 곳에서 적응해야 하는 상황들이 우리들의 건강 상태와 역량의 정도를 파악할 수 있는 기회로서 의의는 있습니다.

호주 한달살이를 떠나지 못하는데, 어떻게 하나요? 라는 생각이 드실 겁니다. 한달살이를 떠나지 않고도, 건강상태, 역량의 정도를 파악할 수 있도록 〈마무리 운동〉에서 안내하도록 하겠습니다. 일단 〈본 운동〉 챕터에서 다양한 사례를 통해서 '아, 이런 거구나.'라고 살펴봐 주시길 부탁드리겠습니다. 〈본 운동〉을 하실 준비가 되셨나요? 잠시나마 저와 함께 '호주'로 떠나보시죠!!

2

본 운동

호주 한달살이 + 건강, 역량 적용하기

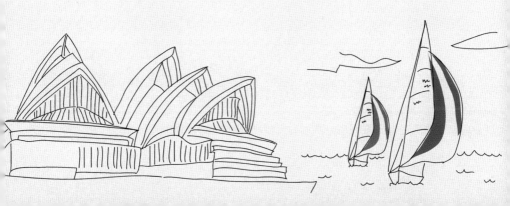

--- 1일 ---

기내식 처음 먹는 아이들,
안 먹어도 배부른 엄마

인천에서 시드니까지

2023년 12월 29일 근무지 학교의 방학식이 있는 날이다. 방학식은 10시에 끝이 났지만, 보건실 현대화 사업으로 남은 짐을 더 옮겨야 하고, 서류 업무도 마무리해야 한다. 경기도에 있는 집으로 2시까지는 돌아가야 하는데, 점심을 먹을 시간도 없고, 먹을 입맛도 없다. 신체적 건강 간신히 업무를 마무리 하고 1시간가량 걸리는 퇴근길을 운전한다. 공항을 가기 전까지 해야 하는 일들을 차분히 머리로 생각해 본다. 환전도 해야 하고, 가방도 좀 더 확인해야 하고, 먹거리를 얼마나 더 가져가야 할지 고민이 된다. 가방을 싸면서 짐을 넣고 빼고를 좀 해봐야 가늠이 될 것 같다.

집 근처 은행에 도착해서, 환전 순서를 기다린다. 연말이라 그런지 환전을 하려는 사람들이 많다. 은행에서 기다리는 시간이 30분을 넘어가고 있다. 공항보다 동네가 덜 붐빌 거 같아서 환전을 신청했는데, 동네 은행도 붐빈다. 30분을 지나 45분이 되어가고 있다. 1시간 안에 처리해야 하는데… 큰일이다. 시간 개념이 철저한 아들 녀석으로부터 전화가 걸려 온다.

"엄마 어디야?" (비행기 출발 시간은 저녁 8시인데, 늦을까 봐 걱정이 한가득인 아들, 지금은 오후 2시 30분 전후쯤이다.) -자기관리 역량

"어, 은행! 이제 갈 거야!"

이제 간다고 말하고도 15분이나 더 기다렸다. 은행에서 1시간을 기다리고, 여행경비의 30% 정도를 호주 달러로 바꾸었다. 집에 도착하자마자, 남편의 잔소리가 폭탄처럼 날아온다.

"요즘 누가 환전해 가냐? 트래블*카드면 다 돼!"

"아니, 그래도 아이들이랑 가는데… 혹시나 가서 카드를 잃어버리거나 할까 봐, 그리고 카드 한도가 있던데…" (누가 그 카드 몰라서 환전했겠나, 나도 아는데, 그래도 아이들이랑 가는데 현금이 조금 있어야 마음이 덜 불안하지…)

"그리고 무슨 짐이 이렇게 많냐?"

"아… 애들 밑반찬이랑 문제집… 옷… 뭐 그런 것들…"

대형 트렁크 1개, 중형 1개, 소형 1개… 트렁크 3개와 함께 우리 네 가족은 공항으로 향했다. 남편은 연말 휴가를 받아서 5일 정도만 머물고 먼저 돌아오는 일정이다. 한 달 동안 같이 있지 않아서 정말 다행이라는 생각이 스친다. 그리고 남편과 싸울 힘도 아까웠다. 내 힘은 남편과 싸울 곳이 아닌 우리의 경험을 위해 써야 해서, 내 에너지를 아꼈다. -사회적 건강 인천공항이 보이기 시작한다. 아이들의 점퍼는 남반구의 날씨를 생각해 경량 점

퍼를 입혔다. 한국의 겨울 공기는 차
갑지만, 설레는 마음 덕분에 춥지도
않은가 보다. 제주도, 동남아 국가, 괌
을 제외하고, 비행기를 타고 10시간
이상 날아가는 경험은 처음이다. 우리
가 타는 비행기는 국적기로 제1터미널
에서 출발이다. 아들은 새로 생긴 제
2터미널을 가보고 싶다고 다음번에는
**항공을 부탁한다고 한다.-협력적 의사

소통 역량 '아들아, 엄마가 이 호주 한달살이도 정말 영혼까지 탈탈 털어서
가는 거라서, 다음은 언제가 될지 모르겠다.' 일단 이번 여행이라도 무사히
잘 다녀오고 나서 생각하자. 돈도 시간도 될런가 모르겠다. 비행기의 기종
이 2층까지 있는 비행기라서 좌석을 예약할 때(출발 48시간 전부터 앱으
로 사전 발권이 가능하다) 고민했는데, 고민하는 순간, 4명이 나란히 앉을
수 있는 2층 좌석은 없었다. 1층 입구로 들어가서 예약해 둔 좌석에 앉았
다. 아이들 인생에서 처음으로 개별좌석에 화면이 있는 비행기를 탄 것이
다. 코로나 이전에 그래도 매년 한 번 비행기는 탔으나, 저가 항공으로 가
까운 동남아, 일본 정도를 다녀왔던 지라… 화면이 나오는 비행기를 난생
처음 경험하는 아들과 딸은 어안이 벙벙했다. 이미 입꼬리가 귀에 걸렸다.
그리고 물었다.

"엄마, 혹시 비행기에서 밥도 줘?"

"어, 밥 줘. 2번 주니깐, 맛있게 많이 먹어."

엄마가 된 이후로 가장 행복한 순간은 아이들이 행복해할 때다. 아이들의 경험이 깊어지고 넓어지는 순간, 그걸 바라보는 부모는 너무나 흡족하다.-심미적 감성 역량 호주행 비행기에서 아이들은 이코노미석이지만, 화면에서 영화와 노래가 나오고, 따뜻한 밥이 나오고, 심지어 메뉴를 고를 수 있는 경험을 하고 있다. 그리고 그걸 내 두 눈으로 보고 있자니, 몇 달 동안 호주에 갈까 말까를 고민했던 순간, 방학식을 하고도 2~3시간 동안 업무를 해내느라, 화장실 한번 못 가고 미친 듯이 일하고 나오던 오늘 오전, 환전하겠다고 해서 1시간을 은행에서 기다리며 간신히 현금을 바꿔왔더니, 요즘 현금 누가 쓰냐며 화를 내던 남편의 모습 등은 눈 녹듯이 사라진다. 아, 아이들에게 내가 무엇을 해주고 싶어서 이것저것 애를 썼는지가 바로 이해되는 순간이었다.-정신적 건강

어른들이 하는 말, "안 먹어도 배부르다."가 바로 이럴 때 쓰는 말이구나, 싶다. 내 입으로 들어가지 않고, 아이들이 먹는 거만 봐도 배부르고 행복하다. 공동체 역량 부모가 되어간다는 건, 이런 경험이구나, 싶다.

20년 전에 아빠가 돌아가셨다. 이십 대 중반, 대학을 졸업하고 직장을 다니고 있을 때, 갑작스럽게 아빠는 말기암 통보를 받았다. 운동선수 출신이고, 체육대학을 졸업한 아빠가, 암이라니… 믿을 수 없었다. 길어야 3개월이라는 시간이 주어질 거라는 의료진의 설명, 아빠는 3개월보다는 더 오래 우리 곁을 지켰다. 암 선고를 받고 11개월이 되던 어느 가을, 하늘나라로 떠나셨다. 3개월에서 11개월로 늘어난 여명은, 부인과 자식들이 그래도 먹고살 수 있도록 이것저것 정리하시느라 본인의 정신줄을 붙들고 있었던 것 같다. 그 모든 정리가 끝나던 가을, 삶의 마침표를 찍으셨다. 아빠의 암 투병 중에 맏딸은 간호사에서 교사로 진로를 변경하고, 임용 시험을 준비했다. 아빠를 떠나보낸 그다음 해에 다행히도 합격하였고, 호주로 떠나오는 날에도 학교에서 근무하며 아이를 키우고 있다. 아빠는 내 곁에 없지만, 양육 과정에서 아빠가 만들어준 자존감과 끈기는 내 삶의 뿌리가 된다. 정신적 건강 호주 한달살이를 망설이던 순간에도 밀어붙이는 힘은 양육 과정에서 만들어진 '깡'이라고 생각한다. 내게 그 누구 못지않은 '깡'을 심어주고 하늘나라로 떠난 아버지가 비행기를 탈 때마다 더욱 보고 싶다. '하늘나라에서 지켜볼 거야'라는 그 말 덕분인지… 나는 아빠가 보고프면 비행기를 타고 싶다. 비행기를 타고 나면 아빠를 만난 거 같다. 내가 지금 아이들을 보며 뿌듯하고 흐뭇하듯이, 아빠도 어디선가 나를 지켜보며 뿌

듯하고 흐뭇하겠지, 라는 생각을 한다. 그렇게 호주로 향하는 비행기 안에서 2023년 12월 29일 밤을 보내고 30일이 시작되었다. 두 번의 따끈한 밥을 먹고 나니 우리는 남반구에 도착해서 12월 30일의 아침을 맞이한다. 비행기에서 내리기도 전에 창문으로 들어오는 호주의 햇살은 따뜻했으나 긴장되었다. 남반구, 호주에서의 한 달이 그렇게 시작한다.

본문에서 제시된 사례를 보고 떠오른 과거에 이미 했던 경험, 앞으로 해주고 싶은 경험이 있다면 해당 사항에 표시하고, 적어 보아요.

신체적 건강	
정신적 건강	
사회적 건강	

자기관리 역량	
지식정보처리 역량	
창의적 사고 역량	
심미적 감성 역량	
협력적 의사소통 역량	
공동체 역량	

===== 2일 =====

설레는 첫 경험 :
첫 구매, 첫인상

1. 시드니2층 기차
2. 파라마타에서 시드니로

시드니 스미스 공항에 도착해서, 우리의 한 달을 책임져줄 세 개의 캐리어를 찾았다. 짐을 찾고, 전철을 타러 가야 한다. 전철을 타기 전에 호주에서 5일을 지낼(정확히는 비행기에서 이미 하루를 지내서, 4일을 보내고 한국으로 돌아가야 하는) 남편이 핸드폰 유심을 구매하였다. 아이들도 핸드폰을 가져왔는데, 유심을 구매하느냐, 로밍을 하느냐를 두고 고민했다. 나는 업무를 위해서 로밍을 했고, 아이들도 그냥 로밍을 해주고 싶었다. 아이들의 유심카드를 따로 챙기기도 번거롭고, 그냥 돈을 조금 더 쓰고, 신경 쓸 일을 줄이고 싶었다. 새로운 번호를 입력하는 것도 낯선 곳에서는 큰일로 느껴졌다. 남편은 애들 것도 유심을 구매하라고 했지만, 남편이 구매하는 유심카드의 비용이, 로밍 가격과 그리 차이 나지도 않았다. 남편과 다투기 싫어서 아이들의 로밍을 취소했다가, 유심 가격을 보고, 다시 로밍을 해달라고 통신사로 연락했다. -지식정보처리 역량 남편은 유심카드를 사는 것으로 호주에서의 첫 구매를 시작하였고, 나는 맥도날드에서 아이스커피를 하나 구매했다. 날씨가 덥기도 했지만, 공항에서 유심 구매부터 속에서 천불이 난다. 천불이 나지만, 빠르게 알아서 불을 끄기 위해 아이스커피가 필요했다. -자기관리 역량

호주의 패스트푸드점에서는 셀프 오더를 해야 하고, 셀프 오더는 반드시 카드로 결제가 가능했다. 충전해 온 트래플*카드로 아이스커피를 결제했다. 8.5달러라니… 스타벅스 커피도 아닌, 맥도날드 커피를 약 7900원을 주고 마셔야 하는 고물가에 커피가 목으로 넘어가지 않았다. 그래도, 비싸니까 더 맛있게 먹자며, 얼음까지 잘게 깨물어 먹었다. 두 번째 구매로는 우리가 묵을 호텔로 가기 위해서 교통카드를 사야 했다. 교통카드 구매를 위해서 "원 어덜트, 투 칠드런 플리즈" 영어로 필요한 말을 한다. 그리고 또 8만 원가량이 소비된다. 어른 40달러, 아이 20달러가 최소 구매 단위였다. 남편은 본인이 가져온 신용카드로 교통카드도 가능하다고 하며, 본인이 가져온 카드에 대한 뿌듯함을 즐기고 있다. 그러거나 말거나 어차피 난 아이들의 교통카드를 사야 하고, 5일이 아닌 3주를 시드니에 있어야 하니, 교통카드가 좋다며 위안했다. 그리고 실제로 그렇기도 했다. (시드니에서는 오팔카드를 사용하고 있으며, 주말에는 할인도 되고, 시드니에서 주말을 끼고 머문다면, 오팔카드를 구매하는 것도 나쁘지 않다. 다만, 잔액을 환불받기가 쉽지 않은 단점이 있다. 환불이 가능하기는 하다. 환불받기가 번거로워서, 최대한 잔액을 작게 남겼다. 환불받지 않아도 될 만큼

잔액을 남기는 것이 중요 포인트다) 그렇게 호주에서의 첫 구매를 완료하고, 공항에서 에어 트레인을 타고, 시드니 시내 중심가 cental station에서 파라마타로 기차를 타고 이동했다.

시드니의 기차(전철)는 2층이다. 2층 버스는 봤어도, 2층 기차는 경춘선을 몇 번 보기는 했을 뿐 타보지는 못했다. 솔직히 말하면 15년 전 시드니 여행을 왔을 때는 기차를 타지 않았다. 내 머릿속에 시드니 기차에 대한 기억이 없다. 공항에서 호스텔로 택시를 타고 왔고, 호스텔 앞으로 호주에 사는 친구가 픽업을 왔던 거 같고, 그 친구의 차로 시드니를 구경하고, 2일 만에 다른 도시로 이동하느라 공항으로 택시를 타고 이동한 거 같다. 그래서 시드니는 두 번째이지만, 시드니의 2층 기차는 처음이다. 첫 경험은 언제나 두근거린다. 첫사랑의 기억이 쉽사리 잊히지 않듯이 모든 '첫 경험'은 찡하다. 기차를 타고 1시간가량 이동하며, 아이들의 모습을 살핀다. 기차 홀릭인 아들은 차창 밖으로 보이는 풍경을 하나라도 놓치지 않으려고 두 눈에 들어오는 풍경들을 가득 담는다.─심미적 감성 역량 딸아이는 아침잠이 많은 스타일인데, 밤새 타고 온 비행기가 피곤했는지, 고개를 푹 숙이고 잠을 자보려 노력하나, 눈이 감기지는 않는지 뒤척거리고 있다.─신체적 건강 시드니는 한국과 1시간의 시차뿐이다. 시차로 피곤

한 건 아니지만, 10시간이 넘는 비행이 힘들기는 한가보다. 어느새 파라마타 역에 도착했다. 파라마타는 경기도 신도시처럼, 시드니 도심에서 40분 정도 걸리는 계획형 신도시이다. 역 근처에 쇼핑몰도 있고, 우리가 예약한 메*튼 숙소까지는 도보로 10분 내외였다. 걸을 만한 거리였지만, 캐리어가 가볍지 않았고 입고 있는 옷이 더웠다. 한국의 여름처럼 푹푹 찌지는 않았지만, 긴팔 긴바지가 덥게 느껴지긴 했다. 숙소에 도착해서 체크인을 한다. 남편은 아이들과 함께 기다리고 있다.

"네 이름으로 예약했으니, 네가 체크인해."

'그래, 내가 체크인 할 건데, 왜?'라는 반감이 드는 이유는 나도 잘 모르겠다. 사실 지금도 다시 생각하면 그게 당연한 말인데도 '그냥 뭐 말 안 해도 내가 알아서 할 건데…'라고 생각했던 거 같다. 그냥 짜증이 났다. 아, 나도 힘든가보다. 호주에서의 첫날, 첫 경험들에 내 몸의 신경세포들도 긴장을 해서라고 이해해 본다.-정서적 건강

아이들은 숙소에 도착하자마자 창밖으로 보이는 풍경을 살피고, 아주 멀리 보이는 시드니 도심의 풍경을 찾아낸다. 그러고는 이내 "수영장 가고 싶어!"라고 한다. "그래, 그럼, 수영장 갔다가 시드니 시내 가보자." 루프트 탑에 있는 수영장으로 올라간다.-협력적 의사소통 역량 파랗디파란 하늘이 너무나도 아름답다. 어쩜 이렇게 파랄 수 있을까 싶은 감탄이 절로 나온다. 미세먼지 따위는 없는 맑음 그 자체!-심미적 감성역량 수영을 즐기는 사람들이 호주 사람들로 보이지는 않았다. 전 세계 사람들이 시드니의 불꽃축제를 보기 위해 모인 것 같다. 호텔 수영장의 사람들은 우리와 같이 다른 나

라에서 호주를 즐기러 온 여행객들 같았
다. 1시간가량 물놀이를 즐기고, 호주에
서 5일만 있다가 한국으로 돌아가야 하
는 남편을 위해서, 그리고 호주에서의
하루를 그냥 숙소에서 보내기는 아쉬우
니, 여름옷으로 갈아입고 시드니 도심을
향해 나섰다.

　파라마타 지역에서 시드니 도심으로
가는 교통수단으로 페리를 선택했다. 페리라는 교통수단은 한국에서는 이
용하지 못하니까, 즐길 수 있는 것 누릴 수 있는 것 충분히 누리자는 마음
으로 말이다. 그렇게 처음 시드니에서 페리를 탔다. 시드니 도심에서 남서
쪽으로 떨어진 파라마타에서 페리를 타고 도심으로 나오면, 파라마타 강
을 끼고 있는 서쪽 정거장을 거치게 된다. 페리에서 보이는 마을 풍경은
한가롭고 여유로워 보였다. 또한 멀리 보이는 오페라하우스와 하버 브리
지는 지금, 여기가 시드니구나, 라는 생각을 하게 했다. 50분가량 페리를
타고 나와서, 셔큘러 키라는 종착역에 도착했다. 오른쪽으로 오페라하우
스, 왼쪽으로는 하버 브리지가 사진의 배경이 되는 지점이다. 연말연시라
서큘러 키는 관광객들로 빼곡하였다. 군중 무리에 떠밀리는 듯한 느낌으
로 오페라하우스를 향해 걸었다.

　걸어가던 도중, 우리 네 가족은 세 가족이 되고, 아들내미를 잃어버린
것을 깨달았다. 불과 1분 만에 벌어진 일이다. 가족사진을 찍고 이동했는

데, 이동하다 보니 둘째가 없다. 빼곡한 인파 사이에, 내 아이를 찾아야만 하는 레이다는 풀 가동된다. 1분 남짓했을까, 항구에 떠 있는 배를 하염없이 보다가, 가족을 놓치고 눈동자가 떨리는 한국 남자아이, 우리집 아들을 발견했다. 휴~ 하고 안도의 한숨을 내쉴 수 있었다. 아이는 엄마, 아빠를 탓했다. 자기를 왜 안 데리고 갔냐고… 내 눈앞에서 나를 탓하는 너를 보는 것이 감사하다는 마음이 든다. 아이를 찾은 것이 그저 감사했다. 아이를 잃어버렸다고 생각하고 다시 찾기까지 불과 1~2분의 시간이었지만, 순간 아찔했다.

둘째를 잃어버린 과거의 기억이 스친다. 장난감 기차를 찾으러 혼자 집으로 가버린 세 살 때, 아이를 찾기까지 20분이 걸렸고, 아파트 관리사무소 방송도 하고, 근처 전철역으로 전철 타러 갔을까 봐 전철역에서 아이를 찾아댔는데, 결국 다행히도 우리집 1층에서 발견되었다. 그로부터 1년이 지난 네 살 즈음, 체육공원에 여름에만 만들어주는 물놀이장에서 아들을 또 잃어버렸다. 잔디 보호라고 쓰인 팻말이 빨랫줄에 묶여서 축구장에 못 들어가게 해두었는데 말이다. 4세 아이에게는 케이블카로 보이던 잔디 보호 팻말, 빨랫줄은 케이블카 위의 전선으로 생각하고… 듣고 보니 그럴싸했다. 6년 전 케이블카 놀이를 하고 있었을 뿐인데, 미아 방송을 탄 아이, 호주에서 처음 온 아이는 선착장에 정박해 있는 페리를 보다가 호주의 첫날, 첫 코스에서 국제 미아 첫 경험을 했다.

놀란 가슴을 쓸어내리며 로열 보타닉 가든으로 자연스럽게 발걸음을 옮겼다. 아름드리나무가 정말 컸으며, 초록 초록한 잔디에 안구 정화를 제대로 했다. 녹지대가 끝없이 이어지고, 곳곳에 개를 데리고 산책하거나 가족끼리 피크닉을 온 사람들이 보였다. 초록 나무와 잔디를 보니 마음이 평안해진다. 호주에서의 첫날, 하버 브리지, 오페라하우스, 로열 보타닉 가든! 가봤다!!! 5일만 있을 남편을 위해서 미션 클리어!

본문에서 제시된 사례를 보고 떠오른 과거에 이미 했던 경험, 앞으로 해주고 싶은 경험이 있다면 해당 사항에 표시하고, 적어 보아요.

신체적 건강	
정신적 건강	
사회적 건강	

자기관리 역량	
지식정보처리 역량	
창의적 사고 역량	
심미적 감성 역량	
협력적 의사소통 역량	
공동체 역량	

3일

2023년의
마지막 날

1. 본다이비치
2. 갭 파트, 왓슨베이

 2023년 12월 31일을 호주에서 보낸다니?! 무엇을 하는 것이 가장 최고의 선택일까, 고민이 된다. 2024년 1월 1일에는 포트 스테판 사막 썰매투어가 예정되어 있고, 1월 2일에는 숙소를 시드니 시티로 옮기게 된다. 그리고 1월 3일 오전에 남편은 한국으로 돌아간다. 12월 31일이 자유일정으로 보낼 수 있는 며칠 중 하루이고, 12월 31일의 불꽃축제를 보기 위해서 전 세계 사람들이 호주로 여행을 온다고 하니, 우리 또한 불꽃축제를 봐야만 할 것 같았다.

 일단, 15년 전 호주 여행에서 정말 비치다운 비치로 기억에 남는 '본다이 비치'를 남편에게 보여주어야 후회하지 않을 것 같다는 생각이 들었다. 어차피 인생은 모든 것을 할 수 없고, 내가 한 선택에 대한 기회비용은 있기 마련이다.-지식정보처리 역량 12월 31일이라서 평상시 숙박비의 2~3배로

오른 값비싼 숙소에서 편하게 오전을 즐기느냐와 본다이 비치를 가느냐를 두고 고민하였다. 남편은 호주를 처음 와본 것이다. 하지만 어쩌면 이번 시드니 방문이 평생의 마지막이 될 수도 있다고 생각하니 숙소에 있기보다는 나가는 것이 덜 후회할 것 같았다. 그럼에도 불구하고 남편에게 묻기는 했다.

"뭐 하고 싶어?" 이미 답은 내가 정해두고 말이다.

"몰라, 네가 하고 싶은 거 해. 어떤 게 좋은지 난 잘 몰라."

그래, 그러면 본다이 비치로 가자. 분명히 나는 뭐 하고 싶은지 물었다. 어쩌면 본다이 비치가 남편 취향에 별로여도 불만 따위는 말하지 맙시다 하는 과정 중에 일부분이었던 거 같다. -협력적 의사소통 역량

시드니 서쪽에 있는 파라마타 지역에서 시드니 시티를 거쳐, 시드니 동부 해안인 본다이 비치로 가는 길은 1시간 30분 남짓 소요된다. 파라마타 역에서 기차를 타고 타운홀로 이동하여, 타운홀에서 갈아타고, 본다이 정션까지 기차로 이동했다. 본다이 정션에서 버스를 타고, 본다이 비치로 향한다. 요즘은 구글 맵이 잘 발달해 있어서, 길을 찾아가는 것은 생각보다 쉽다. 본다이 정션에서 본다이 비치로 15분가량 버스를 타고 가며 본다이 지역의 풍경을 눈에 담아 본다. 오른쪽으로는 바다 풍경이 보이고, 왼쪽으로는 집들이 보인다. 시드니 시티나 파라마타 지역에서 본 풍경과 달리 아파트가 아닌 고급스러운 집들이 인사를 한다. -심미적 감성 역량

본다이 비치에 도착했다. 그런데, 내 기억 속에 남아있는 그 바다가 아니다. 분명히 본다이 비치에 서있기는 하나, 15년 전 그 느낌이 아니다. 바

닷물이 햇살 한가득 머금고, 에메랄드빛으로 반짝였다. 정말 세상에 이런 바닷가가 내 눈 앞에 펼쳐질 수 있단 말인가? 하며 그림을 보는 듯한 느낌으로 본다이 비치가 기억되어 있는데, 여기가 진짜 거기 맞나? 하는 생각이 들었다. 그저 먹구름이 살포시 깔리고, 비가 쏟아질 것만 같은 그런 하

늘에, 바닷물의 빛깔도 그저 그랬다. 바람이 너무 불어서, 춥기까지 했다. 가방에 넣어 온 바람막이를 꺼내어 지퍼를 올렸다. 바닷가 옆에 있는

아이스버그 수영장에 들어가기에는 감기 100% 당첨이다. 무겁게 들고 온 수영복은 무거운 짐으로 두기로 했다. 혹시라도 감기에 걸리면, 내일 예약해 둔 일정이 꼬인다.

"참자. 얘들아. 지금 수영했다가 아프기라도 하면, 내일 모래사막에서 썰매 타는 거 못해. 그리고 그건 너희가 아프다고 취소해 주지 않아. 다음 주나 주말에 날씨 좋을 때, 본다이 비치에 또 오자." 아이들은 수영장에 들어가고 싶어 했지만, 아쉬워하는 마음을 달래었다. -협력적 소통 역량 한달살이 초반이지만, 체력만큼은 잘 아껴 써야

한다. 특히나 아이들이 아프지 않아야 해서, 무조건 아이들의 건강 상태를 위태롭게 할 상황은 가급적 피하고 싶었다.-신체적 건강

다행히도 2023년 12월 31일이라고 느껴질 만큼의 인파들이 가득했다. 날씨는 비록 쾌청하지 못했지만, 본다이 비치를 보러 온 많은 관광객이 있어서 다행이었다. 전 세계에서 온 사람 그리고 한국 사람들도 꽤 있었다. 내가 이곳에 오자고 했던 이유를 설명해 준다. 15년 전에는 얼마나 반짝이며 이뻤는지 말이다. 다만 오늘 날씨가 좋지 않았을 뿐이라고 변명 같은 설명을 덧붙였다. '남편… 날씨는 내 힘으로 할 수 있는 것이 아니잖아.'라고 속으로 생각했다. 수영장에서 물놀이를 하지 않아 시간이 여유로웠다. 근처 해변 산책로도 걷고, 버스를 타고 북쪽으로 이동해서 절벽에 부서지는 파도를 볼 수 있는 갭 파크, 로버슨 공원의 놀이터, 왓슨 베이의 연말 파티 풍경을 보고 듣고 느꼈다. 본다이 비치가 너무나 아름다웠던 15년 전에는 본다이 비치만 즐기고 가기에도 시간이 부족해서, 북쪽에 있는 스팟에는 올 생각도 못 했다. 날씨가 궂은 덕분에, 15년 전에는 있는지도 잘 몰랐던 장소들을 가볼 수 있었다. 인생사 새옹지마, 우리 삶은 언제나 예상하지 못한 일들이 가득하니, 일희일비 하지 말고, 긍정적으로 생각하고 대처하자는 말이 떠오른다.-자기관리 역량

왓슨 베이에는 유명한 펍이 하나 있는데, 연말 파티를 위해서 젊은이들이 색색깔의 드레스를 입고 입장한다. 시간이 대략 오후 4시 30분 전후였다. 왓슨 베이에서 서큘러 키로 가는 마지막 페리를 간신히 타고 서큘러 키로 돌아왔다. 사실 남편이 없었으면, 아이들과 새로운 경로를 탐색하지

않고, 왔던 길로 되돌아갔을 것 같다. 남편이 있어서, 남편이 말하는 경로대로 서큘리 키로 돌아왔다. 15년 전에는 내가 못 가봤던 곳을 가보게 해준 것에 대한 감사, 새로운 경로를 갈 때, 불안감을 덜어줘서 감사. 남편, 남의 편이라고 하던데 지금, 이 순간만은 유용했다는 생각이 든다.-사회적 건강 하지만 그건 잠시였다. 서큘러 키에 도착하니, 자정에 있을 불꽃놀이를 보기 위해서 시드니의 모든 사람이 나와 있는 것 같았다. 페리 운행도 일찍 마감하고, 30분 내로 모든 통로가 닫힐 예정이다. 서큘러 키를 중심으로 가드들이 출입 통제를 하고 있었고, 우리가 있는 구역에서 나가는 것은 가능해도, 들어오는 것은 불가하다고 했다. 남편은 여기까지 왔으니, 불꽃놀이를 보고 가자고 생각했다. 나는 내일 일정도 새벽부터고, 시드니에서 한 달을 아이들과 보내야 하는데 나도 아이들도 아프면 안 된다는 생각으로 숙소로 돌아가자고 제안했다. 5분간 팽팽하게 긴장감이 맴돌았으나, 6~7시간을 아이들과 길바닥에서 있을 생각을 하니 남편도 힘들었는지, 숙소로 가자고 결론을 지었다.-협력적 의사소통 역량

숙소로 돌아가야 하는 길을 찾는 것도 힘들었다. 서로 짜증이 났고, 익숙하지 않은 도시에서 전철역을 찾기가 어려웠다. 남자치고는 방향감각이 그다지 좋지 않은 남편과 여자치고는 방향감각이 나쁘지 않은 나는 서로 여기가 맞다, 저기가 맞다 하며 슬슬 부부싸움의 엔진을 올리고 있었다. 서큘러 키에서 마틴 플레이스를 지나 퀸 빅토리아 빌딩까지 걸어 올라왔다. 시드니 주요 중심업무지구의 12월 31일은 거리 공연도 많았고, 관광객 등 인파도 많았다. 몸과 마음이 지쳐서 그런지 무언가를 더 많이 보고 싶다기보다는 그

저 숙소로 빨리 돌아가고 쉬고 싶었다.
-자기관리 역량

퀸 빅토리아 빌딩 앞에서 김씨 세 명의 사진을 찍어주었다. 퀸 빅토리아 빌딩에서 대각선으로 보이는 대형마트가 있다. 저기서 장을 볼까? 라고 남편에게 물었지만, 남편은 그냥 가자 했고, 모르겠다, 나도 싸우고 싶지 않았다, 그냥 가지 뭐. 그렇게 시드니 타운홀 역에서 40분 남짓 기차를 타고 파라마타 역으로 돌아왔다.

파라마타 역에 내리자, 뭔가 안정감과 함께 이제 됐다, 하는 생각이 들었다. 남편도 그랬는지, 파라마타 역에 있는 마트에서 간단히 장을 봤다. -정서적 건강 호주에서는 술을 마트에서 팔지 않고, 술만 파는 liquor shop이 있다. 보통 마트 옆에 있다. 와인과 맥주를 사고, 마트에서는 호주 대자연에서 풀을 먹고 자란 가성비 좋은 소고기를 샀다. 숙소로 돌아와서 고기를 굽고, 한국에서 가져온 고추장에 찍어 먹는다. 저녁을 먹고 나니 어느새 밤 9시다. TV 뉴스에서는 연말 전야를 위한 특별 방송이 계속된다. 아이들과 함께 연말연시라고 평상시보다 꽤 비싼 값을 내고 머무는 이곳 호텔의 수영장을 즐기러 간다. 호텔 수영장에서 놀다 보니 사람들의 환호성이 여기저기서 들린다. 파라마타 지역에서도 밤 9시가 되니 자체적으로 불꽃놀이를 시작하고, 2023년 12월 31일. 안녕!⋯ 이제 몇 시간 남지 않았구나.

연말연시를 외국에서 보내는 것은 이번이 세 번째이다. 임용 시험에 합격하고 난 첫해 미국 뉴욕에서, 서른 살을 보내던 즈음 호주 태즈메이니아에서, 사십 대 중반을 보내는 지금, 여기, 호주 시드니에서 남편과 그리고 내 인생에 소중한 보물인 두 아이와 함께 보내고 있다. 한국에서도 매년 12월 31일이 되면 한해를 되돌아보고, 새해를 맞이할 준비를 했던 것 같다.─심미적 감성 역량 남편은 한국에 있는 부모님에게 영상통화로 이곳의 소식을 전한다. 숙소에서 동쪽으로 시드니 시티의 중심가가 보인다. 12시 정각에 터지는 불꽃들을 보며, TV 화면으로 보이는 불꽃놀이를 보며 생각한다.

호주에 온 이유는 무엇일까? 아이들과 나는 무엇을 경험하고 배워가야 할까? 어떤 의미를 찾으면 될까? 호주에서 보내는 시간과 비용에 대한 가치를 고민한다.─자기관리 역량 그 고민은 호주로 오기 전에도, 호주에 와서도, 그리고 여행을 마치고 글을 적는 이 순간에도 현재 진행형으로 느껴진다.

본문에서 제시된 사례를 보고 떠오른 과거에 이미 했던 경험, 앞으로 해주고 싶은 경험이 있다면 해당 사항에 표시하고, 적어 보아요.

신체적 건강	
정신적 건강	
사회적 건강	

자기관리 역량	
지식정보처리 역량	
창의적 사고 역량	
심미적 감성 역량	
협력적 의사소통 역량	
공동체 역량	

1월 1일 :
새해 첫날, 포트 스테판 원데이 투어

포트스테판 투어

2023년을 보내고, 2024년을 시작한다. 새벽 4시에 눈을 뜨고 움직여야 했는데, 너무 피곤했다. 4시 30분이 되어서야 간신히 눈을 뜨고 움직이기 시작한다. 30분 만에 짐을 챙기고 나선다. 현재 묵고 있던 숙소에서 바로 옆 호텔로 옮겨야 했다. 또한 투어를 예약해서, 투어 시간에 맞춰서 집결 지로 가야 한다. 일단 짐을 2일간 머물렀던 숙소에 맡기고 출발한다. 집결 지는 기차 타고 20분 정도를 가면 도착하는 곳으로, 한인들이 모여사는 지역 중에 한 곳이다. 기차역에서 무슨 공사를 한다고 플랫폼이 바뀐다는 안내방송이 나온다. 하마터면 플랫폼이 바뀌었다는 안내도 놓칠 뻔했다. 바뀐 플랫폼으로 잘 이동해서, 기차를 타고 4~5 정거장 후 드디어 모임 장소에 도착했다.

무사히 투어 차량에 탑승한다. 차량 탑승 시각이 6시 15분이다. 휴~ 다행

이다. 2024년 1월 1일을 시작한다.-자
기관리 역량 투어 차량은 한인들이 모여
사는 1차 집결지에서 몇몇을 태우고
시드니 도심으로 향한다.

2024년 1월 1일 (월)
오전 6:41

아침이면 항상 커피를 마셔야 하는
데, 오늘은 커피를 마시지 못했다. 아,
눈을 뜨고 있지만, 마치 내 속이 아
직 덜 깨어난 느낌이다. 며칠간의 피로가 쌓이기도 했고, 모닝커피 없이
하루를 버틸 자신이 없다.-신체적 건강 시드니 시티 내 모임 장소에서 10분
가량의 대기 시간이 있었다. 가이드님께 커피를 한잔 마시고 싶다고 어디
서 살 수 있는지를 물었다. 1월 1일 오전 6시 50분에 문을 연 커피 가게는
없었다. 가이드님은 눈앞에 보이는 편의점의 커피를 추천해 주셨다. 그런
데 2달러가 있어야 한다며, 동전 있냐고 물으신다. 동전이 없다. 가이드님
이 직접 2달러를 건네주시며 커피 꼭 사드시라고 주신다.-협력적 의사소통 역량
이따가 오후에 갚아드리면 되지 하고, 가이드님의 2달러를 받았다. 차 안
에서 이동할 때도 자꾸 기침이 나고, 몸이 으슬으슬했다. 호주에서의 두
번째 커피이다. 편의점 커피지만, 너무 따뜻하고 맛있었다. 2달러로 이 정
도 퀄리티라면 충분히 감사하고 황홀했다.-심미적 감성 역량 그렇게 커피를
마시고… 다른 일행들이 올 때까지 기다린 후 출발했다.

오늘의 투어는 오전에 배를 타고 돌고래를 보고, 점심 식사 후 사막에서
모래 썰매를 타는 것이다. 시티 내 모임 장소에는 3~4개 여행사와 대형 관

광버스, 중형 버스 등 7~8대의 차량이 대기 중이었고, 어디서 이렇게 한국 사람들이 많이 있었나 싶을 정도로 어디선가 한국 관광객이 모여들었다. 시드니에서 북쪽으로 2시간 정도 차량으로 이동하면 목적지에 도착하게 된다. 시드니 북쪽은 부촌이라고 했다. 북반구 대한민국 서울의 강남이 부촌인 것, 남반구 호주 시드니의 강북이 부촌인 것은 아마도 같은 원리인 거 같다.-창의적 사고 역량 시드니 부촌을 지나 고속도로를 타고 2시간 정도 이동 후에 도착한 넬슨 베이에서 배를 탄다. 돌고래를 보고, 배의 그물망에서 원하는 경우 수영을 할 수 있다. 가이드님께서 어제까지만 해도 배에 자리가 없을 만큼, 전쟁 피난선처럼 사람들이 가득했는데 오늘이 되니 사람들이 많이 줄어든 것이라고 하셨다. 우리와 같은 배에 타신 분들을 보니, 호주에서 유학하고 있는 손주와 할아버지, 부부 동반의 모임, 동료끼

리 온 팀, 엄마와 아이가 여행 온 사람, 혼자 온 여행객 등 다양한 사람들이 호주에서 2024년 1월 1일을 보내고 있었다. 가이드들도 1월 1일인데 일을 하시느라 고생이 많다는 생각도 스친다. 남의 돈 벌기는 참 어렵다. 번 돈은 순식간에 쓰는데 말이다. 힘들게 번 돈으로 아이들과 경험하는 중이니, 뽕을 빼야 한다. 어제에 이어

오늘도 날씨가 그리 따뜻하지 않아서, 붐넷(배 뒤에 그물을 달아서 물놀이가 가능)을 망설이고 있다. 다행히도 아들이 먼저 용기를 내었고, 다른 가족의 딸아이도 희망했다. 우리집 아들이 먼저 물에 몸을 담근다. 아마도 수영만큼은 자신이 있었나 보다. 한국에서 1년 반 이상 배운 수영 덕분인지, 자신감 있게 몸을 바닷물에 담근다. ─자기관리 역량

'붐넷에 너희와 내가 언제 몸을 담가 보겠니? 돈도 시간도 아깝지 않게 해야겠다고 생각하고, 나도 붐넷에 몸을 던졌다. 딸아이도 붐넷에 들어왔다. 그렇게 우리의 몸은 호주의 바닷물과 첫인사를 나누었다. 남편은 사진과 동영상을 찍는다. 그래, 남는 건 사진과 동영상이니 열심히 찍어주는 남편이 고마웠다. 남편이 가고 나면, 셋이 같이 찍히는 사진이 셀카 정도일 텐데, 라고 생각하며, 남편이 함께 있어서 좋은 점을 생각한다. ─공동체 역량

점심은 비빔밥으로 패키지 프로그램에 포함되어 있었다. 한인 노부부가 운영하는 바비큐 식당이고, 점심은 단일 메뉴로 관광객들을 맞이한다. 노부부가 운영하기에 가이드들이 직원처럼 움직인다. 푸짐하게 비빔밥을 먹고, 반찬으로 나오는 김치도 여한 없이 먹었다. 김치를 싸 가지고 가고 싶었는데… 남편은 눈치를 준다.

'아니, 평소에 돈 아끼라고 할 때는 언제인가!'

내가 김치 좀 싸겠다는데 저런 눈초리를 꼭 해야 하는가 싶었다. 문제는 남편의 눈초리가 아닌, 김치를 담아갈 통이 마땅하지 않았다. 포기했다. 포기하는 것이 맞는지 어떻게라도 방법을 찾아야 하는지 고민되었다. 살다 보면, 항상 이런 지점이 교차한다. 내려두어야 하는가, 어떻게라도 이

뤄낼 방법을 찾아야 하는가, 타협인가 포기인가 안주인가… 헷갈린다. 그 럴 때는 그냥 두고 바라본다. 시간이 지나가면 의미가 정해지기 마련이다. –심미적 감성 역량 점심을 먹고 김치에 대한 아쉬움을 남긴 채, 커피를 찾아 또 헤맨다. 커피가 잘 받는 체질인 건지, 하루에 4~5잔은 기본으로 마신 다. 그 정도는 마셔줘야 몸도 마음도 안정을 찾는 것 같다. 한 잔을 간신히 마셨고, 점심을 먹었으니, 또 한잔 먹어야 하는 시간이다. 동네 한 바퀴 돌 아봐도, 1월 1일이라 그런지 문을 연 카페가 없다. 커피를 찾아 동네 한 바 퀴를 돌았다. 결국 커피가게는 못 찾았어도 동네를 한 바퀴 돌아볼 수 있 었다. 그거면 충분하다. 호주에서의 시간을 허투루 보내고 싶지 않은 내 마음을 토닥였다.–정신적 건강

포트 스테판이라고 불리는 장소에 모래 썰매를 타러 간다. 가이드님께 서 모래의 입자가 너무 고와서, 핸드폰 충전하는 입구 등으로 모래가 들어 갈 수 있으니 각별히 조심하라고 안내해 주셨다. 얼마나 모래가 고울까 싶 었는데, 정말 화장품 가루 파운데이션만큼이나 고왔다.

모래언덕에서 썰매를 탄다는 상상이 안 간다. 신문지면 하단에 호주 여 행 광고가 나올 때, 항상 나오던 그 모래언덕에 가보는 것이다. 25년 전부 터 늘 호주 시드니 여행하면 패키지에 포함되어 있는 그곳. 거기에 왔다. 15년 전 호주 여행을 왔을 때는 포트 스테판에 오지는 못했다. 고등학교 1학년, 일본에 자매결연 맺은 학교를 방문한 것이 내 인생의 첫 해외였다. 그 이후에 고등학교를 졸업하고 나서 늘 해외를 가보고 싶었다. 신문지면 광고를 한없이 바라보기도 했으며, 아르바이트를 해서 내 힘으로 갈 수 있

는 나라는 가보기도 했다. 대학 1학년에 중국, 대학을 졸업하고 병원 입사 전에 유럽, 교사가 되고 나서 미국, 그리고 호주, 결혼하고 나서도 동남아시아 나라들을… 아이를 들쳐업고라도 갔다. 보고 듣고 느끼고 싶었다. 새로운 곳을 오감으로 느끼고 싶었다. 살아갈 나날에 내가 더 지혜로워지고 싶었고, 풍만하고 싶었다. 내가 아는 만큼 학생들과 자식들에게 줄 수 있다고 믿었다.-정서적 건강 아는 만큼 보인다는 말로 여행에 대한 돈과 시간의 투자를 합리화하였다. 호주를 15년 전에 왔었지만, 이곳은 못 왔는데… 두 번째 호주 여행에서 여기를 남편과 딸과 아들과 와있다는 것이 뭔가 뿌듯했다. 비록 호주 여행의 경비가 여유롭지 못했다고 해도, 내가 살아있고, 경험하고 있다는 것으로 충분하다.

우리가 썰매 타는 장소에 도착하니 감사하게도 하늘이 맑아졌다. 모래

위에서 썰매를 타고 내려오는 그 느낌을 기억하자. 생각보다 정말 모래가 고왔다. 모래바람이 불어오면, 얼굴에 파운데이션을 칠한 듯이 모래가 얼굴에 들러붙었다. 모래가 붙은지도 모를 만큼 고운 모래, 들러붙어있다는 것은 모래 썰매를 다 타고 시드니로 돌아오는 차 안에서 땀이 다 마르고 나서 느꼈다. 이렇게 고왔구나. 인생은 그 순간에는 모르던 것이, 지나고 나서 느껴지기도 한다. ─심미적 감성 역량

파라마타로 돌아오는 길이 익숙해진다. 삼일 정도 된 것 같다. 어느 공간에 익숙해지는 데 걸리는 시간, 작심삼일… 삼일 동안 뭔가를 지켜내기도 어렵지만, 삼일 정도만 잘 버티면 금세 익숙해진다. 파라마타 역에서 숙소를 향해가는데, 유니폼을 입은 관중들이 역으로 몰려온다. 근처 경기장에서 경기가 있었나 보다, 라고 생각한다. 2024년 1월 1일을 보내는 호주 사람들을 관광객의 시선으로 지켜본다. 축구에 관심이 많은 아들은 눈이 휘둥그레진다. 아마도 관중들이 입고 있는 유니폼은 호주 축구 유니폼이었던 것 같다. 새벽에 맡겨놨던 짐을 찾아서, 바로 옆 호텔로 숙소를 옮긴다. 부유하지 않은 여행객은 단 하루라도 좀 더 저렴한 호텔을 찾아야 했고, 일일 투어로 비용 지출이 많은 오늘은 숙박비용이라도 아끼자, 싶었다. 주방이 없는 전형적인 호텔이라서, 컵라면과 햇반으로 한 끼를 때운다.

파라마타의 마지막 밤, 아이들에게 그림을 그리게 한다. 가장 인상깊었던 것 그려보기.

돈과 시간에 대한 투자를 매일 확인하고 싶은 엄마의 욕심이기도 하고, 아이들이 직접 그림을 그리는 순간만이라도 여행을 되새김질할 수 있기를

바란 것 같다. ─심미적 감성 역량 그렇게 호주에서 맞이한 2024년 1월 1일은 마무리된다.

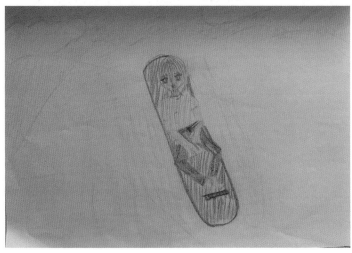

본문에서 제시된 사례를 보고 떠오른 과거에 이미 했던 경험, 앞으로 해주고 싶은 경험이 있다면 해당 사항에 표시하고, 적어 보아요.

신체적 건강	
정신적 건강	
사회적 건강	

자기관리 역량	
지식정보처리 역량	
창의적 사고 역량	
심미적 감성 역량	
협력적 의사소통 역량	
공동체 역량	

5일

20년 전 미국에서 만난
소중한 인연

시드니 수산시장

　파라마타에서 3일을 정리하고, 드디어 시드니 시티 중심지구로 들어간다. 시드니에서 연말연시를 즐기러 온 관광객들이 빠져나가 숙박비가 이제야 정상가로 내려온다. 그렇다고 해도 1, 2월은 호주 여행의 성수기로 하룻밤 숙박이 20~25만 원 사이가 된다. 혼자일 때야 호스텔에서 7-8만 원을 주고 자면 되는데, 아이 둘과 함께는 호스텔 금액 곱하기 3을 하면, 호텔을 가는 것이 이득이다. 에어 bnb 역시도 성수기라서 호텔 금액과 별반 차이가 없었다. 그래서 우리는 어학원을 도보로 갈 수 있으며, (호주는 교통비도 비싸기 때문이다. 숙소를 조금 싸게 잡으면, 교통비가 또 들어간다) 호텔이지만 요리가 가능할 수 있도록 작은 주방이 있는 곳을 선택했다.-지식정보처리 역량 (외식비도 꽤 비싸서, 요리가 가능한 주방이 있어야 한다.) 그곳으로 드디어 간다.

　파라마타의 짐을 싸서, 인당 캐리어를 하나씩 밀며 시드니 시티로 향한다. 이제 갓 열 살이 된 아들도 자기의 힘으로 캐리어를 민다. 아들의 뒷모습을 보며, 10분 정도 지하철역으로 걸어가는 동안 여러 가지 생각이 스친다.─심미적 감성 역량 한 달 동안 먹을 한국 라면, 고추장, 누룽지, 햇반 등이 가득 든 아주 무거운 것은 남편이 밀고, 옷가지 등이 들어있는 그래도 상대적으로 가벼운 것 2개는 딸과 아들이 민다. 나는 이것저것 잔짐이 가득한 어깨로 짊어지는 가방을 든다. 제일 뒤에서 걸으며 이 순간도 놓치고 싶지 않아서 사진을 찍는다.

　그래, 인생 누구나 다 자기의 짐이 있다. 나이가 어려도 그 아이만의 과업이 있다. 열 살 아이가 밀고 가는 모습을 보니 짠하다가도 그 짐을 내가 들어주는 것이 아니라, 그 짐을 스스로 들 수 있도록 옆에서 지속해서 기회를 제공하는 것이 부모로서 할 일이다, 라고 생각했다.─공동체 역량

　시드니 시티로 들어와서 전철역에서 짐을 밀며, 호텔을 찾아간다. 며칠

전 기억이 스친다. 또 새로운 곳으로의 이동은 두려움과 낯섦이 뒤죽박죽 되어서 신경이 곤두선다. 남편을 예약 인원수에 포함하지 않았다. 하루만 자면, 내일 아침에 한국행 비행기를 타야 하기에, 우리 셋이 들어가서 체크인을 한다. 이번에는 잘 알아들으려나, 세 번째 체크인인데도 두근거린다. 데스크에 가서, 여권을 내밀고, 체크인 과정을 거친다. 내 영어는 유창하지는 않아도, 상대의 말을 알아듣고, 상대가 요구하는 것에 대한 대답 정도는 가능하다.-자기관리 역량

"Are you here with your kids? Are you staying in Sydney? Would you like an extra bed? (아이들이랑 온 거예요? 시드니에만 머물러요? 엑스트라 침대 넣어드려요?)"

"Oh,extra bed! I'd appreciate it. (엑스트라 베드 너무 좋죠!)"

그래, 그거면 된다. 돈을 벌러 온 거 아니라, 내 돈 쓰러 온 거일 때 필요한 그만큼은 영어는 하나 보다. 체크인을 무사히 마치고, 우리 방으로 올라간다. 주방과 거실, 침실 그리고 거실 옆에 엑스트라 베드가 우리를 기다리고 있었다.

"우와!!" 하며 아이들은 탄성을 지른다.

짐을 두고, 호텔 밖 어디선가 우리를 기다릴 남편을 데리러 나갔다. 혹시나 걸리면, 우리집에 놀러 온 손님인 양, 아니면 오늘 밤에 간다고 하면 되지 뭐! 그리고 이 숙소에 우리만 있나? 라고 배짱을 두둑하게…

어느새 오늘은 남편이 호주에서 보내는 마지막 날이다.

시드니 시티 안에서 무엇을 하고 싶은지 물어본다.

"오빠, 하고 싶은 거 있으면 말해."라고 말을 건넸다. 네 명이 24시간을 함께한 지 4~5일이 되니, 슬슬 서로 밉상이다. "별로 하고 싶은 거 없는데."라는 대답으로 마무리한다. 남편이 하는 말마다 짜증이 난다. 꼭 저렇게 말해야 하는가 싶고, 사실은 남편의 잘못이 아니라 내가 힘들고 예민해져서 그것이 더 증폭되고 옆에 있는 유일한 어른은 '남편'에게 투사되는 것이라는 것을 안다.-정서적 건강 생각보다 비싼 호주의 물가는 알뜰한 남편을 곤두서게 했고, 무언가를 한다는 것은 곧 돈을 쓴다는 것과 일치한다. 남편은 무엇을 굳이 하지 않아도 된다고 한다. 돈을 아끼는 것과 무엇을 하는 경험이 항상 반대는 아니지만, 대개 무엇을 하려면 돈과 시간이 든다. 아무것도 안 하고 버티면 돈을 아낄 수 있지만 시간을 버리게 된다. 시간과 돈의 적절한 균형을 찾아가며 경험하는 것, 이것이 우리의 인생을 사는 재미이자 긴장감이라고 생각된다.-사회적 건강 하지만 남편의 마음도 충분히 이해가 된다.

며칠 전부터 생각해 두었던 시드니 수산시장을 제안했고, 남편도 받아들였다. 내일 오전 비행기이고, 오늘 저녁에는 지인과 약속이 있고, 어떻게 보면 우리 가족끼리 보내는 마지막 시간이기도 하다.-협력적 의사소통 역량 Sydney fish market을 가기 위해서 트램을 한 번 갈아탄 후 20여 분 후쯤 도착했다. 노량진 수산시장보다 규모는 작았지만, 신선한 해산물을 먹을 수 있었고, 관광객들이 꽤 많았다. 굴, 크랩, 초밥 등을 사고, 잘린 과일도 사서 마지막 만찬을 즐겼다.

'호주 돈으로 카드에 환전해 온 것을 이제야 좀 쓰나? 남편?'

　남편의 카드로 결제를 해서 먹는 것이라서 더욱 맛있었다. 출국 전에 환전을 누가 하냐며, 본인 카드에 담아온 호주 달러를 남김없이 털어쓰고 있는 것 같다. 어쨌거나 남의 편이 사주는 것이라서 매우 맛. 있. 다.-심미적 감성 역량 테라스에서 상점에서 산 음식들을 펴놓고 맛있게 점심을 먹다가 1월 1일 포트 스테판 투어에서 만난 가족을 스쳤다. 반갑게 인사를 나누었고, 그 집 아이들과 또래가 비슷한 덕에 대화를 좀 더 편안하게 할 수 있었다.-협력적 의사소통 역량, 사회적 건강 멜버른에 거주하시는데 시드니로 자동차로 여행을 온 것이고, 한국에서 조카가 호주로 여행을 온 김에 아이들과 함께 시드니를 여행하던 중이라고 하셨다. 서로 카톡을 저장하며, 이틀 전에 찍은 사진을 나누기도 했다.

　점심을 먹고 나서 지인과의 저녁 약속 시간까지 시간이 좀 남았다. 4-5일 지속된 일정이 은근히 피곤하고, 힘들었다. 일단 좀 쉬어야 저녁의 일정을 제대로 소화할 수 있을 것 같았다.-신체적 건강, 자기관리 역량 그리고 저녁에는 호주에 사는 친구를 만났다. 서큘러 키 옆의 Rocks라는 지역에 있

는 펍에서 만나기로 했다. 이 친구는 17년 전, 미국 여행에서 만났던 인연이다. 28살인 나는 보건교사 1년을 간신히 버텨내고, 미국 유학 여부를 정하겠다며 미국 여행을 왔고, 25살이던 희정이는 대학을 졸업하고 진로를 고민하면서 미국으로 여행을 왔었다. 나는 샌프란시스코의 마지막 날, 희정이는 샌프란시스코의 첫날, 24시간을 같이 붙어 다녔다. 호스텔에서 우연히 같은 방에 배정되었고, 나의 영어를 듣자마자 한국 사람이구나, 하고 알아본 희정이가 말을 먼저 건넸다. 그런 인연으로 우리는 17년 동안 서로 연락을 주고받으며 어느새 40대가 되었다.-사회적 건강

희정이는 호주 교포 1.5세이며, 현재는 호주 연방 법원의 판사이다. 디자인 전공이던 희정이도 참 열심히 살아왔다. 희정이는 연말연시를 맞아 스페인으로 여행을 갔다가 시드니로 1월 1일에 돌아왔고, 돌아오자마자 우리집 남편이 한국으로 떠나기 전에 시간을 내었다. 맥주와 피자, 햄버거를 먹으며 시드니 항구의 아름다움을 감상했다. 하버 브리지, 현대미술관, 크루즈 배, 오페라하우스를 배경으로 우리의 저녁은 붉게 물들어 가고 있었다.-심미적 감성 역량 아들은 항구에 정박해 있는 대형 크루즈 배를 처음 보았기에 하나하나 살피고, 크루즈 배 안의 사람들 움직임도 세심하게 관찰하였다.

저녁을 먹고, 서큘러 키로 걸어와 유명한 아이스크림을 하나 입에 베어 문다. 바로 옆 custom house에서 휴식을 취하며, 모형으로 만들어진 시드니 시티를 보며 시드니의 전체적인 지형을 익힌다. 그렇게 우리의 밤은 저물었다. 희정이와도 '안녕'을 하고, 숙소로 돌아왔다.

남편은 내일이면 한국으로 돌아가는데, 돌아가기 전 마지막 날 밤. 우린 또 당연하듯이 부부싸움을 했다. 주제는 돈이다.

"돈 아껴 써라."

"아껴 쓰고 있는 거 안 보이니? 내가 뭐 명품을 사서 휘두르니? 비상금을 쥐여 주고 가지는 못할망정 잔소리 좀, 그만해!" 하고 엉엉 울어버렸다. 나도 나 혼자 잘 살겠다고 여기까지 와서 이 난리를 치는 것이 아닌데 말이다. 그것을 알면서도 기우처럼 더 아끼라는 말을 하는지도 알지만, 제발 그만 좀 했으면 싶었다. 한국으로 돌아가는 당신이 더 힘들겠니? 여기서 3주를 더 아이들과 지내야 하는 내가 더 힘들겠니? 그런 잔소리 말고, 차라리 나한테 카드를 하나 쥐여 주던지, 돈을 쥐여 주고… 먹고 싶은 거 먹고, 하고 싶은 거, 하고 와라, 라고 말해주면 안 되겠니? 라는 마음이 가득했다.

아니, 그거까지는 너무 큰 바람이다. 그저 그냥 아무 말도 하지 말아 주길. 남편과의 마지막 밤은 서러움과 속상함의 눈물로 뒤범벅이 되었다.-정신적 건강

본문에서 제시된 사례를 보고 떠오른 과거에 이미 했던 경험, 앞으로 해주고 싶은 경험이 있다면
해당 사항에 표시하고, 적어 보아요.

신체적 건강	
정신적 건강	
사회적 건강	

자기관리 역량	
지식정보처리 역량	
창의적 사고 역량	
심미적 감성 역량	
협력적 의사소통 역량	
공동체 역량	

6일

아빠의 출국,
진정한 한달살이의 시작

1. 나루토춤inSYD
2. 축구유니폼구매

시드니 도심의 숙소로 옮기고 첫날 밤, 침실에서는 남편과 아들이 잔다. 딸은 거실에 놓인 엑스트라 베드에서, 나는 거실 소파에서 잤다. 새벽 5시 30분인데, 밖이 이미 환하게 밝았다. 호주의 커피가 맛있다는데, 제대로 된 커피 한잔 못 먹고 갈 남편 생각을 마음이 짠하다. 알뜰함과 성실함으로 무장한 내게는 가끔 너무 진한 짠내로 느껴지기진 하지만, 알뜰함과 성실함이 있는 것은 없는 것보다는 훨씬 감사한 상황이다. 어쨌거나 남편의 평생에 언제 다시 호주를 올 수 있을지 없을지 모르는 게 우리네 인생이다.

내가 사다주지 않으면, 비싼 돈 내고 커피는 사 먹지 않을 남자라는 것을 알기에 이른 아침 움직여본다. 조용히 나가는데, "커피 좀, 사 올 게. 호주 커피 맛있다는데… 먹고 가…" "딱 하나만 사 와라."라고 대답하는데, 끄앗! 듣고 싶지 않다. 남편의 대꾸가 내 속을 뒤집는 경우가 매우 많아서,

한 귀로 듣고 한 귀로 흘리는것을 것을 늘 연습한다. 흘리자. 한 귀로!-정신적 건강 어제저녁 내내 싸웠으면 됐다. (설마 저희 부부만 이렇게 사는 건 아니죠? 대부분 이렇게 살고 있을 거라 위안합니다.)

숙소 근처에서 맛있다는 커피집 몇 개를 검색한 후, 동선을 시뮬레이션 해보고, 비싸지 않으며, 리뷰가 좋은 곳을 골랐다.-지식정보처리 역량 7시에 숙소를 나선다. 남편이 8시 30분에는 숙소에서 나가야 하니깐, 늦어도 7시 30분 안에 커피를 사 와야 한다. 방향감각이 나쁘지 않다만, 시드니 도심에서 커피집을 향해 가는 길은 구글 맵이 함께 해주긴 했어도 초행길이라 낯설고 어색했다. 익숙해지면 별거 아닌 것도, 처음 해볼 때는 '해낼 수 있을까?'에 대한 불안이라는 깊은 강이 흐른다.-정서적 건강 카페 근처에 와서 조금 헤맸지만, 찾던 커피집에 왔다. 직원들이 한국 사람들로 보이는데, 영어로 묻는 말에, 영어로 대답했다. 한 잔만 사 오라는 남편의 말을 듣지 않고, 플랫 화이트와 함께 카푸치노를 주문했다.

한 잔만 사 오라고 해도, 두 잔을 산다. 남편도 이미 알고 있다. 한 잔 사 오라고 해도, 본인이 두 잔이라고 생각하면 두 잔을 기어이 사는 사람이라는 것을. 캐리어에 커피를 넣고 왔던 길을 되돌아간다. 카페를 찾아오던 초행길은 꽤 멀었는데, 되돌아가는 길은 그래도 갈 만했다. 왔던 길을 잘 되짚어갔기에, 불안보다 확신이 컸

다. 그렇게 사 온 커피를 마시는 남편은 "결국 2개 샀구먼! 별로 맛도 없구먼!"이라는 볼멘소리로 커피 향기를 무색하게 했다.

'하… 남편이여, 그래도 곧 한국 돌아가는데, 참자.' 한 귀로 듣고 한 귀로 흘렸다. 사람 쉽게 안 변하니까 말이다. 내가 안 변하듯이 말이다. 한국에서 싸 온 컵밥으로 아침을 해 먹고, 남편은 현관을 나선다. "안녕!"

나 혼자 아이들을 봐야 하는 두려움도 있었지만, 남편과 거리를 유지할 수 있는 것도 나쁘지 않게 느껴졌다. 5일간 붙어있었더니 거리를 유지할 수 있는 것이 조금 더 좋았던 것 같다. 남편을 보내고, 아이에게 한국에서 싸 온 수학 문제집을 몇 장 풀게 한다. '호주에 왔지만, 한국에서 있더라도 해야 하는 다음 학기 수학 문제집 정도는 해야지. 그래야 양심이 있지.' 물놀이를 해도 양심에 걸리지 않을 만큼 문제집 서너 장을 풀고, 숙소에 있는 수영장으로 향했다.

든자리는 몰라도, 난자리는 안다고. 옆에서 잔소리를 하던 남편이 가고 나니, 뭔가 허전했다. 기분이 좀 꿀꿀할 때는 몸을 움직이는 것이 답이다!-정신적 건강 수영하자! 한국에서 수영을 배운 지 1년 남짓한 아이들은 물놀이를 원래 좋아하지만, 호텔에서 제법 수영다운 수영을 한다. 매일 이 호텔에 내는 돈이 얼마인데, 최대한 뽕을 뽑아야 한다는 생각이 든다. 누릴 수 있는 건 다 하자! 수영을 하고 나니, 남편의 빈자리를 조금 더 지워낸 것 같은 느낌이 든다. 같이 있어서 답답한 것도 참 싫은데, 옆에 없어서 허전함을 느끼는 기분은 더 싫다.

아이들은 아빠가 있을 때 가보고 싶었으나 말조차도 못 꺼낸 다이소, 아디다스를 가보자고 한다. 아빠가 있을 때는 가자고 했다가 잔소리만 들을 확률이 100%이다. 인생은 타이밍이다. 지금이 다이소, 아디다스를 갈 기회! 다이소는 일본이 본사 아닌가? 호주에 다이소? 딸아이만큼이나 궁금했다. 숙소에서 걸어갈 수 있는 거리에 다이소도, 아디다스 매장도 있었다.

가까운 순서대로 다이소를 먼저 갔다. 와우! 일본에 있는 다이소가 호주에? 근데 일본 다이소보다 더 종류가 다양하고, 살 만한 상품들이 많았다. 다만 1000원이 아니라 물가가 비싸서 3000원에 해당했다. 기준이 높았다. 호주의 물가, 생각보다 모든 것이 비쌌다. 다이소에서 뭐 특별한 것을 사나 봤더니, 작은 수납통을 하나 샀다. 한국에서 호주 달러로 바꿔온 아이들의 용돈, 호주 달러의 현금이 있다. 아이들도 한 달 동안 지출해 볼 것이 있다면, 지출하는 경험도 하게 해주고 싶어서…–자기관리 역량 그래서 현금으로 바꿔온 이 깊은 속을 남편은 아는지 모르겠다. 카드 한 장 달랑 들고 오면, 편하겠지만 말이다. 아이들에게 경험해 줄 폭은 그리 넓지 않다. 어딘가를 가보고 싶다. 그곳에서 나에게 필요한 물건을 고르는 경험, 그리고 그에 대한 대가를 치르는 과정, 이 모든 것을 아이들에게 경험하게 해주고 싶었다.–지식정보처리 역량

　축구에 빠진 아들이 가기를 원하는 곳은 아디다스 매장이었다. 연말연시 세일 비율이 꽤 되었다. 아스날 유니폼을 고르고, 피팅룸에서 입어본다. 너무나도 행복해 보이는 아들, 한국에서는 항상 짝퉁 유니폼을 인터넷으로 구매해서 입었는데, 어떻게 하지, 30%가량 세일을 해도 8~9만 원이고, 호주에서 쓸 용돈의 1/3에 해당한다. 아이는 고민하더니, 사겠다고 결정했다. 그리고 아이의 의견을 존중하기로 했다. 무엇인가 선택하고 결정하고, 그 행복을 누리는 경험을 하고 있다.-정신적 건강

　호주의 맑고 푸른 하늘 아래 새빨간 유니폼을 입은 아들은 유난히 멋져 보였다. 그나저나… 아빠는 이 옷을 보자마자, "돈 주고 샀어?"라고 할 텐데… '뭐라고 하지?'라고 셋은 머리를 굴리기 시작했다. 한국에서 걸려 오는 아빠의 영상통화에 관한 대비를 하는 것이 중요했다. 세일해서 샀다고 하자!!! 당당하게!! 그렇게 구매를 마치고 나니 이제야 배가 고파왔다.

집으로 돌아가는 길에 호주의 버거킹, Hungry jacks에서 버거 세트로 배를 채운다. 호주의 햄버거집에서는 카드로만 주문이 가능하다. 직불카드이든, 현금카드이든 꼭 필요하다. 참 잘도 먹는다. 특히 감자튀김을 아주 맛있게 먹는다. 한국에서는 감자튀김에 나오는 케첩이 무료인데, 소스도 돈 내고 주문이다. 아빠가 없을 때 할 수 있고 하고싶었던 일을 해내고 숙소로 다시 향한다.

숙소에서 좀 쉬어야겠다. 비싼 숙박비를 냈으니, 낮의 휴식을 취할 당위성을 찾는다. 침실이 있는 숙소여서, 숙소에 들어오면 아이들을 방안에 넣었다. 둘은 각자 개인 패드를 봤다. 한국에서는 패드를 못 보게 했지만, 지금 오늘은 우리 셋 다 미션을 수행했다고 토닥이고 싶었다. 아빠의 빈자리를 느끼지 않고, 우리 셋이 시내를 걷고 다시 숙소로 돌아온 것을 마구 칭찬하고 싶었다. 이완의 시간이 필요하다. 충분한 이완이 필요했다.-정신적 건강 나도 아이들도… 한 시간의 이완 후, 다시 도서관에 갈 채비를 한다.

도서관에 가서 책을 읽지 않더라도, 남은 오후 시간에 도서관을 다녀와야 저녁밥을 먹을 때, 당당할 수 있을 것 같았다. 도서관을 찾아가는 길은 오전에 갔던 다이소, 아디다스와는 반대 방향이다. 아이 둘과 또 함께 구글 맵을 켜고 이동한다. 숙소에서 그리 멀지 않은 곳인데도 아이 둘과 함께 초행길을 걷는다. 숙소에서 걸어서 10분 안에 도착하였다. 가는 길에 중국 식당과 한국식당이 많은 차이나타운 골목을 지나 달링하버 도서관 건물 앞에 선다. 책에서 또는 웹에서 본 건물이 내 눈앞에 나타날 때의 쾌감은 이루 말할 수 없다. 또 하나의 작은 도전 과업을 해냈다. 이런 작은 도전이 성취의 벽돌이 되어, 거대한 집을 지을 수 있겠지, 하고 생각한다.-자기관리 역량 다만, 어떤 집을 지을지를 결정하고 책임지는 사람은 전적으로 그 인생의 주인공 몫이라는 것을 잊으면 안 된다. 각자의 작은 성취들이 자신만의 집을 짓는 벽돌이 되리라 생각하며, 작은 성취를 다양한 분야에서 할 수 있도록 해주면 자존감도 자신감도 튼튼해질 것이다.-정서적 건강

도서관 건물의 외관은 나선형의 목조가 건물을 둘러싸고 있다. 건물의 외관이 독특했다. 건물의 1층에 일반식당, 4, 5층에 도서관이 있다. 한국의 도서관은 대개 도서관 건물인데, 건물 안에 일부가 도서관인 것이 신기했다. 엘리베이터를 타고 도서관에 도착했다.

안타깝게도 우리집 아이들은 도서관에서 책 내용에 빠지는 아이들이 아니다. 한국에서도 도서관에 가면, 도서관의 모습을 관찰하는 아이들이다. 독서삼매경 이전에 도서관 삼매경부터!!! 책 내용에 빠져들기보다는 관심 도서를 찾는 데 열중한다. 책을 찾고는 읽지는 않는다. ㅎㅎ 혹시 우리집 아이처럼 책을 찾는 방법적인 측면으로 강한 아이들이 있다면, 불안해하

지 말아요. 책 내용을 설령 모르더라도, 세상을 살아가는 방법에 대한 적응력은 좀 더 강할 테니까요. 본인이 검색해서 안 찾아지면 사서 선생님께 물어서라도 찾고 만다.-사회적 건강 보물찾기하듯이, 끈질기게 책을 찾아낸다. 양심에 찔리지 않을 만큼 도

서관에서 시간을 보내고, 도서관 앞 달링하버를 즐겼다. 플레이그라운드라고 불리는 놀이터와 나지막한 분수 사이를 오고 가며 달려본다. 한국으로 돌아간 아빠의 빈자리를 느끼기보다는 하나씩 '해내는 경험'을 쌓고 있다.

숙소에 돌아와 한국에서 가져온 라면을 끓여 맛있게 먹고, 오늘 한 일 중에 가장 기억에 남는 그림을 그려본다. 아들은 아스널 티 구매, 딸은 2장은 그리는데 다이소에서 산 물품과 도서관 그림이다. 수영장으로 간다. 오늘의 긴장을 수영으로 풀어낸다. 수영을 하면, 팔다리를 움직여야 하고, 음과 숨을 쉬며, 탁한 기운이 몸에서 빠져나가는 것 같다. 그리고 물에 몸을 담그니, 샤워는 자연스럽게 하게 된다. -신체적 건강

수영에 대한 개인적인 생각은 신체적 건강에도 도움이 되지만, 정서적 건강에도 아주 유익하다고 생각된다. 수영하고 나면 기분이 좋아지고, 자신감이 생긴다. 결국 내 팔과 내 다리로 해냈으니 말이다. 세상에 못 할 것이 무엇이더냐 말이다. 나는 할 수 있다는 자신감과 이미 나는 해낸 사람이라는 자존감이 호주 한달살이 내내 방전되지 않도록, 1일 1수영으로 몸과 마음을 잘 달래어본다. -정신적 건강

본문에서 제시된 사례를 보고 떠오른 과거에 이미 했던 경험, 앞으로 해주고 싶은 경험이 있다면
해당 사항에 표시하고, 적어 보아요.

신체적 건강	
정신적 건강	
사회적 건강	

자기관리 역량	
지식정보처리 역량	
창의적 사고 역량	
심미적 감성 역량	
협력적 의사소통 역량	
공동체 역량	

— 7일 —

수영복 없이 간
Manly beach

맨리비치

넷째날은 자유여행 시간이다. 아이들의 어학원이 시작되기까지, 4일이 남았다. 어학원을 가기 전에 할 수 있는 것들을 생각해 본다. 한 달이라는 시간이 짧지도 않지만, 사실 길지도 않다. -자기관리 역량

4주 중에, 1,4주는 여행, 2,3주는 어학원 일정으로 잡았다. '여행'이 아닌 '살이'를 해보고 싶었다. 아이들에게도 여러 도시의 여행보다는 어느 곳에서의 삶, 적응 과정을 선물하고 싶었다. -심미적 감성 역량 15년 전에 호주를 한 달 여행 왔었지만, '여행'과 '살이'는 다를 것으로 생각했다. 여행은 다양한 곳을 가보는 곳에 포커스가 있다면, '살이'는 한 곳에서 현지 사람처럼 살아보는 것에 좀 더 포커스가 있다고 생각한다. 어학연수를 가보고 싶었고, 유학을 가보고 싶었는데, 가지 못한 아쉬움이 아이들과의 호주 한 달'살이'를 하게 된 이유 중에 하나 정도를 차지하는 것 같

다. 그래, 살아보자. 일 년도 아니고, 한 달을 못 살겠니, 한 달 여행은 해
봤잖아. 유럽, 미국, 호주… 살아보자.

한국에서도 아침형 인간으로 일찍 일어나는 스타일인데, 호주에서는 더
욱 일찍 일어나게 된다. 돈도 시간도 아까워서, 5시 남짓하면 눈이 떠진다.
호주의 아침을 여유롭게 즐긴다. 커피 한 잔을 마시며, 생각의 바다에서
휴식을 취한다.-정신적 건강 내가 있는 이곳이 호주 시드니, 내 곁에 있는 사
람들이 내가 낳고 키운 아이들이라는 것이 새삼 놀라게 된다. 15년 전에는
나 혼자 가볍게 여행을 왔는데, 내 딸과 아들이라는 존재가 생겼고, 건강
하게 자라줬다는 것이 감사하다.

어제의 작은 성취의 경험들이 오늘의 도전에 있어서 용기의 뿌리가 된
다. 한 번도 가보지 않은 곳을 가볼 용기를 낸다.-자기관리 역량 호주에 온
지 일주일밖에 안 된 거 같은데, 아이들의 교통카드 충전이 필요하다. 직
접 현금으로 충전해 보게 한다. 타운홀 역의 cash 충전기에서 각자 자신의
교통카드를 충전하게 한다. 서큘러 키까지 트램이 아닌, 기차로 이동해본
다. 기차역에서 보이는 서큘러 키의 풍경으로 보고 싶었다. 기차를 타고,
배를 타야 하는데 비용을 계산해 본다. 오팔카드라는 시드니 교통카드는
하루 교통비의 최대한도가 있기에, 오늘은 트램보다는 기차를 타도 손해
볼 것 같지 않았다. 생각보다 비싼 호주의 물가는 언제나 효율적이고 효과
적인 선택을 하게 했다.-지식정보처리 역량

어제 용돈으로 산 아스널 티를 입고 나온 아들은 오늘따라 더욱 자기 주
도적으로 움직였다. 아들이 좋아하는 기차, 배 등을 마음껏 볼 수 있어서

그런지 이미 기분이 신나고, 즐거워 보였다. 기차역 승강장이 2층이라, 그곳에서 보이는 서큘러 키의 정경은 또 다른 시선을 제공하였다. 10분쯤 유리창 너머로 보이는 서큘러 키의 정경을 바라보고 출구로 내려간다.

서큘러 키에서 맨리 비치로 가는 선착장도 아들 녀석이 아주 재빠르게 잘 찾았다. 미술관 앞에 늘 정박해 있는 크루즈가 오늘은 다른 브랜드였다. 아들은 맨리로 가는 페리를 타고도 크루즈 배를 한참을 관찰했다. 멀어져서 더 이상 보이지 않을 시점까지 관찰했는데, 정박해 있던 크루즈 배가 움직이기 시작하고, 우리가 탄 페리 근처까지 이동해서 자기 경로대로 움직이기 시작했다. 항상 정박한 모습만 봤는데, 크루즈가 이동하는 모습도 신선했다.

맨리 비치를 오면서도, 수영복을 챙겨오지 않았다. 본다이 비치에 가져갔던 수영복이 무용지물이었던 경험 덕분에, 한 치의 고민도 없이 너무 당연하게 수영복을 챙겨올 생각을 하지 않았다. 그런데 웬일인가, 날씨가 너무 쨍하게 좋은 것이다. 수건 한 장도 가져오지 않았는데, 맑은 날씨에 부서지는 파도를 보고 물에 들어가지 않고 버티는 것 역시 힘들었다. 아이들은 바지를 걷고라도 들어간다고 했고, 허락했다. 맨리 비치에 언제 다시 올 수 있을지 모르는데, 이 좋은 날씨에 바다를 즐기지 않기에는 아쉬웠다.

비치 근처 마트에서 수영복을 살까 싶어서 가봤는데 예산에 오버될 뿐 아니라, 수영복을 중복으로 들고 다니기에는 짐스러웠다. 차선책으로 세일하는 평소 옷을 구매했다. 단가가 저렴할 뿐 아니라, 평소 옷은 한국에 돌아가서도 호주 생각을 하면서 입을 수 있으니까 말이다. 아들은 팬티 차림으로, 딸은 입고 온 평상복을 입고 바다에 몸을 담그고 맨리 비치를 즐겼다. -심미적 감성 역량

점심으로는 피자와 케밥을 사서 거리에 앉아 먹었다. 호주 사람들처럼… 한국에서는 음식을 사서 거리에서 먹는 것이 조금 창피한 경우도 있었는데, 호주에서는 많은 사람들이 테이크 아웃해서 먹는다. 우리도 그렇게 먹었다. 점심을 배부르게 먹고 났는데, 맑았던 날씨가 갑자기 흐려진다. 바람이 많이 불고, 비가 금세 쏟아질 것 같았다. 1시가 조금 지난 시간, 어서 숙소로 돌아가고 싶어진다. 아이들은 비치에 이어진 상점 중에 아이스

크림 집을 발견했고, 먹고 싶다고 했다. 그래, 먹고 싶다면 먹어야지. 요거트 아이스크림을 먹고 싶은 만큼 담고, 젤리나 초콜릿 등 먹고 싶은 것을 담고, 그만큼 가격을 낸다. 요거트 아이스크림의 맛 종류도 바닐라, 초코, 망고 중에 고를 수 있다. 무언가를 선택하는 권한을 주는 것은 그것만으로도 맛있어진다. 본인들이 고른 아이스크림을 엄청 야무지고 맛있게 먹는다.-자기관리 역량 서큘러 키로 돌아가는 배를 타기 위해서 맨리 비치의 선착장으로 돌아간다.

아쉬운지 선착장 옆 해변에서 또 한 번의 모래놀이를 한다. 호주 해변의 모래는 엄청 고운지, 모래로 축구장을 만든다. 페리를 타고 돌아오는 길, 뭔가 뿌듯하다. 더 이상 뭘 안 해도 오늘 충분히 즐긴 것 같은 느낌이 가득하다. 숙소로 돌아가는 길에, 한국마트에 들러서 점보 컵라면을 산다. 8인분은 되어 보이는데, 저걸 우리 셋이 먹을 수 있을까 싶었지만, 나눠서 먹더라도 아이들이 선택한 것(본인들의 용돈으로 고른)이기에 존중해줬다. 물놀이 후에 먹는 라면은 언제나 꿀맛이다. 이른 저녁으로 라면을 먹고 숙소에서 좀 쉬어본다.-신체적 건강 오후 7시인데도 밖이 너무 환하다. 아이들의 에너지가 다시 충전되었는지, 숙소 근처를 구경하고 싶다고 한다. 인형 뽑기 가게도 구경 가고 싶고, 오락실도 가보고 싶다고 한다. 도보로 10분 이내 거리라서 아이들과 함께 저녁 산책을 할 겸 나갔다. 8시가 넘어 해가 질 때쯤 숙소로 돌아왔다.

하루의 마무리를 위해 호텔 수영장으로 간다. "Could you please give me three towels?" 매일 저녁 수영하기 전에 데스크에서 수건을 받아 가는데, 오늘은 아들 녀석이 용기를 내어본다. 누나가 몇 번을 알려줬는데, 그걸 여러 번 연습하더니, 막상 데스크 직원 앞으로 가서 던진 말은 요점만 간단하게 "Three towels, please!"였다.-창의적 사고 역량

본문에서 제시된 사례를 보고 떠오른 과거에 이미 했던 경험, 앞으로 해주고 싶은 경험이 있다면
해당 사항에 표시하고, 적어 보아요.

신체적 건강	
정신적 건강	
사회적 건강	

자기관리 역량	
지식정보처리 역량	
창의적 사고 역량	
심미적 감성 역량	
협력적 의사소통 역량	
공동체 역량	

8일

두려운 초행길,
power house museum

파워하우스뮤지엄

    한국에 돌아간 아빠는 카톡으로 보내온다. 공짜인 박물관, 도서관을 가보라고… (하, 공짜… 제발 그만 좀!! '돈 아끼지 말고 더 좋은 거 보고, 더 맛있는 거 먹고 다녀!'라는 말을 좀 해주면 안 될까? 하는 생각이 든다.) 의미 있는 곳을 다녀와라는 말없이, "공짜인 곳 가봐…"라는 말은 왜 이리 듣기 싫은지 모르겠다.

    남편이 말하지 않아도, 호주 고물가에서 20여 일을 더 보내고 가야 하는 내가 더 골치가 아픈데 말이다. 항상 돈과 시간의 지렛대 사이에서 어떤 결정을 하는지 고민할 때, 나는 시간을 우선한다면, 남편은 절약을 더 우선하는 경향이 있다. 절약이 더 우선이 되어야 하는 것도 맞다. 남편과 나의 살아온 과정을 비교하자면, 20대 중반에 아빠를 여의었고, 그쯤 소아 중환자실에서 피지도 못하고 세상을 떠나는 아이들을 봤다. 내게는 돈만큼 시간도 소중했다. 시간은 유한하고, 우리의 삶은 결국 유한하다는 것이 돈의 가치보다 우선했던 것 같다. 아이들과 내가 함께할 시간은 유한하다. 그리고 이렇게 아이들과 외국에서 한 달을 같이 보내는 경험은 아마도 자주 있을 기회는 아닐 것이다. -심미적 감성 역량, 정신적 건강

아침으로 한국에서 가져온 누룽지를 끓여먹는다. 계란 프라이, 어제 한국인 마트에서 산 김치, 그리고 한국에서 가져온 장조림으로 우리의 하루를 시작한다. 아침밥은 든든히 먹어야 한다는 신념이 있다. 그래야 점심이나 저녁을 햄버거 등 대충 간소하게 먹어도 아프지 않을 것 같다. 하루에 한 끼는 따뜻한 국물과 밥을 먹는다. -신체적 건강 한 10일 지내보니, 밥(햇

반), 김치, 케첩이 너무 소중한 시드니이다.

아침을 먹고, 트램 길을 따라나서 본다. 이제는 방향감각이 그래도 좀 생겼다. 차이나타운을 지나, 달링하버 도서관을 거쳐 트램의 종점을 따라 걸어본다. 기차를 좋아하는 아들은 트램의 기사님이 반갑게 인사해 준 것에 대해서 신이 났다. 날이 더웠다. 바람이 불어도, 여름은 여름 같았다. 더운 날씨와 도보여행에 취약한 딸은 뒤처지기 시작했다. 숙소에서 15~20분쯤 걸어서 드디어 파워하우스 뮤지엄에 도착했다. 로비에 들어서는 순간, 제대로 찾아왔다는 생각에 안도의 한숨이 저절로 나왔다.

딸아이는 로비 소파에 앉아서 좀 쉬고 싶다고 했다. 쉬고 싶으면, 쉬어야죠. 병 안나게! 증기기관차도 전시되어 있고, 파워하우스 뮤지엄답게 전력에 대한 구체적인 설명이 되어있었다. 그리고 중간중간 증기를 시험해 볼 수 있는 기구들이 있었다. 손잡이를 돌리면 증기가 나오는 것이다. 레고 블록 놀이를 할 수 있는 공간도 있다. 블록으로 기차를 만들고 있는 열 살 아들, 반면, 로비에서 좀 쉬고 오신 열세 살 따님께서는 좋아하는 아이돌의 이름을 블록으로 만들고 있다. 더워서 힘들어서 못 움직인다더니, 아이돌의 이름은 블록으로 만들고 있다. 그거라도 만드는 아이를 칭찬해야

하는가? vs 돈과 시간을 투자해서 왔더니?! 지금 아이돌 이름을 만들고 있냐? 후자의 생각이 더 짙게 깔린다. 그럼에도 불구하고, 속으로 되뇐다. 열세 살 딸아이와는 이것이 처음이자 마지막이

될 한달살이라고 생각하며, 아이들이 좋아지는 그 시기인가 보다 하며 이해하려고 노력했다. 정신적 건강

하지만, 일주일이 넘는 기간 동안 서로를 지켜보고 있으려니 내 딸이지만 보고 있기가 힘든 순간이 자주 찾아왔다. 그 아이의 일거수일투족을 보고 있는 것 자체가 스트레스이다. 뭘 크게 잘못하지도 않았는데도 말이다. 아마 딸도 엄마가 엄마가 싫은 건 아니지만, 엄마와 계속 같이 붙어 있는 것 자체가 짜증나고 힘들었을 것이다. 사람 사이에는 적당한 거리가 있어야 한다. 남편과도, 자식과도 적정거리 유지가 필요함을 다시 한번 느낀다.

파워하우스에서 한국 사람들을 많이 볼수 있었다. 우리처럼 엄마가 아이만 데리고 온 경우, 아이와 소부모님이 함께한 경우 등 한국 사람들 반, 호주 사람 반 정도되는 분위기였다. 그 중에 아들이 사 입은 아스널의 빨간 유니폼을 입은 한국 아이를 만났다. 유니폼을 살까 말까 며칠간 고민하다가 구매했는데, 똑같은 유니폼을 입은  또 다른 아이를 보니, 우리의 선택이 잘못되지 않았다는 것을 증명하는 듯했다. 입장료가 무료인 파워하우스 박물관을 2시간쯤 즐기고 점심을 먹기 위해서 나선다.

박물관에서 UTS(University of technology Sydney)를 거쳐, 차이나타운 근처의 중국 식당에서 볶음밥과 짜장면을 시켰다. 여행 책자에 맛집이라

고 소개되었는데, 과연 맛이 어떨지 기대되었다. 짜장면도 볶음밥도 한국에서 시켜 먹는 맛있는 중국요리처럼 입맛에 맞았다. 심지어 양도 엄청 많았다.

호주에는 중국 사람들이 많이 보였다. 심지어 차이나타운 근처에 가면, 중국에 서양인과 한국인이 이민 온 거 같은 느낌이 들기도 했다. 중국계 호주인은 아시아 이민 집단 중에서 가장 크다고 한다. 전 세계 어디에나 차이나타운이 있듯이, 호주 시드니에도 차이나타운이 탄탄하게 자리 잡고 있었다. 19세기 중반 이후 골드러쉬 시대에 황금을 찾아 몰려든 중국인들이 본국으로 돌아가지 않고 정착하면서 형성되었다고 한다.

패디스 마켓이라고 우리나라 남대문 시장 같은 곳도 차이나타운 근처에 있는데, 지인들에게 나눠줄 호주 선물을 저렴하게 살 수 있는 곳이었다. 그래도 한 번에 덤벙 사지 못한다. 선물로 살 만한 물건들의 종류와 단가

를 대략 파악한다. 아들이 부메랑을 날리고 싶다고 해서, 2달러 주고 부메랑을 하나 샀다. 호주 물가가 전반적으로 비싸서 2달러 하는 부메랑은 매우 저렴하게 느껴졌다.

아이들과 하이드 파크로 걸어가서 부메랑을 신나게 날려본다. 시드니 도심 중앙에 있는 하이드 파크를 관통해 본다. 세월을 가늠할 수 없을 만큼 커다란 나무들이 많다. 하이드 파크의 북쪽 끝으로 가보니, 중세 양식의 건물이 눈에 띈다. 세인트 마리 대성당이었다. 많은 관광객이 줄을 지어 간다. 왠지 가야 할 것 같다. 아이들과 호주에서 보내야 하는 시간에 대한 기도를 하고 싶었다. '다치지 않고 무사하게 우리의 한 달을 지켜주세요'라고 온 마음을 담아 기원하고자 성당으로 향한다.-정신적 건강 성당으로 가는 길에 맑은 하늘, 분수를 배경으로, '지금' 그리고 '여기'의 추억을 담아 본다.

성당 안으로 들어가니, 마음이 경건해진다. 스테인드글라스를 통해 들어오는 빛은 아늑한 분위기를 자아낸다. 미사가 없는 시간에는 관광객들에게 내부가 공개되며, 우리는 운 좋게도 미사가 없는 시간에 온 것 같다. 성당 내부를 돌아보며, 촛불을 켜둘 수 있는 곳에서 우리의 바람을 담아 촛불을 켜본다. 성당을 위한 기부를 할 수 있는데, QR코드 링크로 연결된다. 코로나 이후 시기여서 그럴까? 지불의 방식이 hand to hand가 아닌 전자 방법으로 많이 변화하였다.

성당 안을 한껏 즐기고, 가능한 한 더 걸어가 보고 싶었다. 로열 보타닉 가든 쪽으로 향해서 더 가보고 싶었는데, 더 도메인 지역쯤… 아들은 나루토 춤을 추기 시작한다. 동영상을 찍으라고 한다. 호주의 경험을 나누고자, 유튜브 영상을 올리고 있다. 그것이 동기가 되었을까? 자꾸 본인을 찍으라고 하고, 조회수를 살핀다.(현재까지는 유튜브 동영상 중에, 아들의 나루토 춤 영상 조회수가 2번째로 높다. 아들은 엄마 유튜브가 100만 구독자를 갖기를 꿈꾼다. 나도 아들과 같은 마음이다.)-창의적 사고 역량 날씨가 쨍하니 맑아서 더웠지만, 사진은 너무 이쁘게 나온다. 맑디맑은 호주 하늘 아래, 나와 아이들이 함께 있다는 것이 새삼 감사했다.-심미적 감성 역량

날씨가 너무 더워서 다시 하이드 파크, 마트, 그리고 타운홀 거리를 걸어 숙소로 향한다. 숙소로 가는 길은 이제 제법 익숙해진 거 같다. 타운홀 역에서 숙소까지 걸어가는 5분 정도의 거리는 우리 동네 같은 기분이 든다. 아이들은 그 길에 있는 상점 하나하나를 눈여겨보기 시작했다. 인형뽑기 가게, 한국 치킨집, 다이소, 유명한 펍… 오늘은 인형뽑기 가게에 들어가서 구경한다. '구경만 하는 거다!!'라고 말했고, 정말 구경만 하고, 숙소로 돌아왔다.

저녁을 준비하기 전에, 한국으로 보낼 엽서를 쓰자고 했다. 한국에 있는 친지, 가족들에게 엽서를 쓰고,-협력적 소통 역량 저녁을 맛있게 먹는다. 호주 소고기가 저렴하다고 하니, 늘 밥에 고기, 김치다. 밥솥 없이 밥을 하기가 어려워서 햇반을 가져왔다. 한국에서 가져온 햇반들이 점점 줄어들고 있다. 다행히도 우리 숙소 근처 마트에서 햇반을 파는 것을 발견했고, 한국마트도 발견하고 나서는 매일 먹어 없어지는 햇반의 양이 줄어도 마음이 편안했다. 밥을 찾는 아들과 아직 3주를 더 지내야 하는데… 햇반, 누룽

지, 컵밥 등의 재고량을 잘 확인한다. 또한 여행경비의 잔액을 다시 한번 확인했다. -자기관리 역량

숙소의 경비 또한 적지 않았기에, 숙소의 시설을 누려야만 돈이 안 아까웠다. 저녁을 먹고, 호텔 수영장으로 내려간다. 한국에서 1년 넘게 쓴 수영 레슨비 뽕도 뽑아야 하고 말이다. 아이들이 수영에 투자한 시간 등을 통해 일취월장한 수영 실력을 눈으로 확인할 수 있는 순간, 뭔가 모를 뿌듯함이 밀려온다. 두 아이는 넓지 않은 호텔 수영장이긴 해도, 물을 즐기고 심지어 나보다 수영을 더 잘했다.

나의 수영으로 말하자면 말이다. 초등학교 6학년 때, 동네에 처음 수영장이 생겼다. 그 기회를 놓치고 싶지 않았고 그렇게 시작한 수영은, 수영을 위한 수영이라기보다는 공부를 위한 수영, 그리고 체력을 위한 수영으로 쭉 이어오고 있다. 실제로 코로나 시절에 수영장이 문을 닫아서 수영을 6개월 정도 못 하고, 업무량이 많아지면서, 체력이 저하되어, 암으로 진단되는 문턱 앞까지 갔다 온지라, 죽기 살기로 수영은 꼭 한다. -신체적 건강 출근하기 전에 30분이라도 하고 가야 그 하루를 살아낼 수 있는 말 그대로 '생존수영'이다. 생존수영 엄마의 딸과 아들은 행복 수영을 하고 있었다. 그리고 수영장에 있는 외국 아이와 영어로 대화하는 모습은 이곳에 내가 왜 왔는지에 대한 신뢰를 주었다. -협력적 의사소통 역량 고맙다. 얘들아, 엄마가 오늘 뭔가 가슴이 뭉클하다. 잘 자고, 내일 또 잘 보내보자. 이제 딱 이틀만 지나면, 너희는 어학원을 갈 테니 말이다. (너희가 어학원을 가고 나면 엄마는 혼자만의 시간을 보낼 수 있다! 사실은 너희도 각자 어학원에서

각자의 삶을 살고 싶을 것 같다)−자기관리 역량

적용하기

본문에서 제시된 사례를 보고 떠오른 과거에 이미 했던 경험, 앞으로 해주고 싶은 경험이 있다면
해당 사항에 표시하고, 적어 보아요.

신체적 건강	
정신적 건강	
사회적 건강	

자기관리 역량	
지식정보처리 역량	
창의적 사고 역량	
심미적 감성 역량	
협력적 의사소통 역량	
공동체 역량	

9일

다시 한번,
본다이 비치

두 번째 본다이비치

한달살이라고 했지만, 벌써 주말 4번 중에 첫 번째 토요일은 지나갔고, 다음 주 토요일에는 호주에 거주하는 아들 친구네 집에 초대받아서 가기로 했다. 그리고 2주 후 토요일에는 브리즈번으로 이동이다. 다시 돌아오는 마지막 토요일은 시드니에서의 마지막 날이니, 토요일 중에 자유는 오늘뿐이다. 날씨가 맑았다. 오늘은 무엇을 할까, 생각하는 즉시 "다시 한번, 본다이 비치!"를 가야겠다. '꼭 아이스버그 수영장에 다녀오자.'라는 생각을 너무나 자연스럽게 했다.-자기관리 역량

수영복을 챙기고, 아이들과 함께 숙소를 나선다. 우리 숙소에서는 트램을 타면 서큘러 키에 도착한다. 학원을 도보로 갈 수 있고, 주방이 있는 호텔을 예약했는데, 며칠 지내고 보니, 위치가 아주 딱이다. 타운홀 기차역, 트램역, 차이나타운, 울워스, 콜스마켓 등 여기저기 가기에 위치가 너무

좋다. 아들은 어제저녁부터 연습장 종이를 찢어서 꼬무락꼬무락 무언가를 만들더니, 우리가 서큘러 키까지 타고 갈 트램의 미니어처를 만들었다.-창의적 사고 역량

제법이다. 그래, 관찰하고, 그것을 만들고 그런 것들을 하라고, 엄마가 호주로 너희를 데려온 거지. 호주 책을 아무리 읽어도 느끼지 못하는 그 느낌을 너희는 지금 여기서 느끼고 있는데, 그걸 알까? 어쩌면 앞으로 호주에 대한 추억 덕분에 호주가 그립거나 궁금할 때면 호주 관련 책을 읽고 싶어질 거로 생각한다.-심미적 감성 역량 독서는 그렇게 직접 경험과 간접경험을 연결해 주는 구름다리 같다. 지금 이 책을 읽는 독자님도 호주에 가고 싶거나, 다녀온 호주가 그립거나⋯ 호주를 다녀온 가족이 궁금하거나⋯ 사람이 무언가를 할 때는 그것을 하고 싶은 동기가 있어야 움직인다. 이번 호주 여행은 어쩌면 아이들이 무엇을 하고 싶은지를 순간순간 깨닫게 해주고 싶었다. 그리고 그 마음대로 움직이게 해주고 싶었다. 옷을 사

고 싶으면 여러 가지 비용을 고민하고 사기로 결정, 또는 사지 않기로 결정, 그 모든 과정을 아이 스스로 할 수 있는 환경을 주고 싶었다.-자기관리 역량 한국에서도 그러려고 노력하지만, 막상 아이들이나 나나 하고 싶은 것보다는 해야 하는 것에 대한 의무가 크다. 의무도 반드시 배우고 익혀야 하는 과정이다. 그와 동시에, 무언가를 자율적으로 결정하는 경험도 반드시 필요하다. 선택, 결정, 책임, 그런 과정을 경험하게 해주고 싶었다. 우리는 오늘 본다이 비치를 다시 가기로 했고, 간다!!!-정신적 건강 서큘러 키에 도착해서, 토, 일요일에만 열린다는 rocks 지역의 마켓을 둘러본다. 쨍쨍한 날씨에 마켓을 둘러보는 일은 쉽지 않았다. 특히나 쇼핑에 무관심한 아들은 그늘진 장소를 찾아서 거기서 오락하고 있으면 안 되겠냐는 제안을 한다.-협력적 의사소통 역량 그래, 뭐, 오락 좀 하면 어떠냐.. 네가 그것을 해야,

내가 구경을 좀 더 편하게 하니깐 말이다. 그리고 아이들과 나 모두 핸드폰이 있어서 전화 통화가 가능하니, 살짝 거리가 멀어져도(2~3분 이내에 서로 만날 수 있는) 서로에게 안심이 되었다. 눈에서 아이가 보이지 않는 거리까지도 갈 수 있었다. 딸아이도 마켓 구경을 하다가, 절친한 친구에게 줄 보석(암석, 돌멩이?)을 구매한 뒤로, 동생 곁으로 갔다.

마켓 구경을 하다가 중간중간 아이에

게 전화를 해본다. 5분 간격으로 두 번쯤 통화를 하고 나니, 더 이상 전화를 안 해야겠다는 생각도 스친다. 아이들은 자기만의 시간을 즐기는 기분이었고(사실 핸드폰으로 오락하거나 영상을 보는 거 같았다), 나만 불안한 건가 싶기도 하고, 내 전화를 귀찮아하는 느낌이 살짝 들기도 했다. 무엇을 꼭 사야 하지 않았지만, 무엇을 파는지가 궁금했고, 사람들에게 줄 선물과 나 자신에게 줄 선물을 어느 정도 예상하고 있어야 했기 때문에 시장조사 시간이 필요했다.─자기관리 역량 30분가량 마켓 구경을 서둘러 하고 (선물 및 호주 물가에 대한 현장 조사), 본다이 비치로 향한다.

아빠와 갔던 방법과 다르게, 버스를 타고 가보기로 한다. 구글 맵을 통해서 버스정류장을 찾고, 333번 버스에 앉았다. 방향감각이 있는 둘째 아이 덕분에 버스정류장을 찾을 때도 든든했다. 나랑 닮은 구석이 참 많은 아이다. (이건 어쩌면 둘째를 이뻐하는 나만의 오해일 수도 있다.) 오전 10시 40분경 버스를 탔기에 아직 많은 인파가 붐비기 전이었고 40분 후쯤 본다이 비치에 도착했다. 두 번째 방문이라 그런가, 두려움과 불안보다는 잘 찾아가고 있다는 안도감이 커진다. 아이들은 일단은 모래놀이를 좀 해야겠다고 한다. 그래 그러자!─협력적 의사소통 역량

1월 1일의 본다이 비치와는 달랐다. 세계 여러 나라에서 온 관광객보다는 호주 사람들로 보이는 사람들이 더 많이 보였고, 날씨가 맑고 햇볕이 쨍쨍해서 바닷물 빛이 말 그대로 에메랄드빛이었다. 적당한 시간을 보내고, 우리는 점심을 먹으러 식당가로 이동한다. 매일 아침은 숙소에서 햇반, 시리얼, 빵을 돌려서 먹는다. 냉장고와 식재료의 잔량에 따라서 재료를 낭

비하지 않는 선택을 한다. 그리고 저녁은 마트에서 산 소고기, 양고기 등으로 돌려막는다. 점심이야말로 호주 현지 음식을 먹을 절호의 찬스이다. 돈도 아껴야 하지만, 기회도 아껴야 한다. 오늘 점심 메뉴 선정을 위해서 이렇게 깊은 고민을 할 줄이야… 호주 여행책에서 추천된 모든 음식을 먹을 수는 없지만, 가능한 한 먹어보기로 해야겠다. 음식점이 즐비한 거리를 다니면서, 아이들과 동시에 선정한 건 betty's burger이다.-지식정보처리 역량 행그리잭 버거, 맥도날드는 먹어봤으니… 수제버거라서 조금 더 비싸겠지만 먹어보자! 버거 2개 단품, 세트 하나(버거와 감자칩), 콜라 1개를 시켰다. 수제버거답게 빵에 녹아있는 버터 풍미, 육즙이 가득한 패티가 조화를 이루어 말 그대로 '꿀맛'이었다.

식당에서 버거를 먹고 있는 한국인 연인 또는 신혼부부가 보였다. 콜라 1잔과 감자칩, 햄버거 2개에, 머리를 들이밀고 먹는 우리 아이들과 세트 2개에 음료도 2개를 시키고 여유 있게 먹고 있는 모습이 대조적이었다만, 속으로 되뇌었다. '나도 저런 시절이 있었지. 당신들도 아이를 낳고 키우다 보면 나처럼, 콜라 한 잔으로 버티게 될 거다.' 하지만, 결국 못 버티고 콜라 하나 추가했다.-정신적 건강 목이 너무 막히고, 물로도 안 되고 말이다. 콜라 한 잔에 2~3천 원만 했어도 이렇게 망설이지 않았을 텐데… 4~5천 원의 콜라는 손 큰 아줌마의 손도 멈추게 했다만, 결국 하나 더, 추가요! "one more Coke, please."를 외쳤다. 그런데 꼭 추가하고 나면 남기더라. 남은 콜라가 아까워서 잘 모시고, 아이스버그 수영장으로 향했다.

본다이 비치 사진에 항상 등장하는 시그니처 바닷가 옆 수영장, 드디어

입장! 날이 날인지라 이런 날 꼭 마법에 걸려서 나는 못 들어가고, 아이 둘
은 수영을 하기 시작한다. 바닷가 바로 옆이라, 생각보다 물이 짜고, 생각
보다 물이 차갑고 생각보다 수영장 시설이 낙후되었다. 수영장의 페인트
가 찐득찐득하게 묻어났다. '햇살이 너무 뜨거워서일 거야.'라고 생각하며,
생각보다 저렴한 입장료가 관리를 세밀하게 하지는 않나 보다 하며 이해
하였다. 한국에 있는 가족들과 아이들의 수영을 지도해주신 선생님께 보
내줄 수영 영상을 찍었다.

　햇살이 내리쬐는 한여름 날씨인데도, 바닷물이 섞여 들어오는 수영장에
서 50m를 두어 번 수영하고 나니 엄청나게 힘들어했다. 그리고 추워했다.
수영장 내 카페로 가서, 핫초코 한 잔을 시켰다. 애들도 나도 호주의 비싼 물가를 아는지라 한 잔만 시키는 것에 대해서 불평하지 않았다. 오히려 '안 먹어도 돼.'라고 말하는데,-협력적 의사소통 역량. 입술은 파랗게 질려 보이는 모습을 보니, 핫초코 한 잔만큼은 (둘이 나눠서) 꼭 먹여야겠다고 생각했다.-신체적 건강 아이스버그 수영장에서의 수영과 핫초코 한 잔이 소중한 추억이 되길 바란다.

옥탑에서 몸을 말리고 아이들은 수영장에서 수영보다 바닷가의 모래놀이를 더 하고 싶다고 했다. 그래, 그렇게 하자. 다시 옷으로 갈아입고, 모래 사장으로 간다. 오후 2시 30분 남짓되었다. 태양은 더 높이 떠올랐고, 에메랄드빛 바닷빛을 제대로 보았다. 해변에는 수건을 펴고 누워서 태양을 즐기는 사람들, 서핑을 즐기는 사람들, 여름, 호주, 시드니 해변의 전형적인 모습이다. 오늘 해야 하는 일들을 거의 다 한 것 같다. 그럼, 마지막으로 숙소로 돌아가는 일을 하고 나야 완벽하게 완료된다.-자기관리 역량 333번 버스를 타고 돌아가던 중에, 뮤지엄 역 근처에서 버스 기사가 뭐라고 안내방송을 한다. 다 알아듣지는 못했으나, '여기까지 운행한다'로 알아들었다. 하이드 파크가 보이는 어딘가였다. 하이드 파크를 와본 경험이 우리를 숙소까지 안전하게 걸어서 갈 수 있게 하였다. 숙소로 가는 길 이름과 정경이 익숙해지고 있다. 아이들과 숙소 로비에 도착하는 순간, 진정으로 오늘의 미션이 끝난 느낌이다. 숙소 로비에 우리 셋이 도착하면 늘, 친정에 온 느낌이다. 오늘 하루도 무사하게 끝냈다.

아이들을 숙소에 쉬게 하고, '너희도 오늘 하루 종일 엄마랑 다니느라 힘들었다. 각자의 시간을 보내거라.' 하며 자유를 주고, 장바구니를 들고 마트로 향한다. 오늘 저녁은 어떤 고기로 해먹이지? 장바구니가 언제나 나와 함께한다. 오늘은 힘드니깐, 숙소에서 가까운 마켓(콜스)으로 가서 조리된 닭(BBQ) 한 마리를 잡아 왔다.

"오늘 저녁은 치킨이다!"

호주에 와서 제대로 바다를즐긴 날이다.

모처럼 맑은 하늘에 미뤄두었던 빨래를 한다. 욕조에 옷을 넣고 손빨래를 해서, 베란다에 널어둔다. 여름이라 옷이 얇아서 다행이다. 손으로 빨고 손으로 물을 짜낸다. 툭툭 털어 넌다. 20대에 보았던 〈빨래〉라는 뮤지컬이 생각난다. 빨래를 해서 옥상에 널면서 전개되는 소시민의 이야기로, '얼룩 같은 슬픔일랑 빨아서 헹궈버리자. 먼지 같은 걱정일랑 빨아서 날려버리자.'라는 노래 가사가 스쳐 지나간다. –심미적 감성 역량 한국에서 건조기를 사용한 이후로 빨래를 거의 널지 않았는데, 호주에서 와서 손빨래할 수밖에 없고, 덕분에 빨래를 널어 본다. 빨래를 하면서 내 마음의 걱정도 함께 씻어낸다.–정서적 건강 날씨가 맑은 토요일, 본다이 비치를 제대로 즐기고 오듯이, 내 인생에도 나의 때가 오겠지라고 토닥여본다. 그 때를 기다리며, 하루 하루 성실하게 살아야겠다. 그게 내가 할 수 있는 최선이니까.

본문에서 제시된 사례를 보고 떠오른 과거에 이미 했던 경험, 앞으로 해주고 싶은 경험이 있다면 해당 사항에 표시하고, 적어 보아요.

신체적 건강	
정신적 건강	
사회적 건강	

자기관리 역량	
지식정보처리 역량	
창의적 사고 역량	
심미적 감성 역량	
협력적 의사소통 역량	
공동체 역량	

10일

하버 브리지 도보 횡단

하버브릿지 도보횡단

일요일, 오늘은 또 무얼 할까? 어제의 바닷가 물놀이 덕분인지 충분히 늦잠을 자도록 내버려둔다. 혼자 일요일 아침의 여유를 즐겨본다. 커피 한 잔과 테라스로 보이는 시드니 도심의 풍경을 물끄러미 바라보며, '앞으로 한 달을 잘 지낼 수 있을까'라는 두려움이 스쳐 갈 즈음 둘째 아이가 일어났다. 9시가 훌쩍 넘었다. 아이들과 늦은 아침을 챙겨 먹는다. 김치찌개와 김, 계란 프라이, 햇반으로 한국식 아침밥을 먹었다. 나가서 먹게 될 점심이 아마도 햄버거일 가능성이 높거나, 뭘 사 먹어도 밥과 국은 아닐 거니깐, 일단 잘 먹자 싶은 마음에 밥과 국을 배부르게 먹었다.-신체적 건강 먹고 씻고 하니 금세 11시다. 나가서 뭐 좀 하다 보면 곧 점심을 먹어야 할 시간이 되어버리겠네, 싶다.

아이들은 호주에 와서 '이클립스'라는 것을 먹기 시작했다. 젤리와 껌과

사탕 사이의 존재감으로 배가 고프거나 졸리거나 그럴 때 입가심이 된다. 그것을 또 사고 싶어 한다. 아이들의 불안감을 달래주는 건지, 특히 큰아이는 이클립스를 계속 들고 다녔다.

"이클립스? 마트 가서 사보자! 울워스가 싼지, 콜스가 싼지 종류는 뭐가 있는지 가보자!"라고 아이들에게 제안했다. 마트에서 물건의 가격을 비교해 보고 계산대에서 직접 계산해 보는 경험도 중요한 공부라고 생각한다. 민트 복숭아, 딸기 등 한국에 비해 다양한 맛이 있었고, 다른 마트와의 가격 비교도 끝냈다. 아이들에게 현금을 주고 직접 계산대에서 계산해 보게 했다.–지식정보처리 역량

마트에서 아이들의 간식을 샀고, 나는 편의점에서 커피를 한 잔 사야겠다. 아이들에게 이클립스가 영혼의 안식처럼, 1월 1일에 내 마음의 위로가 되었던 2달러짜리 편의점 커피가 그리웠다. 자연스럽게 우리의 발걸음은 편의점으로 향한다. 이클립스가 4달러인데, 커피는 2달러, 값도 싸고 커피 향도 고급스럽다. 다크한 맛을 좋아하는데, 커피의 맛도 깊다. 편의점을 가다 보니, 1월 1일에 패키지로 여행갈 때 항상 모이는 그 장소가 어디인지도 이제 눈에 훤하게 들어온다. 시드니 시티로 들어온 지 5~6일 만에 점점 익숙해지는 그 느낌이 내가 여기를 여행하는 것이 아닌 "살이"를 하는구나 싶다. 커피를 마시며, 다시 트램 정류장으로 이동했다. 트램을 타고,

서큘러 키로 이동했다.

하버 브리지를 도보로 횡단하기 위해서는 rocks 지역을 통과해야 했고, rocks에는 주말에 장이 선다. 일요일이니 오늘도 장이 섰다. 어제 눈도장으로 찍어둔 물건 중에서 몇 개를 구입할 마음으로 갔다. 아이들은 훅 둘러보고는, 그늘진 곳에 장소를 정하고, 엄마 혼자 보고 오라고 한다. 그래, 그게 서로 편하겠다. 마켓에 나온 물건들을 보니, 어제와 똑같지는 않았다. 책자에 소개되는 유명한 누가 제품, 너무 비쌌다. 견과류를 수제로 만들어났다고 해도, 사 먹기에 비쌌다. 몇 조각 들어있지도 않은데 2만 원이다. 아무리 유명해도 패스!! (마트에 파는 제품과 가격을 비교하게 되었고, 2~3배 이상 비쌌다. 맛보기라도 있었으면 먹어보고 샀을 수도 있는데, 이미 난 유명해진 제품이라며 고고한 자태를 품고 있는 그 모습이 싫었다.)

옆에 있는 스카프 가게의 스카프가 자꾸 눈에 들어온다. 주인이 스카프를 쓱쓱 매고 있는데, 우리나라에서 보기 힘든 모양이고, 천의 실키한 느낌과 색상도 마음에 든다. 그래도 충동구매를 하면 안 된다고 생각하고, 다시 한 바퀴를 돌았다. 스카프 주인이 스카프를 해봐도 된다고 했고, 스카프 하는 방법을 다시 보여주며, 해봤다. 해본 것이 문제다. 아주 찰지게 떨어지는 그 스카프를 결국은 구매했다. 살까 말까 망설이던 순간, 사게 되는 포인트가 무엇이었는지 되짚어본다. 맛보기 없이 고고한 자태를 뽐내던 물건은 안 사더니만, 한번 해보라는 스카프는 결국 구매하게 되는 이 경험을 기억해야겠다. ─자기관리 역량 일단 소비자에게 경험할 기회를 주면, 구매할 확률은 높아진다.

"얘들아, 하버 브리지를 걸어서 건너보자!"

시드니 하면 하버 브리지와 오페라하우스가 도심의 심볼로 여겨진다. 호주에 오기 전부터 하버 브리지를 그림으로 그렸던 둘째의 모습이 스친다. 하버 브리지를 1월 1일 포트 스테판에 갈 때 차량으로 통과해 보기는 했으나, 왠지 도보로 건너야 하버 브리지를 꼼꼼하게 느낄 수 있을 것 같았다. 내 발로 걷고 내 뺨에 스치는 공기를 기억하며, 내 눈으로 보고, 내 귀로 그곳의 소리를 담고 싶어진다. 아이들에게도 다양한 감각기관을 통해 하버 브리지를 느끼게 해주고 싶었다.─심미적 감성 역량

하버 브리지 철교를 오르는 클라이밍할 엄두는 안 나지만, 도보로 걸어는 봐야 하지 않겠나! rocks 마켓을 관통하여, 하버 브리지를 향해 걸어간다. 계단을 올라가니, 하버 브리지를 도보로 건너갈 수 있게 되어있었다. 날씨가 더웠지만, 하버 브리지 위에 올라서니 바람이 꽤 많이 불어서, 치마가 뒤집힐까 조심해야 했다. 바람을 맞으며, 하버 브리지를 건너본다. 머리 위로는 하버 브리지 클라이밍 하는 사람들이 있다. 하버 브리지 클라이밍 하는 사람들도 구경하고, 우리처럼 도보로 걷는 사람들도 살펴본다. 하버브리지를 걷고 있는 사람들은 대개 세계 각국에서 온 관광객들로 보인다.

하버 브리지 위에서 시드니 도심을 내려다보니 느낌이 또 달랐다. 전지적 관점의 시야라고 해야 할까? 조망할 수 있는 높이에 서서 바라보는 풍경은 새로운 시선을 제공했다. 페리에서 보던 오페라하우스, 하버 브리지 위에서 보는 오페라하우스 같은 건물이지만, 내가 어디에 있는지에 따라

보이는 모습과 각도가 달랐다. 관점에 따라 다르게 보이는 것은 당연한 사실인데도, 다르게 보이는 것을 직접 경험할 때 비로서 인식이 된다. 아이들이 이런 사실을 알아차리기 바랐다.

하버 브리지를 도보로 걷는데 우리를 향해 불어오는 바람이 꽤 시원했다. 시드니 남쪽에서 북쪽으로 연결되는 다리를 건너본다. 노스시드니까지 우리의 영역이 확대되어 가고 있다. 노스시드니의 놀이공원도 가까이에 보이고, 다음번에는 시드니 북쪽을 가봐야겠다는 마음을 가지고, 다시 하버 브리지의 남쪽으로 걸어 내려간다.

하버 브리지, 철골로 만들어진 다리를 보며, 얼마나 많은 사람들이 이 다리를 만드느라 고생했을까, 그리고 이 다리를 만듦으로써 경제적 위기를 넘겼다고 하는 가이드의 설명도 생각났다. 하버 브리지를 건너는 방법은 도보, 차량, 기차 3가지 방법이 가능하다. 1월 1일 패키지여행 때 포트

스테판을 가면서 하버 브리지를 차량으로 넘어 가본 적이 있고, 오늘은 걸어보았으니, 기차를 좋아하는 아들은 다음번에는 기차를 타고 넘어가 보자고 한다.

"그래, 그러자. 다음번에는 선율이가 좋아하는 기차 타고 가보자!"-협력적 의사소통 역량

아이가 무엇인가 하고 싶은 것이 생기고, 그것을 엄마에게 제안하고, 그 제안을 긍정적으로 검토하고, '해보자!'라고 외쳐주는 일, 그거 하려고 호주라는 곳을 왔지. 네가 하고 싶은 거, 원하는 거 잘 읽어봐, 네 마음이 하는 소리, 그리고 그걸 위해 네 몸을 움직여봐,-정신적 건강 엄마에게 말로 건의해도 되고, 너 스스로 할 수 있는 일이면 하면 되고! 세상은 그렇게 살아가면 되는 거야!

하버 브리지를 통해 시드니 남북을 오가고 나니, 배가 슬슬 고파온다.

오늘 점심은 rocks 마켓에서 파는 바비큐 구이다. 캥거루, 악어, 타조 고기의 BBQ를 사서 먹어보자고 제안했다. 캥거루, 악어, 타조 고기 맛이나 한번 보자! 얘들아!! 15년 전에 혼자 왔을 때, 친구가 캥거루 고기, 악어 고기를 넣은 피자를 사줬던 기억이 스쳤다.

캥거루 고기, 악어, 타조 고기는 호주에서만 먹을 수 있는 기회이지 않을

까 싶다. 기회를 놓치지 말고 경험해 보자! 하버 브리지 아래 Dawes point 에서 다른 사람들처럼 잔디 위에 앉아 호주의 추억을 먹는다. 불어오는 바람이 볼을 스치는데 제법 시원하다. 오물거리면서 BBQ 고기를 먹는 아이들의 입을 보니, 내 마음이 흐뭇해진다.

하버 브리지를 책이나 영상으로만 보다가, 직접 눈으로 보고, 걸어보고, 그 다리 아래서 호주에서만 먹을 수 있는 고기를 먹어보는 경험, 이 경험의 가치가 얼마나 될지 숫자로 환산할 수 없지만, 무조건 너희가 살아가는데 큰 자산이 되는 경험임은 틀림없다. ─심미적 감성 역량 무엇이든지 해보는 것, 그 자체만으로도 의미가 충분하다.

호주 사는 지인이 더 록스 디스커버리 박물관을 추천해서 박물관에 들렀다. 1788년 이전을 일컫는 워런 시대와 식민지 시대, 항구 시대, 그리고 현재에 이르기까지, 연대기별로 4개의 전시관으로 이루어져 있다. 원주민들의 생활용품과 도자기, 삽화 등 다양한 전시품들이 진열되어 있으며, 터치스크린과 오디오, 시각적 요소를 통해 보다 생동감 넘치는 관람을 즐길 수 있었다. 박물관은 그저 더위를 식혀주고, 의자에 앉아서 쉴 수 있는 곳으로 아이들에게는 휴식을 주는 의미가 더 커 보였다. 무더운 날씨 덕분에 이탈리아 아이스크림도 하나 사서 먹는다.

하버 브리지도 걸었고, 점심도 먹었고, 박물관도 갔고… (왠지 여행을 오면 박물관이나 도서관을 가야 할 것 같다.) 이제 귀가해도 될 것 같다. 시간과 비용에 대한 투자 생각에, 늘 오늘 하루 보람차게 보냈는지에 대해 자동적으로 생각하게 된다. 우리의 삶이라는 것이 시간도 돈도 유한한 것이라서, 사실은 호주에서만이 아니라, 한국에서의 삶도 이렇게 살아야 한다는 생각이 든다.

내일부터는 어학원의 시작이니 무리하지 말자고 생각하며 숙소로 발걸음을 돌린다. 서큘러 키에서 트램을 타고 숙소로 돌아간다. 트램의 정거장이 슬슬 외워지고, 길도 점점 익숙해지고 있다. 숙소로 돌아오니 오후 3시 30분을 남짓이다. 시원한 맥주와 과자 한 봉지를 뜯어 오늘 하루를 정리한다. 저녁으로 한국마트에서 산 점보 컵라면을 준비한다. 엄청 맛있게 먹는다. 저녁을 먹고, 수영하고… 한국에서 가져온 수학 문제집을 풀고, 오늘의 일과 중 기억에 남는 것을 그려본다.-심미적 감성 역량 내일을 위한 마음의 준비를 하고 일요일 밤을 보낸다.-정신적 건강

적용하기

본문에서 제시된 사례를 보고 떠오른 과거에 이미 했던 경험, 앞으로 해주고 싶은 경험이 있다면 해당 사항에 표시하고, 적어 보아요.

신체적 건강	
정신적 건강	
사회적 건강	

자기관리 역량	
지식정보처리 역량	
창의적 사고 역량	
심미적 감성 역량	
협력적 의사소통 역량	
공동체 역량	

───────── 11일 ─────────

어학원 첫날,
어마어마한 줄

어학원 첫날

호주 일정이 총 4주이고, 그중에 2주는 어학원을 가는 일정으로 잡았다. 첫 주는 아빠와 함께 4박5일 정도 관광 보내고, 우리끼리 3~4일 자유시간을 보냈고, 2주 차의 시작 지점이다. 드디어 어학원을 가는 첫날이다.

아이들과 한 달 내내 붙어있을 자신이 없다. 아이들도 나도 24시간 붙어있으면 호주 생활을 즐기기보다는 서로에게 지칠 것 같아서였다. 그 시간을 효과적이고 의미 있게 보내기 위해서는 아이와 엄마 사이에도 적당한 거리 유지가 필요하다고 생각했다. 그리고 어학원에 가 있는 동안, 아이들은 아이들대로 본인만의 적응과 경험을 할 기회를 얻는다.-자기관리 역량 9시~3시까지 주 5일, 2주 동안의 수업으로 영어가 확 늘어나지는 않아도, 영어로 하는 수업에 적응할 뿐 아니라, 새로운 친구들과 어학원의 일상에 적응해 보는 경험도 할 것이다.-사회적 건강 그리고 나에게는 아이들이 없는, 그러면서 유의미한 시간을 보낼 수 있는 자유시간이 확보되니까 말이다. '누이 좋고 매부 좋다'라는 것으로 생각한다. 어학원 비용이 지출되지만, 한국에서 학원비 한 달 비용과 엇비슷한 정도였다. 그 시간에 돌봄을 보내도 그 비용이 나갈 거라며, 비용에 대한 합리화를 한다.

호주에서 와서, 아니 한국에서도 아침형 인간이라 6시 전에 항상 눈을 뜬다. 5시면 이미 해가 떠올라서 눈을 감고 누워있을 수가 없다. 둘째 아이가 눈을 뜨기 전 시간이 나 혼자만의 소중한 아침 시간이다. 둘째는 7시 전후에 꼭 일어난다. 큰아이는 8시가 되어서야 간신히 일어난다. 같은 배에서 태어났는데 정말 둘이 참 다르다. '혹시나 셋째를 낳으면, 그 아이 또한 다르겠지?'라는 생각을 하며, 참 다르네…?!싶다. 다른 듯 (외모가) 비슷하고, 비슷한 듯 (성향이) 많이 다르다.

보통 6시~7시 사이에 커피를 마신다. 커피 명상이라고 해야 할까? 식전 모닝커피가 위에 안 좋을 거라는 걱정을 하시는 양가 어른들이 계시는데… 이른 아침 커피 한잔은 내게 하루를 시작하는 영양제 같다. 커피향으로 후각을 깨우고, 따뜻한 커피로 속을 깨운다. 그리고 커피의 카페인은 내 머리를 각성하게 한다. 커피를 마시며 생각하는 5~10분은 내 인생에 너무 소중한 시간이다. 특히나 아이들이 잘 때 마시는 커피는 너무 달콤다.-정신적 건강 커피 한잔을 마시며, 도시락 메뉴를 생각한다. 어학원에 가는 것은 너무나 좋은데, 도시락을 준비해야 하는 것은 한국에서 소풍 가는 날이나 하는 일인데 말이다. 앞으로 2주 내내 도시락 싸기, 당첨이다!! 냉장고에 있는 재료를 소진해야 하고, 다른 아이들의 도시락에 비해 기죽지

않아야 할 것이며, 또한 아이들이 좋아하는 메뉴여야 한다. 밥을 싸주면 식지 않을까? 전자레인지가 있나? 우리 애들만 밥을 싸 오려나? 등의 고민 끝에 아침 식사를 든든하게 김치찌개와 밥으로 먹이고, 점심은 빵으로 싸야겠다고 생각한다.

7시 30분부터 아이들이 아침을 먹을 수 있도록 준비하고, 8시 전에 밥을 차려 줬다. 큰아이를 깨워야 한다. "다혜야, 다혜야~일어나자!"로 시작해서, 결국 "야! 김다혜! 일어나라고 했지?"라고 성질을 내야만 일어난다. 아침을 먹고, 바삐 준비를 끝낸다.

8시 35분이 되어서야 간신히 집을 나선다. 50분까지 오라고 했는데, 이미 학원 주소를 보며, 어디쯤이겠구나 하고 생각을 했으니, 그곳이라면 10분이면 충분히 갈 수 있다고 생각했다. Goerge st. 580. 고급스러운 건물이었다. 오~ 호주 어학원은 좋은 건물에 있구나. 저기 저 건물의 4층이라고 했지? 그렇게 그 건물에 들어간다. 1층에는 고급 카페들이 있다. 그런데 4

층으로 올라가려고 하니, 게이트에 카드를 찍어야 한다. 저 길 말고 다른
길이 있으려나? 주소를 다시 한번 확인한다. 여기 맞는데… 이상하네?! 순
간 아이 둘도 뭔가 이상한 분위기를 느낀다.

"엄마! 여기 아닌 거 같은데…" 여기가 아닐 수도 있다는 생각이 들어,
경비 또는 안내요원에게 다가가서 이 건물에 어학원이 있지 않나 물어본
다. 이 건물에는 없다고 주소가 어디냐고… 하는데… 내가 보여준 주소를
보더니, 여기는 540번이 아니라 580번지라고 한다.

어머, 미쳤나 봐. 그 숫자가 어떻게 헷갈리지? 580과 540은 아주 다른데
말이다. 건물 밖을 나와 주소를 다시 확인한다. 아. ㅜㅜㅜ 어쩔;; 시간은 이
미 8시 50분, 타운홀 전철역 쪽으로 더 걸어 올라간다. 어느 건물엔가 줄이
너무 길다. 여긴 또 뭐지? 하고 540번지 건물을 찾아 그 주변을 빙빙 돈다.

딸아이가 "엄마, 여기 같은데…"라고 하는데도 들리지 않는다. 더운 날
씨, 등원 시간까지 얼마 남지 않은 시간 사이에 아이들도 나도 지쳤다. 우
리집 아이들과 비슷한 또래의 한국 아이들
이 보이기 시작한다. 그들이 가는 곳을 보
니, 딸아이가 말했던 그 줄이 맞다. 아니,
줄이 이렇게 길 수 있나, 유명 연예인이 와
서 팬 사인회를 하는 듯 긴 줄이다. 마트
건물의 3층부터 8층까지에 각종 어학원이
몰려있는데, 엘리베이터를 타려고 줄을 서
있는 것이다. 한국 초등학생부터 여러 나

라에서 온 성인까지 다양한 사람들이 줄을 이루고 있다.

다들 연말연시 휴가를 보내고, 어학원도 오늘 대부분 개강을 많이 하나 보다는 생각을 하며, 엘리베이터에 간신히 끼어 타서 우리가 등록한 어학원 4층에 내렸다. 데스크에서 아이들의 여권을 보여주고 등록한다. 레벨 테스트를 한다는데 이미 온라인으로 했는데, 또 뭘 하는 건가 싶다. 그래, 그래도 아이 수준에 맞는 교육을 하기 위해서는 필요한 과정이겠거니 하고 기다린다.-지식정보처리 역량 레벨 테스트를 봐야 하는 아이들이 콩나물 시루처럼 교실에 빼곡하다. 동양인 99%, 한국인 90%, 한두 명의 라틴계 아이들이 보였다.

어학원의 각 교실은 투명한 유리로 되어서, 교실 안이 훤히 다 보인다. 종이로 된 테스트지로 시험을 본다. 큰아이와 둘째 아이가 같은 시험지로

테스트를 본다. 아;; 둘째 아이는 이제 간신히 파닉스 뗀 영어초보자인데, 문제를 읽을 수나 있나 모르겠다. 그렇게 30분 정도 테스트를 하고, 분반이 된다. 아이 둘은 서로 다른 반으로 분류되고, 그 작업을 하느라 1시간이 훌쩍 지나갔다. 각자 교실로 들어간 것을 보고 어학원을 나선다. 자유시간 6시간 중에서 1시간이 사라지고 5시간뿐이다. 어서 즐기자!!

어학원에서 나와서, 트램이 다니는 길(Goerge st.)의 옆 길(Pitt st.)을 따라 걸었다. 한국에 있는 아들 친구 엄마가 선율이가 아스널 티를 입고 좋아하는 사진을 보고, 아스널 티가 있으면 사달라고 부탁했고, 그 미션도 실행해야 하고, 트램이 다니는 길은 적당히 익숙해진 거 같아서 이번에는 그 뒷길을 걸어본다. 아디다스 매장에 가서 유니폼을 확인한다. 들어가는 입구부터 세일 간판이 없어진 것이 뭔가 느낌이 쎄하다. 아들 친구가 입을 수 있는 사이즈도 없을 뿐 아니라, 세일도 끝났다. 고민 없이 발을 돌려나오며, 세일 기간에 며칠을 망설이며 아들의 유니폼을 구매한 것이 더욱 뿌듯해진다.

다시 Goerge st.으로 와서, 우리나라 교*문고와 같은 서점 DYMOCKS로 들어간다. 우리나라 대형서점보다 규모는 작았지만, 지하, 1층, 2층의 분위기가 아기자기했다. 2층에는 카페가 있어서 커피향이 가득했다. 어린이 코너, 베스트셀러 등을 둘러보며 어떤 주제의 책이 유행인지, 서점의 분위기를 흠뻑 느꼈다. 도서관에서 책 안 보는 아이들이나, 서점에서 책보다는 사람 구경, 서점 분위기 보는 엄마나 마찬가지다. 도서관을 나서서 서큘러 키 쪽으로 걸어간다. H&M을 들어가서 한국 가격과 비교해 본다.

세일하는 티 2개를 고르고 구매했다. 한국에서 가지고 온 옷들이 충분하지만 세일해서 1만 원 안 되는 여름 티 2장은 사고 싶었다. 호주에서 찍은 사진에 그 옷이 있기를, 그리고 호주의 추억이 가득한 그 옷을 한국의 여름에도 입을 수 있기를 기대하며 거금 2만 원을 쓴다. 아직 호주의 체류 기간이 많이 남아서 2만 원을 사용할 때도 10번 이상 고민했던 거 같다. 옷가게도 마트처럼 셀프 계산대가 있었다. 셀프로 계산을 해보다가 결국 데스크로 가서 결제했다. 방법을 모르는 건지, 자꾸 에러가 났고, 카드로 결제해야 하는데, 카드 대신 현금을 사용하고 싶었다. 호주 여행경비에 내 티 2장을 넣고 싶지 않았다. 그냥 이건 내 비상금으로 해야만 편할 것 같은 느낌이다.

옷을 사고 또 걷는다. 비가 내리기 시작한다. 부슬비가 내리는데… 비 때문에 다시 숙소로 돌아가기에는 이미 너무 멀리 왔고, 비가 왠지 멈출 것도 같았다. 내리는 비가 반갑기도 했다. 비가 내리면 항상 마음의 찌든 때가 씻겨 나가는 기분이다. 호주에서 첫 열흘의 시간을 무사히 잘 보냈고, 아이들 어학원도 시작했고, 시드니 환경에도 대충 적응했고… 이렇게 2주를 잘 보내면, 마지막 한 주가 남는구나… 호주 여행을 가야 하나 말아야 하나 고민했던 여행 출발 전 한 달의 시간이 스친다. 생각보다 비싼 숙박비, 가족의 건강검사 결과 등… 호주 한달살이를 갈 수 있을까, 지금 꼭 가야 하나 등 고민의 시간이 있었다. 다행히도 가족의 건강검사 결과가 정상이었고, 비싼 숙박비만큼 시간에 대한 소중함에 가치를 두고 밀어붙였다. 걸으면서 지난날들의 생각들이 정리되고, 내리는 비가 여러 가지 걱정으

로 메말랐던 내 가슴을 시원하게 적셔주었다.–정신적 건강

걷다 보니 어느새 서큘러 키에 도착했다. 평일 점심시간을 보내는 호주 직장인들의 모습을 본다. 생각보다 동양인으로 보이는 사람들이 50% 정도 되어 보였다. 우리나라 직장인들이 밥 먹는 모습과 다를 바가 없어 보이는데, 혼자 먹는 사람들이 꽤 되었으며, TAKE OUT 하는 사람들도 많았다. 그리고 음식의 사이즈로 BOWL과 CUP이 있었다. BOWL 사이즈는 부담되고, 우리나라 컵라면 사이즈에 해당하는 1 CUP으로 쌀국수를 하나 시켰다. 월남쌈도 하나 주문했다. 호주 사람들이 생각보다 날씬했고 이렇게 소량씩 파는 부분들과 연결되어 생각되었다.–지식정보처리 역량

점심을 먹고, 혼자서 CUSTOM house 도서관을 가보고 싶었다. 지인과 함께 왔을 때는 도서관이 문 닫은 시간이라, 못 가봤던 도서관을 올라간다.

공공도서관이었고, 한국도서, 음악 cd, 영화 dvd도 대여가 가능했다. 도서관을 대략 훑어 보고, 도서관을 내 일상 속 어디에 얼만큼 자리매김해야 할지 생각 후에 커스텀즈 하우스를 나와서, 서큘러 키를 거쳐, 현대미술관으로 향한다. 이 모든 곳은 도보 5분 이내로 가능하다. 호주에 사는 지인이 매달 2회 정도 도슨트 봉사를 한다는 현대미술관에 들어가 본다. 입장료는 얼마인지, 전시 주제는 무엇인지 쓱 분위기를 파악한다. 시간이 어느새 1시 40분을 넘어가고 있다.

비가 여전히 조금씩 내리고 있기도 하고, 걸어왔던 길을 다시 걷기에는 이미 10000보를 걸은 내 체력에 확신이 서지 않아, 트램을 타기로 한다. 비 내리는 시드니를 트램에서 즐기는 10분 정도의 차창 밖 풍경은 여전히 생생하다. 내 머릿속의 상영관에 시드니 도심 풍경이 한 편의 영화처럼 비친다.-심미적 감성 역량

숙소로 돌아와 잠시 숨고르기를 하고, 2시 10분쯤 우산을 챙겨 나간다. 아이들을 찾기 전에 근처 마트에서 장을 보고, 학원에 2시 50분쯤 학원 로비에 도착하여 투명 유리창으로 아이들의 모습을 훔쳐본다. 나쁘지 않아 보이지만, 궁금하다. 첫날 수업에 대해 아이들이 뭐라고 할지, 기대된다. 3시가 되고, 수업을 마친 딸과 아들이 다른 교실에서 나오는데 표정이 제법 밝다. 점심도 잘 먹은 거 같고, 로비에 있는 탁구를 통해 친구들과 친해 졌는데… 탁구대 근처에서 발을 떼지 못한다. 친구들이랑 10분가량 탁구를 하고 나서 간신히 나왔다.-사회적 건강

생각보다 한국 아이들이 너무 많아서, 여기가 한국인가? 시드니인가?

하는 생각이 스친다. '한국의 긴 겨울방학이라 한국 아이들이 많구나' 하고 아이들과 함께 집으로 간다.

학원 1층에는 울워스라는 큰 마켓이 있는데, 거기에 가서 먹고 싶은 거 좀 사도 되냐고 한다. 중학생들은 점심시간에 마트에 가서 사 먹기도 하는데, 본인들이 못 가니까, 가보고 싶다고 한다. "가보고 싶으면 가야지!! 가자!"-협력적 의사소통 역량

아이들은 초코 과자를 하나씩 고른다. 그리고 채소 코너에서 아들이 좋아하는 옥수수를 하나 골라본다. (전자레인지에 돌려 먹을 수 있다는 안내 글이 너무 반가웠다.)

마트에서 장을 보는 중에 우리가 아닌 다른 한국 사람들을 관찰하게 된다. 아빠와 같이 와서 장을 보는 가족, 종교단체에서 한국 아이들을 데리고 온 팀 등 '한국 사람들은 시드니에 어떤 이유로 왔을까?'를 생각하며, 그들이 장 보는 모습 속에서 호주 생활이 얼마나 되었는지도 가늠할 수 있었다. 가격을 이제 막 파악하는 중인 사람들은 온 지 며칠 안 되었고, 나처럼 적당히 가격 파악이 끝난 사람은 필요한 것만 딱딱 집어서 계산한다.-지식 정보처리 역량 아빠와 함께 장을 보는 가족을 보니, 한국에 있는 남편이 훅 스친다. 옆에 있으면 잔소리가 꽤 많은 남편인데, 없으니 생각난다. 다른 집 아이들이 아빠와 함께 장을 보는 모습을 보니, 아이들의 아빠가 있으니 다행이지, 정말 없다고 생각하면 아찔하겠구나 싶다. 친정아버지가 20대 중반에 돌아가시고 나서 20여 년이 흘렀지만, 아빠 자리의 부재는 가끔 폐부를 찌를 듯이 깊은 아픔이 되곤 한다. 괜찮아졌나보다 하면, 한 번씩 깊

게 찔린다. 찔리는 아픔을 느끼는 것도 내가 살아있다는 증거이고, 돌아가신 분이 제일 안타까울 것이라는 생각으로 토닥인다.-정신적 건강

숙소에 와서 휴식을 취하고, (휴식이라 말하지만, 사실은 아이들에게 유튜브를 보는 시간을 허락했다.) 6시간 동안 얼마나 긴장했을까, 싶다. 30분 정도 보게 하고 간식을 먹인다. 마트에서 사 온 옥수수가 아주 탁월한 선택이었다. 한국 옥수수와 종류가 살짝 다른, 달콤함이 더 가득한 옥수수였다. 한국에서 레스토랑에 가면, 스테이크나 돈가스 옆에 구워져 나오는 옥수수와 비슷했다. 옥수수 킬러 아들은 아주 맛있게 먹었다. 아이들이 먹는 모습을 보면, 정말 '안 먹어도 배부르다가 이런 느낌이구나'를 느낀다. 옛말 하나 그른 거 없구나. 어른들이 그냥 말한 것이 아니구나 싶다. "먹는 것만 봐도 배부르다"의 그 느낌, 딱 알겠다!-심미적 감성 역량

잠시 아이들과 시간을 보내며 오늘 학원에서 무엇을 배웠는지 살펴본다. 활동지의 영어가 꽤 많았고, 이것을 알아들은 아들이 기특했다. 활동지를 살펴보니 두 아이 모두 코알라 그림 활동지가 있다. 딸아이는 한국에서 영어학원에서 쓴 돈과 시간, 아이가 들인 노력을 대충은 가늠하며, 아이가 어느 정도 소화해 내는지 대략 알고 있다. 그래서 그런지, 딸아이는 잘했겠거니 하는 깊은 믿음이 있었다. 어쩌면 이 호주 한달살이 자체가 딸아이의 인생 시계에 맞춰서 온 것이기도 하다.-자기관리 역량 아들은 그냥 그 시간을 학원에서 보내준 것 자체가 감사했다.

아이들과 한 시간하고 30분 정도를 함께 보내고 나니, 다시 가슴이 답답해지는 느낌이 온다. 다시 저녁부터 함께 보낼 시간을 생각하니 조금의 거

리두기 시간이 더 필요하다고 생각되었다. "마트 가서 다시 필요한 것 좀 사 올게!" 하고 숙소를 나선다.-정신적 건강 아이가 둘이 되니, 서로가 서로를 의지하고 숙소에 둘이 있을 수 있다는 것에 감사했고, 많이 키웠구나 싶다. 각자 핸드폰이 있기도 하고, 나랑 통화가 되는 것을 알고 있으니 말이다. 숙소에서 가까운 마트를 걸어가며 마음의 짜증을 덜어내고, 생수 한 병을 사 왔다. '시원한 냉수 한 그릇 마시고, 속차리자!' 스스로에게 말했다.

어학원에서 일정을 잘 보내고 돌아온 소중한 내 아이들과 함께하고 있는 이 순간에 감사하며, 맛있게 저녁을 먹고, 수영장으로 향한다. 하루의 마무리는 호텔 수영장에서 수영하기다. 몸도 건강해지고, 마음도 건강해지는 수영! 수영장이 있는 호텔을 잘 잡았다. 애들아, 수영하러 가자!

적용하기

본문에서 제시된 사례를 보고 떠오른 과거에 이미 했던 경험, 앞으로 해주고 싶은 경험이 있다면 해당 사항에 표시하고, 적어 보아요.

신체적 건강	
정신적 건강	
사회적 건강	

자기관리 역량	
지식정보처리 역량	
창의적 사고 역량	
심미적 감성 역량	
협력적 의사소통 역량	
공동체 역량	

=== 12일 ===

부메랑 in 하이드 파크

애들 어학원 보내고, 엄마 뭐하니?

어학원의 둘째 날이다. 도시락으로 빵이 아닌 밥을 싸달라는 주문을 받았다. 밥을 싸 온 한국 아이들이 있었고, 아이들도 밥을 먹고 싶다고 한다. 그래, 그러면 해야지! 냉장고에 남은 재료를 스캔하고, 볶음밥으로 결정한다. 당근과 닭고기와 양파를 골라서 볶았다. 한 아이는 치즈를 올려주고,

한 아이는 치즈를 넣지 말라고 한다. "네네, 원하시는 대로 해드립니다!" 볶음밥을 도시락으로 쌌으니, 아침을 볶음밥으로 줄 수는 없지요. 아침은 누룽지로 끓여서 먹인다. 볶음밥은 따뜻하지 않을 거니깐… 아침 식사라도 따뜻하게 먹어야 병이 날 가능성이 최소화되니 말이다. 엄마가 끼니를 잘 챙겨주는 이유는 사실, 너희가 호주에서 있을 한 달 동안 아프면 안 되기 때문이다.-신체적 건강

　지난 해외여행에서 딸아이가 수영하고 감기에 걸려서 응급실을 갔던 경험이 있기에, 특별히 아이들의 건강에 대해서 신경이 쓰인다. 여행자보험도 들었고, 아프면 병원에 가면 되지만, 가능한 한 아프지 않도록 노력하고자 한다. 최선을 다해 먹이고 재우고 했는데도, 아프면 그건 어쩔 수 없지만 말이다. 매 끼니 대충 먹이지 않고, 특히 아침 식사를 신경 쓰는 이유는 아프지 않기 위해서이다. 나도, 아이들도 아프지 않고 한국으로 돌아갈 수 있기를 간절히 소망한다. 2층 도시락에 1층에는 밥, 2층에는 과일과 소시지를 채운다. 그리고 주스와 초코, 젤리 등은 별도로 넣어준다. 친구들과 나눠 먹을 줄 아는 사람이 되었으면 하는 생각에 조금 넉넉히 넣어준다.-공동체 역량

　8시 20분이 넘었는데, 활동지 숙제를 하기 시작한다. '숙제가 있었으면 어제 했어야지!'라고 생각하면서도 잊지 않고 숙제를 해야 한다고 기억하고 지금이라도 꺼낸 아이가 기특하기도 하다.-정신적 건강 단어 퍼즐을 누나와 함께 맞춘다. 8시 30분이다!! 이제는 가자!! 못 하면 못한 대로!! 지각하지 말자!!! 한번 가봤던 길이라 그런지, 발걸음이 더 편안하고, 더 빨리

123

가는 느낌이 든다.

숙소에서 학원까지의 길이 금세 익숙해진다. 어디인지 모르고 나서던 어제와 달리 학원 위치도 알고 층수도 알고 있다. 학원 1층 출입구에 엘리베이터를 타려고 줄을 길게 선 것을 보고, 아이들과 의논하여 계단으로 걸어 올라가는 것으로 결정하고 함께 오른다.-협력적 의사소통 역량 4~5층을 걸어 올라가는데, 아이도 나도 헉헉거린다. 계단의 높이도 낮지 않고, 사람들이 지속해서 계단으로 올라오고 있으니, 중간에 멈추면 안 될 것 같기도 해서, 쉬지 않고 올라왔다. 뭔가 늦지 않아야 한다는 조바심도 한몫했다. 학원 로비에 도착하니, 한국인 친구들이 탁구대에서 탁구를 치고 있다. 탁구를 좋아해서 탁구를 치는 것인지, 탁구대가 있어서 탁구를 치는 것인지 알 수 없지만, 다들 탁구대에 몰려있다.

이틀째인데 탁구로 뭉쳐지는 아이들을 보고, 안심하며 서둘러 내려온

다.- 사회적 건강 9시부터 3시까지 아이들이 학원에 있는 시간이 생각보다 빠르게 지나가는 것을 경험하고 시간에 대한 소중함을 느끼며, 본능적으로 발걸음을 서두르게 된다. 모닝커피를 마시는 직장인들 사이에서 시드니의 직장인처럼 커피를 주문해 본

다. 제발 내 영어를 잘 알아들어 주기를 바라며, "원 카푸치노, 플리즈" 하고 커피를 주문한다. 커피집 주변에서 서서 마시는 사람들처럼 그 분위기를 타본다. 시나몬 향과 커피향의 조화로움 속에 발걸음을 움직인다.

QVB(Queen victoria building)를 지나서 Martin place, barangaroo 지역을 지난다. 바랑가루 지역에 있는 TITLE이라는 서점에 가보고 싶다. 시드니 여행 책자에 나온 곳을 찾아서 가는 길… 그 길을 두 발로 걸으며 생각한다. 인생이 이런 것이 아닌가… 목표로 하는 곳을 향해 한 걸음씩 내딛어간다. 그리고 마침내 목표로 하던 곳에 도착한다.―심미적 감성 역량 TITLE이라는 서점에 발을 들인다. 길을 잘못 찾기도 하고, 힘들어서 중간에 쉬기는 해도… 끝까지 가는 것, 그것을 매 순간 경험하고자 여행을 가는 것인가라는 생각을 한다.

돈과 시간을 투자해서 여행을 다니는 이유에 대해서 생각해 본다. 무엇을 위해서 돈과 시간을 투자하고 있을까? 인생을 살아가는 태도와 자세가

여행 이후에는 더 업그레이드되기를 소망한다. 지금까지 여행을 다니고 난 이후에 더 열심히 살아왔다고 느끼기에, 아이들에게도 나에게도 그 경험을 해주고 싶었던 것 같다.-정신적 건강 TITLE이라는 서점에 들어서는데, 서점 직원이 건넨 인사가 더욱 흐뭇하게 한다. "Hi, how are you?" 그 말을 알아듣고… "fine."이라고 짧게 건넨 대답이지만… 작은 성공이었다. 삶의 매 순간 맛보는 작은 성취가 우리가 삶을 대하는 자세를 만든다. 서점을 둘러보고, 바랑가루 지역에서 볼 수 있는 랜드마크 빌딩을 찾아 나선다.

책 속에서 본 건물을 내 눈으로 직접 확인할 때, 뭔가 모를 성취감이 생긴다. 호주에 사는 지인이 지난 일요일에 바랑가루를 추천해 주었는데, 아이들과 함께 가보기에는 거리가 있다고 생각되어서 마음속에 저장해두었다가 와본다. 포기하지 않고, 저장해두었다가 여건이 허락할 때 반드시 실행한다. 바랑가루의 산책길을 따라 계속 걸어본다. 잠실 롯데타워같이 생긴 큰 건물이 있다. '새로 지은 신식호텔이겠지' 하면서 때마침 화장실이 가고 싶어서 그 건물로 향한다. 크라운 호텔이라고 하는데, 화장실만 가봐도 엄청 고급스럽다. 바랑가루 지역에서 Rocks 지역까지 산책로를 따라 걷다가, Marinawi cove도 발견한다. 한가롭게 태닝을 즐기고 수영을 즐기는 사람들의 모습이 참 여유롭다. 길을 따라 걷다 보니, 〈기억의 습작〉이라는 한국 노래 가사가 쓰인 가게도 보인다.

> 많은 날이 지나고
> 나의 마음 지쳐갈 때
> 내 마음속으로
> 쓰러져가는 너의 기억이
> 다시 찾아와
> 생각이 나겠지.
> 너무 커버린 미래의
> 그 꿈들 속으로
> 잊혀져 가는 나의 기억이
> 다시 생각날까?

김동률의 목소리가 귓가에 맴돌며, 지난 나날의 추억이 스쳐 간다. 기억의 습작, 지금, 이 순간도 또 다른 〈기억의 습작〉이 될 것으로 생각하며, 노래 선율을 흥얼거려본다. 걷다 보니, 하버 브리지, 오페라하우스⋯⋯ Sydney festival(5.~28. Jan.)이라는 안내문이 눈에 보인다. 2024년 1월, 시드니!! 시간과 공간에 내가 여기 있다는 것을 다시 한번 깨우치며, 어느 한 순간도 버리고 싶지 않고 충분히 느끼고 싶어서, 시드니 도심을 꽤 걸었다.―심미적 감성 역량

이 정도면 내 돈과 시간이 아깝지 않을 만큼 발 도장을 시드니 도심 여

기저기 찍고 나니 시간이 오후 1시다. 이제는 점심을 먹고, 아이들 하원을 준비해야 하는 시간이다. 신데렐라가 12시에 호박 마차의 마법이 풀리기 전에 돌아가야 하듯이 3시에는 어학원으로 아이들을 데리러 가야 한다. 빠른 발걸음으로 숙소로 향한다. 아침에 아이들 도시락 싸고 남은 볶음밥을 먹고, 어학원 종료 10분 전, 2시 50분에 학원 로비에 도착해서 아이들을 기다린다.

어학원에서 오후 수업시간에는 근처 놀이터나 공원에 간다고 하더니, 하원 시간 10분 전에 선생님과 아이들이 들어온다. 아이들의 얼굴 표정이 나쁘지 않았다. 아이들과 함께 숙소로 돌아가서 긴장을 풀 겸 자유시간을 주었다. 자유시간을 주면, 대개는 한국 동영상을 본다. 동영상을 금지해야 하나 싶다가, 계속 영어 했으니 한국 영상 30분 정도는 허락해 주었다. 영어로 된 것만 봐~! 하면 영어 학습에 도움이 될지 모르겠지만, 잠시 아이들에게 이완의 시간을 주고 싶었다. 정신적 휴식이 신체적 건강에도 영향을 미칠 것을 알고 있기에, 아이들이 편안하게 쉴 수 있는 시간을 주고 싶었다.-정신적 건강

금세 또 저녁을 먹어야 한다. 배가 고프다 하니 먹어야죠. 고기를 굽고 비빔면을 끓여 먹인다. 해가 밝은 저녁 시간을 계속 동영상 시청으로 보낼 수는 없는 일이다. 무엇을 할까 고민하다가, 하이드 파크에 부메랑을 들고 가기도 한다. 하이드 파크에서 부메랑을 7~8번 던졌을까? 우리의 부메랑은 높고 높은 나뭇가지에 정확하게 걸린다. 하… 나뭇가지 위에 걸린 부메랑을 꺼낼 방법을 고민해 본다. 종이 박스를 공처럼 접어서 던져보기도 하

고, 종이를 찢어서 부메랑처럼 날려보기도 했다. 나무를 기준으로 앞에서도 던져보고, 뒤로 가서도 던져본다. 30분을 넘게 다양한 방법을 시도했지만, 높은 나뭇가지 안에 편안하게 앉아있는 부메랑을 꺼낼 방법이 없다. 나뭇가지 위에 부메랑을 저장해두었다고 생각하고, 다시 길을 나선다. -창의적 사고 역량

"무인양품이랑 다이소도 오다 보니까 있던데, 거기 가보고 싶어."

딸아이가 말했다. 한국에만 있는 상점인 줄 알았는데, 호주에도 같은 브랜드 상점이 있다는 것이 신기하다고 한다. 거기서 파는 물건은 혹시 한국과 같은지 다른지도 궁금하다고 한다. 딸아이의 마음이 공감되었고, 가보고 싶다는 곳을 가보려고 호주에 온 것이니깐, 가보자~! 하고 걸어간다. 시드니 도심의 길은 이제 제법 익숙해져서, 한국 우리 동네만큼 적응이 된 것 같다. 저녁 7시 30분쯤 되었을까? 무인양품은 아쉽게도 시간이 늦어 이미 문을 닫았고, 다이소는 다행히 열려있었다. 다이소에서 어학원에서 공부할 때 필요한 학용품을 구매할 생각인 듯하다. 아이들이 한국에서 호주 돈으로 바꿔온 용돈에서 지출을 하기로 했고, 파일, 필통 등 본인이 필요한 물건을 요렇게 저렇게 고민하다 따져본다. 스스로 종류와 수량을 정했다. 기차를 좋아하는 작은아이는, 기차 나노 블록도 고민 끝에 구매했다. -자기관리 역량 다이소 쇼핑을 마치고 숙소로 들어오니, 9시가 다 되었다. 숙소에서는 수영장 값까지 포함되어 있으니, 수영을 안 하면 돈이 아깝다는 생각을 떨칠 수 없다. 수영장이 10시까지니깐 어서 가서 수영 한판, 사우나 한판 하자! 수영과 사우나를 하고 개운한 몸과 마음으로 방으로 돌아

와서 아들은 결국 기차 나노 블록을 조립하기 시작했고, 끝내 기차를 완성한 후에 잠이 들었다. 아들 녀석은 뭐 하나에 꽂히면 그 주제가 꽤 오랫동안 유지되고, 그 관심사에 집요함이 있는 장점이 있다. 기차, 비행기, 축구로 이동해가는 아들의 관심사를 지켜보고 있다. 이제 기차는 끝났나 했더니, 다이소에 있는 저렴한 나노 블록이 다시금 기차에 대한 아들의 사랑을 자극한 것 같다. 아이들의 모습을 관찰할 수 있는 일상에 감사함을 느끼며, 하루를 마무리한다.

본문에서 제시된 사례를 보고 떠오른 과거에 이미 했던 경험, 앞으로 해주고 싶은 경험이 있다면
해당 사항에 표시하고, 적어 보아요.

신체적 건강	
정신적 건강	
사회적 건강	

자기관리 역량	
지식정보처리 역량	
창의적 사고 역량	
심미적 감성 역량	
협력적 의사소통 역량	
공동체 역량	

13일

남반구에서 만난 직장동료,
호주에서 먹는 한국 양념치킨

1. 호주에 파는 한국식품
2. 한달살이 중 10일째 인터뷰

7시면 일어나서 8시쯤 아침을 먹고, 8시 40분쯤에는 숙소에서 나와 어학원으로 향하는 아침 루틴에 익숙해지고 있다. 아이들을 어학원까지 데려다주고 한국의 직장동료를 만나기로 했다. 같은 시기에 호주 시드니로 여행을 온 직장동료를 만날 생각에 설렌다. 한 직장에서 근무를 해도 각자의 일정으로 바빠서 식당에서 잠시 마주치는 정도가 일상인데, 여행지에서 동료를 만나는 경험은 어떨까. 사이가 소원하지도 않고, 그렇다고 너무 친하지도 않은 그런 사이이지만, 북반구에 사는 우리가 남반구에서의 만나는 상황에 커피 한 잔을 하기로 한다. 그 기분은 어떨까? 아마 동료도 나도 여행지에서 동료를 만난다는 것은 쉽지 않은 일임을 알기에, 여행 중 일정을 맞추었다. 여행 중에 시간을 내어준 동료에게 감사함을 전한다.-사회적 건강 동료는 부모님과 함께 여행을 왔다. 아이들을 데리고 호주에 있는 것도 쉽지 않지만, 어른들과 함께 호주에 있는 것도 아이들만큼이나 신경 쓸 일이 많을 것 같다. 외국 여행을 어른과 함께 간 것은 12년 전 시부모님과 함께 큰아이가 10개월 즈음 패키지로 여행을 갔었고, 친정 부모님과는 아직 가보지 못했다. 아버지는 돌아가셨고, 엄마가 남동생 내외랑은 몇 번 가보셨지만, 내가 엄마를 모시고 해외를 가 본 적은 없다. 언젠가는 엄마와 함께 해외여행을 꼭 한번 가야겠다는 생각이 스친다.

동료와 어디서 만날지를 정한다. 나와 동료의 숙소 중간 위치 정도면 적당하겠다고 생각하고, 15년 전 호주에 왔을 때 머물렀던 숙소(YHA central)의 1층에 있는 카페로 정했다. 15년 전에는 시드니 도심에 트램이 없었는데, 트램이 생겼다. 주변 건물들도 조금씩 변한 것 같지만, 그래도 15년 전 모습이 잔상처럼 떠오르기도 한다. 15년전, 직장 동료 5명과 함께 호주 여행을 왔다. 시드니에 도착하자마자, YHA central로 와서 짐을 두고 시내 구경을 나갈 계획이었다. 체크인하려고 데스크로 다가서니, 이게 웬일인가..?! 예약이 안 되어 있다는 사실을 알게 되었다. 호주의 첫 도시, 시드니 숙소의 예약 담당이던 내가 예약을 완료하지 않았던 것이다. 분명히 예약을 알아보고 했다고 기억했는데, 최종 완료까지 하지 않았던 것 같다. 다행히도 12월 말, 숙소 상황이 여의치 않았음에도, 그 상황에서 최대한 숙소에 머물 수 있도록 잘 대처해준 YHA central 직원분들께 다시 한번 감사한 마음을 전한다. 15년 전의 추억이 스멀스멀 뇌리를 스치며, 동료를 기다린다.

　호주에서도 최근 한국과 비슷하게 주문 방식이 테이블에서도 가능하고, 카운터에 가서도 가능하다. 테이블에서 오더하는 방법이 편한 듯 보이지만, 신용카드를 입력하는 부분이 내심 뭔가 믿음이 안 갔다.(믿어도 되는데, 혼자 뭔가 모르게 불안했다.) 그냥 카운터에 가서 영어로 말하는 편이 직원분이 설령 잘못 알아듣는다고 해도 한결 마음이 편하다. 눈짓과 손짓으로 할 수 있는 비언어적 의사소통도 있고, 주문하는 정도의 영어는 가능하다. 카운터에서 무사히 동료와 내가 마실 커피를 주문하고, 일상 이야기를 나누기 시작한다.-협력적 의사소통 역량 직장에서 오피스룩을 입고 보던 사이인데, 여행지에서 발랄한 원피스를 입고 만나니 그 모습이 새롭다. 커피를 마시며, 직장 이야기, 사는 이야기 등을 나누다 보니, 3-4시간이 훌쩍 지났다.

동료에게 haymarket에 기념품이 저렴하고 좋다며, 함께 길을 나선다. 5분쯤 걸어서 도착했고, 남대문 시장 같은 분위기의 마켓에서 기념품을 사고 동료와 일정을 마무리한다. 동료는 시드니에서 일정 후, 케언즈, 멜버른을 갔다가 한국으로 돌아간다고 한다. 혼자일 때는 시드니, 호바트, 브리즈번, 케언즈 한 달 내내 도시마다 3~4일을 머무르며 여행했었다. 아이들과의 일정을 고민한 끝에 한 도시에서 '살아보기'에 조금 더 초점을 두는 것으로 결정했다. 하지만, 여전히 못 가보는 도시에 대한 아쉬움이 남는다. 케언즈의 그레이트 베리어 리프 바다, 멜버른의 해안절벽 등은 아이들이 어른이 된 후에 가보면 되지 하며 마음을 토닥인다. 모든 것을 다할 수는 없으니까 말이다. 선택과 집중이 늘 인생의 화두다. 우리가 선택한 것에 집중하자!-정신적 건강

어제 하이드 파크 공원의 나뭇가지 위로 올라가 버린 부메랑을 안타까워하던 아이들 모습이 떠올라, 부메랑을 하나 더 구매했다. 그리고, 과일 시장에서는 호주에서만 먹을 수 있다는 납작 복숭아를 샀다. 8달러에 8-10개를 살 수 있는데, 납작 복숭아 맛이 꿀맛이다. 달콤한데 고급스러운 달달함이고, 식감도 너무 물컹하지도 딱딱하지도 않은 적당한 정도이다. 호주에 가면, 꼭 한번 먹어보길 추천한다. 납작 복숭아는 콜스나 울월스와 같은 대형마트보다는 시장에서 더 자주 볼 수 있었다.

돈을 아껴서 쓰는 데도 매번 돈은 참 금세 쓴다 싶다. 100달러 지폐를 바꾼 지 며칠 안 된 것 같은데 말이다. 납작 복숭아 값을 지불하기 위해서

지갑을 열어보니, 지갑에 구멍이 났나 싶은 마음이 들 정도로 현금이 얼마 남지 않았다. 순간 100달러로 바꾼 뒤 무얼 했는지 되짚어 본다. 지갑에 구멍은 나지 않았다. 아이들과 함께 일상을 살았을 뿐이다. 과일과 채소를 파는 재래시장에서는 카드도 받긴 하지만, 현금을 더 선호한다. 현금이 하나도 없이 여행을 가기보다는 카드와 함께 현금도 같이 준비해 가면 좋을 것 같다. 시장에서도 그렇고, 기념품 가게에서 카드 결제가 다 가능하지만, 카드에 부가가치세를 붙인다. 부가가치세를 붙인다고 고지해 둔 곳도 있지만, 고지하지 않고 자연스럽게 계산서에 추가하는 경우도 있었다. 울워스, 콜스와 같은 대규모 마트 등에서는 현금이나 카드값이 동일하게 계산된다. 그 외 중소 규모의 상점 등에서는 세금을 추가하는 경우가 많았다. 따라서 여행경비의 총액의 60~70%를 카드로, 30~40%는 현금으로 준비해 가는 것을 추천한다.

과일을 산 후 건물의 2, 3층을 올라가 본다. 웬걸! 중국 마트인 거 같은데, 한국 식재료를 파는 iga마트가 있다. 중국, 일본, 한국, 동남아 등 아시아 식재료의 천국이었다. 과자, 젤리, 얼음컵과 음료 등 한국 마트가 통째로 옮겨진 것 같았다. 그곳에서 다 먹어가는 햇반과 한국 과자를 한 개 담고, 숙소로 향한다. 한국 식재료가 한국처럼 탄탄하게 구비되어 있는 마트가 있다는 사실은 마치 냉장고에 김장 김치가 있을 때 안심되는 주부 마음과 같았다. 진라면, 신라면, 너구리, 튀김우동, 짜파게티를 알차게 담고 계산한다. 숙소로 향하는 길에 차이나타운의 문구점도 한 번 더 살펴본다.

문구점 앞에는 한국 연예인들의 포토 카드가 진열되어 있다. 15년 전과 비교해서 시드니 안의 한국의 자리가 수치로 계산할 수는 없지만, 꽤 높아진 느낌이다. 펍에서 들려오는 한국가요, 문구점 앞에 진열되어 있는 한국 연예인의 포토 카드 등이 내가 한국인이라는 사실이 괜히 뿌듯한 기분을 느끼게 해줘서 감사했다. 내 삶도 누군가를 뿌듯하게 할 수 있는 의미를 지니면 좋겠다는 작지 않은 욕심도 내어본다. 어떤 방법이 될지 구체적이지는 않아도, 내가 느끼는 이 뿌듯한 기분을 다른 사람도 나로 하여금 느낄 수 있다면, 그 삶은 매우 의미 있을 것이다.-정신적 건강

어느새 아이들의 하원 시간인 3시가 되었고 아이들과 함께 숙소로 걸어간다. 날씨가 제대로 여름이었다. 아이들이 아이스크림을 먹고 싶다고 한다. 맥도날드에 들어가서 아이스크림을 주문한다. 딸아이에게 아이스크림 주문을 맡겼다. 망설이지 않고 그쯤은 내가 할 수 있지~! 하는 표정으로 키오스크 앞으로 간다.

키오스크의 단어들을 잘 읽고, 아이스크림 주문을 잘했나 보다. 번호표를 가지고 있더니, 가서 아이스크림으로 잘 받아온다.-협력적 의사소통 역량, 지식정보처리 역량

"Can I get the 3 ice creams, please…?" 잔돈도 잘 받아오고, 미션 클리어!!

한국 맥도날드에서도 파는 소프트아이스크림이다. 그런데, 거기에 초코 바가 하나 꽂혀있다. 켜켜이 구운 초콜릿이 호주의 유명한 초콜릿이라고 한다. 엄마 혼자 아이 둘을 데리고 잘 지내고 있는지 걱정하는 시부모님과 친정엄마께 카톡으로 아이들의 사진을 전송한다. '우리 잘 있어요. 걱정하지 마세요.'를 글자 대신 아이들이 맛있게 아이스크림을 먹으며 행복해하는 사진과 동영상으로 안부를 전한다.-사회적 건강

숙소로 돌아가서 좀 쉬다가, 한국에 있는 가족들에게 엽서를 쓰자고 제안했다. 엽서를 쓰고, 우체국에 가서 보내보려고 한다. 혼자서 여행 다닐 때, 엽서를 써서 친구에게도 부모님들께도 그리고 한국으로 다시 돌아갈 나에게도 엽서를 보내본 적이 있다. 현지의 공기가 묻어있는 엽서는 그 어떤 기념품보다 소중하게 느껴졌다. 마찬가지로 아이들에게도 누군가에게 마음을 나누는 방법으로 엽서 쓰기를 경험하게 해주고 싶었다. 호주의 공기가 묻은 엽서를 받게 될 한국에 있는 가족들에게도, 호주에 있는 아이들에게도 잊지 못할 경험이 될 것으로 생각하며, 아이들의 마음을 엽서에 담아 본다. 그리고, 엽서를 들고 시내로 나선다. Matin place에 있는 우체국에서 우표를 사서, 한국으로 엽서를 보낸다. 한국에 도착하기까지 며칠이 걸릴지 모르지만, 우리가 한국으로 가기 전에는 도착하겠지 하며 엽서를 보낸다. 그리고, 아이들을 한 해 동안 가르쳐 준 담임선생님께도 엽서로 감사 인사를 전한다.-공동체 역량, 심미적 감성 역량, 협력적 의사소통 역량

어제 혼자 답사했던 바랑가루 지역으로 아이들과 함께 산책한다. 아이들은 파란 하늘, 조각처럼 걸린 구름, 잔잔하게 흘러나오는 음악, 바다를

끼고 펼쳐지는 풍경 그 속에서 자유를 만끽한다.-심미적 감성 역량 벤치에 앉아서 숙소에서 가져온 바나나, 과자 등 간식거리를 먹으며 즐겨본다. 호주에서의 일상을 잊지 않으려고, 또한 호주 한달살이를 준비하는 사람들에게 도움이 되고자 매일 동영상을 찍어 유튜브에 올리고 있다. 지금은 한국을 떠난 지 10일이 된 시점, 한달살이의 1/3을 지나고 있다. 아들에게 인터뷰했다.

"호주에 와서 뭐가 좋아요?"

"그 해외… 그 느낌… 새로운 느낌이 좋아요. 일본은 너무 한국 같은데요. 여기는 새로운 느낌이 있어요."-협력적 의사소통 역량

"어학원 가서 원어민 선생님 이야기 알아듣는 거, 어렵지 않아요?"

"네, 뭐 어렵지 않아요. 대충 알아들어요."

"한국에 있는 친구들에게 하고 싶은 말이 있나요?"

"너희들도 호주 오라고…!"

한국은 겨울이라 눈이 많이 왔다고 했다. 한국에서 겨울을 즐기는 대신 호주의 여름을 선택했다. 돈과 시간이 여유가 있어서 호주에 왔다기보다는, 호주에 오기 위해서 2년가량 준비를 했다. 코로나가 창궐하던 2020~21년을 겪으면서, 우리들의 인생에 주기적으로 전염병이 인류를 힘들게 하는 시기가 올 것이라는 것을 예상할 수 있었다. 해외여행을 갈 수 있을 때와 갈 수 없을 갈 수 없는 시기도 있을 것이다. 어쩌면 또 코로나 때처럼 전염병이 돌아서 해외를 못 올 수도 있고, 한 달을 해외에서 보내도 괜찮을 나이가 지나버릴 수도 있다는 생각에 용기내어 추진한 것이다.

호주 한달살이의 1/3을 지나는 지점, 예산도 정확히 1/3을 사용하였다. 앞으로 지내게 될 2/3에 대한 큰 그림을 다시 한번 그려본다. 절약! 절약! 절약하되, 아이들과 나의 시간과 기회에 대한 아쉬움이 없게!!! (사실 이 책을 읽는 독자들도 이 책을 읽는 시간에 대한 기회비용이 발생하기 때문에, 아쉬움이 없도록 글을 잘 쓰려고 최선을 다해 노력 중이다.)-자기관리 역량

바랑가루 지역에서 숙소 방향으로 걸어 올라가며 기프트샵 구경도 한다. 축구공을 살지, 축구 옷을 살지, 구경하고 걸어오다 보니, 어느새 어학원 근처이다. 어학원과 숙소를 오고 가는 길에 한국 치킨 가게가 있다. 기름에 튀겨진 치킨 냄새와 양념통닭의 양념 향기가 항상 코끝을 쑤시고, 그 향기가 머리로 전해져서 한국 생각이 나기도 하고, 배고픔이 느껴졌지만, 며칠째 외면하고 있었다. '한국에서도 먹을 수 있는 한국 치킨을 굳이 호주에서 왜 먹어?'라고 생각했다. 조금 더 솔직히 표현하자면, 호주에서 파는 한국 치킨값이 싸지 않을 것 같아서, 굳이? 호주에서 한국 치킨을? 하면서 외면했던 것도 인정한다. 호주 물가 자체가 저렴하지 않아서 매 순간 멈칫하게 된다. 그럼에도 불구하고, 오늘만큼은 호주에서 파는 한국 네네치킨을 먹어봐야겠다!!! 양념을 사야 하나, 프라이드를 사야 하나 고민하다가~

'치킨은 양념이지!'라고 생각하며 양념통닭 한 마리를 주문한다. 한국에서 늘 먹는 치킨인데도, 그 맛이 계속 그리웠다. 먹고 싶다고 바로 한 번에 훅 사 먹을 수 없는 게 여행자의 현실이다. 이렇게 저렇게 냉장고 잔반이 남지 않은 지금, 이 시점, 딱이다!! 하루에 사용하는 돈의 비용을 계산해 가며, 오늘이 d-day! 닭 한 마리 잡았다!!!-자기관리 역량

봉지에 치킨 한 마리 담고 숙소로 향한다. 생각보다 호주의 닭 사이즈가 커서, 치킨 한 마리를 다 먹지 못했다. 치킨을 먹고 나서는, 소화 시키러 수영하러 가자! 수영!-신체적 건강 3명의 수영장 비용이 숙박에 포함된 것이다! 가자!!! ^ _ ^ 오늘도 하루의 마무리는 수영으로, 숙박비를 최대한 효율적으로, 수영장 비용까지 알뜰하게 사용하고 있다며, 만족스러운 마음으로 잠들었다.

적용하기

본문에서 제시된 사례를 보고 떠오른 과거에 이미 했던 경험, 앞으로 해주고 싶은 경험이 있다면 해당 사항에 표시하고, 적어 보아요.

신체적 건강	
정신적 건강	
사회적 건강	

자기관리 역량	
지식정보처리 역량	
창의적 사고 역량	
심미적 감성 역량	
협력적 의사소통 역량	
공동체 역량	

14일

여행 아닌 '한달살이'

1. 너희는 어학원, 엄마는 도서관
2. 어학원 끝나고 뭐할까?

어느새 목요일이다. 미역국을 끓여 아침을 먹고, 식빵으로 점심 도시락을 준비한다. 아이들이 어학원을 다니기 시작한 지도 어느새 4일째다. 2주간 등록을 했으니, 이번 주가 지나면 50% 완료이다. 아이들이 어학원간 시간이 오직 나만의 시간인데, 그 시간이 점점 줄어들고 있다는 생각이 스친다. 아이들을 어학원으로 보내고, 시드니 중심가를 걸어서, customs house library에 도착한다. 생각보다 이른 시간에 도착해서 도서관 오픈 시간까지 20분 정도가 남았다. 그 건물 4, 5층에 있는 커피집을 가보고 싶어 올라갔다. 카페도 아직 오픈 시간 전이라며, 근처의 다른 커피 맛집을 자세히 안내해 준다. 안내해준 커피 맛집을 다행히도 잘 찾아갔다. 호주에서는 커피 오더를 하면, 이름을 말하라고 한다. heejin… 그런데, 내 이름을 말하고 점원이 내 이름을 알아듣는 것이 생각보다 쉽지 않다. HJ라고 해야겠다… 커피를 받아 들고 나니 도서관 오픈 시간 10분 전이다. 9시 50분… 1층에서 노트북을 열고 해야 할 일들을 정리해 본다. 10시가 되자마자 도서관으로 올라간다. 어느새 이곳의 도서관이 한국의 도서관처럼 익숙해지고 있다.

새로운 곳에서 익숙해지는 경험이 어떤 느낌인지 궁금했던 것일까? 여행 말고 살아보기가 해보고 싶었던 것 같다. 단순한 관광, 새로운 장소의 겉 표면만 보는 것, 수박 겉핥기가 아닌 수박 속으로 들어가 보고 싶다고 해야 하나? 한달살이로 외국에서의 삶 전체를 느낄 수 없겠지만, 그래도 관광보다는 좀 더 익숙해지는 과정을 거치기 마련이니까, 그 과정에서 뭔가 배우고 느끼는 점이 있을 것 같았고, 그것을 해보고 싶었다. 도서관에 한 번 왔을 때 두 번 왔을 때, 서너 번 왔을 때 그 느낌이 다르듯이 그 적응 과정을 생생하게 느껴보고 싶었나 보다.-자기관리 역량

우리가 살아가는 인생도 그렇지 않을까 싶다. 첫 아이를 낳아서 키울 때는 모든 것이 다 처음이라, 낯설고 긴장되고 떨리지만… 둘째 아이를 키울 때는 첫 경험보다는 덜 설레지만, 할 건 하고 뺄 건 빼고, 뭔가 모르게 편해지고… 그 뭔가 모르게 편해지는 경험을, 이국에서 하고 싶었던 것일까? 아이들에게 낯설고 새로운 곳에서도 적응하고 살 수 있고, 우리가 살고 있는 대한민국이 세상의 전부가 아니라, 다른 나라에서도 살 수 있다는 것을 오감으로 느끼게 해주고 싶었다.-사회적 건강 사실 어느 나라가 중요한 것이 아니라, 그 어떤 일도 어느 시점이든 어느 장소에서든 시작하고 도전하고 적응하면 해낼 수 있다는 것을 아이들뿐 아니라, 나 자신도 배우고 싶었다.

도서관에서 노트북을 켜고 끄적여본다. 여기에서 느끼는 생생함이 사라지기 전에 글로 저장해보려 한다. 한국관에 비치된 한국 도서들을 보며, 내 책이 여기 호주 시드니 커스텀즈 도서관에 비치되는 날을 생생히 그려본다. -창의적 사고 역량

이미 비치되어 있는 한국 책들을 살펴본다. 여행 에세이, 자녀 교육서 등 한국에서 발행된 책들이 호주 도서관에 비치된 것을 보니, 역시 책은 시간과 공간을 뛰어넘어 타인에게 마음을 전할 수 있는 수단이구나 하는 생각이 든다. -심미적 감성 역량 나의 경험과 생각, 느낌을 책이라는 수단에 담아 시간과 공간을 넘어서 누군가에게 도움이 되는 삶을 살고 싶다. 나도, 나의 아이들도 의미 있는 삶을 살기를 간절히 소망한다. -사회적 건강

도서관에서 꼼지락꼼지락 책도 보고, 노트북에 내 생각과 마음도 적다 보니, 어느새 12시 30분이 지나가고 있다. 점심식사를 어떻게 하지? 어디서 먹지? 숙소로 돌아가서 먹어야겠다. 숙소로 돌아가는 길을 선택한다. 늘 다니던 길이 아닌 다른 방향으로 돌아가 본다. 시드니에서의 시간은 한정적이니, 최대한 가볼 수 있는 길은 다 걸어보고 싶다. 여행지에서의 한순간 한순간은 다시 내가 올 수 없다는 생각에 최선을 다하게 된다. 사실은 한국에서 나의 하루도 다시는 되돌아올 수 없는 하루하루를 살고 있는데 그 사실에 익숙해져서 가끔 일상을 지루하게 느끼기도 한다. -자기관리 역

^량 결국 삶은 누구든, 어디서든, 같은 속도로 같은 방향을 향해 흘러가고 있다. 어쨌든 안 가본 길을 걸어보며, 시드니 도심의 구석구석에 발걸음을 남긴다.

12시 30분~1시 사이, 직장인들이 건물 밖으로 나와서 점심을 먹는다. 식당에서 먹는 경우도 있지만, 건물과 건물 사이 공터, 벤치에서 테이크 아웃하거나 집에서 싸 온 빵, 밥 등을 자유롭게 먹는다. 한국에서는 왠지 꼭 밥은 식당에서 먹어야 할 것 같은데
말이다. 주말에 한강 시민공원이나 동네 공원에서 자유롭게 먹듯이, 평일 점심시간에 벤치 등에서 먹는 호주 사람들의 점심은 일상으로부터 자유가 느껴졌다. 한편으로는 호주 사람들도 식당에서 점심을 먹기에는 그 물가가 보통 비싼 게 아니구나! 하는 생각도 든다. 저들이 꼭 자유만이 아니라, 비싼 물가 때문일 수도 있다고 생각하니… 숙소로 돌아가서 아이들을 싸 주고 남은 음식으로 점심을 해결하려는 내가 덜 불쌍했다. 이것이 솔직한 고백이다. '나만 비싼 거 아니지?'를 합리화했다.-정신적 건강

숙소로 가는 길에… 〈zara〉 매장에 sale이라고 쓰인 글씨를 보고 그냥 지나치지 못하고 들어간다. 아들이 연말연시 기간에 득템한 아스날 유니폼처럼, 내게도 호주의 공기가 묻은 옷을 하나 선물하고 싶다는 마음이 든다. 호주를 떠나서도 그 옷을 입으면 마치 호주에서의 추억이 상기될 수 있는

것을 가지고 싶은 마음에 들어선다. 헉, sale한 금액이 이거라고? 한국의 정가보다 비싸게 느껴지는 호주의 sale 가격이 매장을 빠르게 빠져나오게 했다. 만약 가격이 저렴했다면, 이것 저것 샀을 텐데… 오히려 비싸니, 바로 포기하고 나올 수 있어서 시간을 벌었다고 생각한다.

숙소로 돌아가서 끼니를 채우고, 아이들의 하원을 준비한다. 하원하러 가면서 하이드 파크에 들러 며칠 전에 나뭇가지 위로 올려둔 부메랑을 다시 한번 확인한다. 부메랑 잘 있구나! '우리는 떠나도 시드니에서 우리가 올릴 부메랑이 있으니 덜 서운할 것 같다'로 마음을 바꾼다. 언젠가 다시 시드니에 오면, 하이드 파크 나뭇가지 위에 올라간 부메랑을 확인하러 꼭 가봐야겠다.-정신적 건강

매주 목요일이 쇼핑 데이로, 상점이 문을 여는 시간이 1시간가량 더 길다. 다음 주 목요일에는 사촌 동생이 시드니로 들어온다고 하니, 어찌 될지 몰라서 오늘은 아이들과 함께 쇼핑해야겠다. 오늘 당장 구매하지 않아도, 가격을 알아보고, 무엇을 살지 생각해 봐야겠다.-자기관리 역량

하이드 파크에서 타운홀에 있는 아이들 어학원으로 걸어오면서 오후 일과를 정리한다. 4주라는 시간이 짧지 않은 시간인데, 매주 해야 하는 일들을 생각하면 생각보다 시간이 넉넉하지 않다. 마지막 주에는 브리즈번과 골드 코스트로 이동을 하니, 시드니에서의 시간은 사실 3주 정도이다. 어학원에 조금 일찍 도착해서, 아이들을 기다린다.

어학원을 다니는 한국 친구들을 3~4일 살펴보니, 중개업체를 통해서 호주 담당 매니저를 두고 어학원을 등록한 그룹과 개별적으로 어학원에

등록한 그룹으로 나뉜다. 담당 매니저를
두고 있는 그룹의 어머님들은 어학원 이
후 아이들의 방과 후 일정도 중개업체 매
니저가 함께 해준다. 그 그룹의 어머님들
이 한 무리를 지어있고, 나와 같이 개별적
으로 온 엄마들이 서로 얼굴을 보며 인사
를 나눈다. 3~4일째 되니, 동물적인 감각
으로 어느 정도 파악을 마쳤고, 대화를 해

도 될 것 같은 엄마와 그냥 인사만 하는 것이 좋을 것 같은 엄마를 예민한
내 본능에 따라 구분을 해낸다.

"혹시 커피 한잔, 하실래요…? 아직 더 기다려야 하는 거 같은데…"
라는 말을 건넨 엄마가 있다. 그녀는 '대화를 해도 될 것 같다'라는 그룹
에 속해 있었다. 어학원 앞 커피집에서 아이스 아메리카노를 한 잔 마시며,
육아 이야기, 호주로 한달살이를 오게 된 이유 등을 가볍게 이야기 나누었
다.-사회적 건강 그 엄마는 딸 두 명을 데리고 왔고, 큰딸이 우리집 딸이랑
같은 반, 작은딸이 우리 아들과 같은 반이다. 10분 정도 대화를 나누고, 아
이들을 데리러 어학원으로 간다.

하원하는 아이들을 보니, 이미 우리집 큰딸과 커피를 함께 마신 엄마의
큰딸이 친해진 것 같다. 아이들끼리 친해진 무리가 엄마들도 친해져 있다.
신기하다. 성향이 자연스럽게 맞는 것인지, 물 흐르는 대로 간다. '새로 만
나는 엄마들과의 시답지 않은 수다로 나의 소중한 시간을 날리고 싶지 않

다'라는 생각을 하고 있던 것도 사실이다. 내 아이가 친하게 지내는 아이의 엄마와는 자연스럽게 관계가 형성되고 있는데, 그 관계를 군이 또 거부할 이유도 없다고 생각했다. 그녀들도 나와 마찬가지 생각을 하겠지, 라고 생각하며 서로의 시간을 유익하게 공유하기 시작한다.-사회적 건강 내일이 어느새 한 주의 마지막 날인 금요일이다. 방과 후에 시드니대학교를 같이 가기로 약속하고, 헤어진다.

아이들이 배가 고픈지, 어학원 1층 울워스 마트에서 초코과자를 사고 싶다고 한다. '그래, 공부 열심히 했으니, 먹어야지!' '자식이 먹고 싶은 걸 먹게 해주려고 돈을 피땀 흘려 버나 보다'라는 생각을 한다. 두 녀석은 마트에서 고른 과자를 먹으며 숙소로 향하는 길에 콧노래를 부르고 있다. 아이들이 행복한 일상을 보내고 있는 것 같아서 마음이 뿌듯하다.

숙소에 가서 한숨을 고르고… haymarket으로 향한다. 10달러 남짓 하는 티를 하나씩 사고, 호주에서만 먹을 수 있는 납작 복숭아를 사러 간다. 납작 복숭아가 너무 맛있어서 매일 구매하고 있다. 구매할 때마다 아이에게 기회를 준다. 큰아이도 작은아이도, 돈을 건네고, "THANK YOU!"를 아주 잘 외친다.-협력적 의사소통 역량 내 티셔츠는 못 샀어도 아이들의 상의는 하나씩 사주고 나니 속이 후련하다. 대리만족일지라도 행복하다. 아이들이 입은 그 티셔츠를 보며 호주에서의 추억을 떠올릴 수 있으니 말이다.

3층에 있는 IGA mart에서도 일본, 중국, 동남아시아 식품 등을 한참 구경했다. 한국 과자인데 한국에는 없고, 여기에만 있는 수출용 과자도 발견했다. 떡볶이 맛 한국 과자를 하나 사 왔는데, 너무 맵지도 달지도 않으며,

계속 손이 가는 맛이었다. 바나나 우유, 초코 우유 등 포장 용기에 한국 아이돌 스타의 사진이 그려져 있다. '한류'의 힘이 식품의 매출에도 영향을 미칠 만큼 대단하구나, 라는 생각이 스친다.─공동체 역량

저녁은 숙소에서 짜파게티~를 끓여먹고!! 수영장으로 간다. 내 티셔츠 하나 사지 않고, 외식을 하지 않아도, 호주에서의 일상을 유지하는 데 하루에 10만 원 정도는 쓰는 것 같다. 햇반, 과일, 과자, 물 등 하나하나 고민하고 사는데도 말이다. 숙박비에 포함된 수영장 사용료도 하루도 거르지 않고 이용하고 있다. 100달러! 한국에서도 사실 장바구니에 뭘 좀 담았나 하면 10만 원은 훌쩍 넘는데, 호주 이곳도 더 하면 더하지, 덜 하지 않다. 어쨌거나, 수영으로 오늘 하루도 건강하게 마감한다. 아무튼 수영!!

적용하기

본문에서 제시된 사례를 보고 떠오른 과거에 이미 했던 경험, 앞으로 해주고 싶은 경험이 있다면 해당 사항에 표시하고, 적어 보아요.

신체적 건강	
정신적 건강	
사회적 건강	

자기관리 역량	
지식정보처리 역량	
창의적 사고 역량	
심미적 감성 역량	
협력적 의사소통 역량	
공동체 역량	

어학원 친구들과 불금 :
시드니대학 방문하기

시드니 대학방문

어학원의 첫 주가 끝나는 금요일 TGIF(Thanks God It's Friday!)이다. 어학원에서도 금요일에는 field trip을 간다는 안내문이 왔다. Australian museum을 간다고 한다. 아! 그곳, 아이들을 데리고 가야 할 것 같았는데, 못 가본 곳이다. 우리집 아이들은 굉장히 활동적이고 대근육을 사용하는 데 익숙한 아이들이라서, 박물관에서 전시된 유물들을 차분히 살펴보는 스타일은 아니다. 박물관을 오고 가는 길에 뛰어노는 것이 행복한 아이들이다. 엄마로서 정확하게 알고 있는데, 그 이유는 사실 내가 그렇기 때문이기도 하다. 콩 심은 데 콩 나고, 팥 심은 데 팥 난다고, 인정할 건 인정하고! 아이들이 대개, 아니 99% 자기 부모를 닮는다.-자기관리 역량 특히 아이들이 부모가 부족하다고 생각하거나 닮지 않았으면 하는 점은 그대로 아주 딱 닮는다. 그래도 호주에 왔는데, Australian museum은 가봐야 하는

게 아닐까? 싶으면서도 막상 엄두가 안 났는데, 학원에서 데리고 간다고 하니, 내심 기뻤다. 내가 그곳을 안 가도, 아이들을 데리고 가서 본다니!!! 그리고 '선생님과 함께 가면 더 잘 보고 오겠지!'라며, 이래서 사설 학원에 돈 내고 보내는 이유가 있다고 합리화하였다.

아이들의 어학원 비용은 하루에 1인 10만 원 정도 해당했다. 6시간 영어 배우고, 하루 10만 원이면 그렇게 비싸지 않다고 생각했다. 한국에서 다니는 학원들과 시간당 단가가 엇비슷했으며, 키즈카페보다 조금 더 비싼 금액이라면, 당연히 보내야 하지 않을까, 사실 당연하지는 않다. 한달살이를 와도 어학원을 보내지 않는 경우도 많다.

우리집의 경우에는 호주 한달살이의 어학원 경험을 위해, 큰아이의 일정을 맞췄다. 일반 유치원에서 영어 방과 후 수업을 2년 하고, 초등학교 2학년 5월부터 동네 보습 학원에서 1년 정도, 초등학교 3학년에 한국인 선생님이 주로 가르치고 주 1회 1시간 원어민 선생님이 들어오시는 프랜차이즈 학원을 2년, 그리고 초등학교 5학년 6월경부터 원어민 선생님과 수업하는 프랜차이즈 어학원 6개월을 다닌 후, 이곳 호주에 왔다. 큰아이의 영어 공부 큰 그림에 호주에서의 어학원이 자리 잡고 있었다. 호주 어학원을 보내려고, 영어를 시킨 것은 아니지만, 영어를 배우다 보니, 큰아이에게는 외국에서의 어학원 경험이 유익하다고 생각되었다.-지식정보처리 역량 2주 동안 어학원을 다니면서 뭘 많이 배워서 실력이 늘었다기보다는 동기부여와 자신감, 흥미 유발은 되었으리라고 생각한다.-정서적 건강

작은아이가 걱정이었다. 누나가 어학원 가는데, 동생이 안 가고 내 곁에

있으면, 나의 자유시간은 확보되지 않으며, 우리가 또 언제 외국에 한달살이를 오게 될지 알 수 없다. 인정하고 싶지 않지만, 다시 오게 될 가능성보다 못 올 가능성이 100배는 높다. 작은아이에게도 어떻게든 경험하게 하고 싶은 욕심이 났다. 그저 학원에서 말을 알아듣고 6시간 있을 수 있기만을 바랐다. 작은아이에게 기대하는 수준은 그 정도였다. 한국에서 영어학원을 다니기 시작한 지도 사실 4개월밖에 되지 않아서, 알파벳이나 간신히 떼고 파닉스 정도 알면 다행이다 정도의 수준이었다. 어릴수록 더 잘 적응하는 건지, 둘째라서 눈치로 알아서 잘 지내는 건지, 영어가 안 되어도 축구를 잘하고, 그림을 잘 그려서인지 생각보다 잘 지내고 있는 둘째도 기특했다.-자기관리 역량

아이들은 어학원에서 오전에는 교실에서 수업을 하고, 오후에는 주로 activity를 하는 일과를 보낸다. 한국 아이들이 많았지만, 베트남, 대만, 남미국가 나라에서 온 친구들이 있었고, 그래도 다른 나라에서 온 친구들과 영어로 대화하는 경험을 하는 것 같아서 다행이었다. 남자아이들은 축구선수 이야기와 축구를 하며 금세 친해지는 것 같았다. 아들은 축구를 좋아하고 잘하며, 그림도 제법 잘 그리고 미술대회에서 상을 받은 경험도 있다. 영어 활동지에서 단어 맞추는 속도가 조금 늦어도, 코알라를 그리거나 활동지의 그림 영역에서 선생님과 동료들의 인정을 받았다. 인형처럼 예쁜 영어 선생님은 아이를 더 신나게 만든 것 같다. 그렇게 두 아이 모두 어학원에서 5일을 유익하게 보내고 금요일을 맞이한다.

1학년 여자아이, 4학년 1학년 자매, 5학년 2학년 남매(우리집) 세 가족

이 함께 시드니대학을 가보기로 했다. 학원을 마치고, 간식을 먹은 후, 하이드 파크 쪽으로 이동해서 버스를 타고, 시드니대학으로 출발!! 아이들은 방과 후에 함께 무언가를 한다는 것이 너무 신이 난 건지~ 본인들도 일주일 긴장하고 잘 보낸 것이 좋은지, 애들도 신나고, 엄마도 신나고! 시드니대학으로 이동! 하이드 파크 앞에서 버스를 타고 15분 정도 갔고, 정류장에 내려서 5분쯤 걸었을까, 시드니대학이 보인다.

　날씨가 너무 맑았다! 쨍하게 파란 하늘만큼, 햇볕이 강렬하게 내리쬔다! 시드니대학의 본관 건물에서 '우리 시드니대학 왔다!!' 하며 인증샷을 남긴다. 고풍스러운 시드니대학 건물 본관은 인증샷의 장소였다. 시드니대학의 기프트샵을 가보고 싶었으나, 우리가 너무 늦게 와

서, 이미 문을 닫았다. 어쩔 수 없이 아쉬운 마음을 갖고 돌아섰다. 어느 도시를 여행 가면, 꼭 그 도시의 대학을 가보고 싶어진다. 대학에 오면, 도서관과 강의실에도 가보고 싶어진다. 아이들과 함께 기프트샵은 못 갔지만, 우연히 어느 건물 안으로 들어가서 강의실과 교수 연구실 복도를 슬쩍 살필 수 있었다. 대학을 와보고 싶은 마음, 기프트샵을 가보고 싶은 마음은 무엇일까? 아마도 꿈에 대한 구체화, 그리고 그것을 이뤄낼 수 있는 단계를 만들고 싶은 마음이 아닐까 싶다.-자기관리 역량 항상 이상을 추구하게 되고, 현실의 틀에 갇히지 않고 꿈을 그리며, 마침내 그 꿈을 이루어낼 수 있기를 바라는 간절한 마음이 아닐까 싶다. '꿈이 있는 아내는 늙지 않는다'라는 어느 책 제목처럼, 꿈이 있으면 사람은 설레며 살 수 있으니깐, 우리 아이들의 꿈이 무엇인지 지금 당장은 몰라도, 그 꿈을 가슴에 품고 살기를 바라는 마음에 엄마들이 굳이 시드니대학까지 오지 않았을까 싶다. 그리고 아이뿐 아니라, 엄마들 또한 꿈의 씨앗을 찾고 싶었을 것으로 생각한다.-정신적 건강

시드니대학 근처를 걸어서 rebel이라는 스포츠용품 마켓, k mart로 생활용품 및 의류를 파는 곳을 구경했다. 버스를 타고 갈까 하다가, 날씨도 좋고… 구글 map으로 보니, 20분 정도만 걸으면 되는 상황이라, 걷기를 선택했다. 삼삼오오 모여서 걷는다. 아이들은 배고프다고 야단이다. 고기를 먹고 싶다고 한다. 걷다 보니, 어느새 차이나타운 근처, 우리가 가려고 생각한 한국 삼겹살집에 도착했다. 금요일 저녁이라 사람이 너무 많고, 예약을 하지 않은 우리는 1시간은 대기를 해야 한다고 하는데… 아이들은 배

가 많이 고프고, 기다리기에는 시간이 너무 길다. 때마침 삼겹살집보다 가볍게 먹을 수 있는 식당을 발견하고, 우리 팀의 인원수 8명이 들어갈 수 있는지를 물었다. 가능하다고 한다! 나이스!! 우리가 들어온 이후로 규동집에도 사람들이 몰려왔고, 나의 빠른 판단과 움직임이 8명의 자리를 마련했다고 스스로를 칭찬한다.-자기관리 역량 일본 규동집에서 아이들은 각자 원하는 메뉴를 고르고, 엄마들은 맥주를 한 병씩 마신다. 삼겹살집보다 단가가 저렴한 것도 좋고, 뜨거운 불이 아이들 곁에 있지 않은 것도 편했다.

아이들과 금요일 저녁 삼겹살을 안 먹어서 다행이라는 생각이 스쳐 지나간다. 삼겹살의 단가가 생각보다 비쌌고, 아이들이 얼마나 먹을지 모르는데 말이다. 마트에서 고기 싸게 파는데, 삼겹살은 한국 가서 먹어라. 호주에서는 소고기, 양고기 먹고! 이런 생각이 스치는 내가 한편으로는 짠하고, 한편으로는 이런 생각하는 것이 당연하기도 하지 싶었다.-정신적 건강

사실 오늘 오전에 구매한 크로스백에 대한 지출이 이런 생각을 더 강하게 했다. 아이들과 함께할 때, 항상 내 몸에는 크로스백이 둘러져있다. 유모차를 밀고 다닐 때부터 귀중품을 담은 크로스백은 열일 중이다. 호주에서도 크로스백을 항상 메고 다닌다. 그렇게 2주를 다녔더니… 그리고 한국에서보다 조금 더 무겁게 들고 다녔다. 크로스 가

방의 금속 버클이 쇄골에 자꾸 닿아서 뾰루지가 생겼다. 너무 아파서 휴지를 말아 쇄골 밑에 넣어봐도 고정되지 않는다. 이대로 다니다가는 어깨와 쇄골이 나갈 거 같다. 티셔츠를 안 사고 아낀 금액을 크로스백에 투자해야 한다. 가볍되, 어깨 쇄골에 무리가 안 가고 끈은 천으로 된 것이어야 하고, 그리고 또! 호주에서만 사용하고 끝나는 것이 아니라, 한국 가서 사용해도 괜찮을 스타일로 고르고 골라서 10만 원짜리를 샀다. 가볍고 가벼웠다. 그리고 나를 위해 무언가를 산 느낌이 그리 행복할 수 없다. 10만 원짜리 호주에서 산 크로스백, 물건을 구매하고, 갖는다는 것이 의미하는 바가 무엇일까? 소유욕에 대해서 생각하게 된다. 그리고 사실 이 가방을 눈여겨본 것은 3~4일 전부터이다. 3일 전까지만 해도 굳이 내가 10만 원을 들여서 새로 가방을 살 이유가 없었는데 말이다.

한국에 있는 남편은 계속 돈을 아끼라는데, 그 누가 말하지 않아도, 머릿속 계산기가 자동으로 돌아가고 있었다. 지출마다 필수 지출인지, 기회비용이 얼마일지… 양팔 저울 위로 구매했을 때 장점, 단점… 구매하지 않았을 때의 장단점이 자동 로딩이 된다. 10만 원을 더 지출했기에 저녁을 삼겹살보다 저렴한 규동으로 먹은 것이 너무 감사했다. 그리고 규동이 엄청 맛있었다. -자기관리 역량

저녁 식사 후에 아이들은 어학원에서 오후 액티비티하는 공간인 달링하버의 play ground에서 아이들은 신나게 놀았다. 붉게 물드는 저녁노을 아래, 아이들은 고삐 풀린 망아지처럼 자유롭게 뛰어다닌다. 자유롭게 뛰어노는 아이들을 보고 있는 것 자체가 큰 힐링이었다. 호주에서의 2막 1장,

어학원 시작한 첫 주의 적응은 'very good'이라는 평점을 준다. 어학원에서의 수업 시간도 즐겁게 보내고 있고, 어학원 친구들과 시드니대학도 다녀오고! 붉게 물든 저녁노을을 보며, 플레이그라운드에서 마음껏 놀고!!!

적용하기

본문에서 제시된 사례를 보고 떠오른 과거에 이미 했던 경험, 앞으로 해주고 싶은 경험이 있다면 해당 사항에 표시하고, 적어 보아요.

신체적 건강	
정신적 건강	
사회적 건강	

자기관리 역량	
지식정보처리 역량	
창의적 사고 역량	
심미적 감성 역량	
협력적 의사소통 역량	
공동체 역량	

16일

산에 사는 꽃게

St. lvs친구네집

벌써 4~5년 전 한국에서의 일이다. 우리가 사는 아파트 1층에 못 보던 아이 엄마가 보인다. 한국 사람인데, 한국에서 자란 것 같지 않은, 딱 봐도 교포 느낌이 들었다. 우리집 둘째 아이(4~5세)랑 나이가 비슷해 보이는 큰아이, 그리고 유모차에 탄 12개월이 안 되어 보이는 여자아이를 키우는 같은 동 1층에 이사 온 엄마가 있었다. 8층에 사는 우리는 주로 1층 복도에서 오고 가며 많이 마주쳤다. 마주치니 인사를 했을 뿐인데, 그 엄마 입장에서는 인사해 주는 한국 사람이 많지 않았고, 반갑게 인사해 주는 내가 매우 고마웠다고 한다.─사회적 건강 호주에 사는데, 한국에 잠시 2년 정도 나온 것이라고 들었다. 그렇게 1년 남짓 같은 동에서 살다가 우리가 근처 다른 아파트로 이사하게 되고, 친구네도 1년 후쯤 호주로 들어갔다.

그렇게 한국에서 인연을 맺은 시드니에 사는 둘째 아이 친구네 집에 초대받은 토요일이다. 사실은 호주로 여행지를 정한 이유 중의 하나는 호주에 사는 그 친구를 만나고 싶었기 때문이기도 하다. 주된 이유는 아니지만, 부차적인 이유 중의 하나였다. 그 친구를 보고 싶기도 했고, 아이가 혹시 아프거나 비상 상황이 생겼을 때 도움을 청할 수 있는 현지의 지인으로 의미가 충분했다. 한참 육아로 서로 힘든 시기를 보내고 있을 그때, 그저 같은 동에 살고, 같은 나이 또래의 아이를 키우는 것만으로 서로 의지가 많이 됐다. 당시 바빴던 우리 남편 대신, 친구네 아빠가 우리집 아이들까지 함께 학교 운동장에서 데리고 놀아준 적도 종종 있었다. 1층 친구네 집에 놀러 가기도 하고, 오고 가며 놀이터에서 마주치며 자연스럽게 친해졌다. 공동체 역량 우리가 한국에서 지낸 정도를 생각하면, 내가 호주에서 응급상황이 벌어졌을 때 충분히 도와줄 수 있는 믿음이 가는 지인이었다. 호주에 사는 학생들도 1월이 방학이고, 아이들이 방학이라 함께 시간을 보내느라 재택근무를 신청해서 하고 있다고 했다.

친구네는 시드니 북부에 위치한 St.Ivs에 거주하고 있었다. 시드니는 북쪽이 부촌이라고 들었던 가이드의 말이 스친다. 우리가 거주하는 town hall에서 St.Ivs까지는 1시간 정도 소요된다. 'Gordon 역까지 전철 타고 올 수 있겠냐?'라는 조심스러운 제안에, '충분히 갈 수 있다!'라고 대답했다. 이미 호주에서 2주라는 시간을 잘 보내고 있었기에 그 정도는 충분히 가능했다. 그런데 이거 웬일인가?! 철도 점검을 한다고… 기차 운행이 중단되어서, 버스를 이용하라는 방송이 나온다. 대체 버스를 타고 north sydney로 이동한다. 돌발 변수들이 발생할 수 있다는 생각에 조금 서둘러 나왔는데, 역시나 돌발 변수가 발생했다. 버스를 타고 하버 브리지를 건너는데, 철길을 수리하고 있었다. 토요일 오전 시간 대에 수리를 한다는 것이 관광객의 입장에서는 조금 유감스러웠지만, 그래도 '저렇게 수리를 수리를 공식적으로 한다는 것은 안전에 매우 신경을 쓴다는 것이구나,'라는 생각도 스친다. 기차를 타고 하버 브리지를 건너보고 싶다는 둘째 아이의 바람은, 철길 점검으로 인해 무산되고, 버스로 하버 브리지를 건넜다.

한달살이의 50% 정도 지났지만, 다음 주 토요일이면 브리즈번으로 이동해야 하고 그다음 주 토요일에는 시드니에서 마지막 날이라서 정신이 없을 것 같아서, 친구네 집에 가기 전에 2가지를 해보고 가자라고 아이들과 생각했다. QVB 건물 구경하기, 그리고 LUNA PARK 구경하기이다.-자기관리 역량 QVB에서는 고급스러운 화장실 사용해 본 것, LUNA PARK에서

는 생각보다 시설이 좋지는 않다는 것을 무더운 날씨 속에서 경험했다. 날씨가 너무 더웠다!! 한국에 있는 놀이동산이 너무 크고 시설이 좋아 그런지, 놀이기구의 종류와 상태에는 다소 실망했고, 날씨도 너무 더워서 그저 에어컨 나오는 곳으로 빠른 이동을 하고 싶어 했다. 그래도 '루나 파크 와봤다!!' 는 하고 Gordon 역으로 향했다.

North sydney에서 한 번도 가보지 않은 Gordon 역에 가보는 것이 조금의 긴장감을 주었다. 약속 시간에 늦지 않아야 하기도 했고, 정확한 만남의 장소에 우리가 도착할 수 있을지 말이다. 잘 도착해서, 친구네가 오기를 기다렸다! 육교식으로 된 개찰구에 친구네 가족 4명의 모습이 보인다. 안도감이 파도처럼 밀려온다. 오후 2시쯤 만났다. "아, 됐다!" 오늘 미션 완료! 그저 친구네 가족을 만난 것으로 이후의 시간에 대해서는 걱정하지 않아도 되는, 편안함이 너무 감사했다.-정서적 건강 엄마 혼자 아이 둘을 데리고 여행하는 것은 아이들의 안전에 대한 홀연한 책임이 있는데, 오늘 오후에는 잠시 그 짐을 내려두어도 된다는 것이 감사했다. 친구네 가족 4명에 우리 3명이 다 탈 수가 없어서, 여동생과 아빠가 Gordon 시내를 구경하고 집으로 버스 타고 온다고 한다. (감사했습니다^^)-공동체 역량

몇 년 만에 만난 사이지만, 그저 어제 같은 동 아파트 1층에서 만난 듯했다. 친구 엄마는 우리를 ku-ring-gai Chase National Park 국립공원으로 안내했다. 바다로 보일 만큼 넓은 호수와 호수를 둘러싼 울창한 산이 보인다. 호수에 있는 물고기들에게 먹이 주기 체험을 한다. 관광안내소에서 물고기에게 주는 먹이를 2달러에 팔았다. 먹이를 먹으려고 몰려드는 물고기들을 신기해하며, 한 번으로는 부족해서 2번이나 먹이를 줬다. 물고기에게 먹이를 주는 체험을 수족관에서 해봤거나 동네 개천에서 과자 부스러기를 준 적은 있지만, 이렇게 호수에서 떼로 몰려드는 물고기들에게 먹이를 줘본 적은 없었던 것 같다. 아이들 셋은 초집중해서 먹이를 주고 나더니, 이번에는 게를 잡으러 가자고 한다! 산인데, 게?? 개? 꽃게? 있다고?

"산인데 어떻게 게가 있어?"라고 아들이 친구에게 물었다. "산이지만 게가 있어. 여기에는." 아들 친구가 자연스럽게 대답했다.─협력적 의사소통 역량 산이지만, 바닷물이 밀려 들어오면서, 산의 계곡에 뻘이 형성되고, 그 뻘 사이에 정말 게가 있었다. 도구를 가져온 것이 없는데도, 맨손으로 게를 얼마나 잘 잡던지, 자연 속에서 커야 하는 아이들을 도심 속에 가둔 것 같은 생각이 스친다. 시간이 훌쩍 지나갔다. 산에서 게를 잡는 경험은 상상도 못 했는데 말이다.─신체적 건강 바닷가 근처에 있는 국립공원에서 너무나 이색적인 경험을 하고 이렇게 저렇게 놀다 보니 어느새 오후 5시이다.─심미적 감성 역량

아이들은 축구할 수 있는 곳에 한 번 더 가보고 난 후에 집으로 가자고 한다. 친구도 우리집 아이도 운동을 좋아하고 잘해서 근처 축구장을 찾아 갔다. 때마침 축구 대회가 있어서, 호주 유소년 축구의 열기를 느낄 수 있었다. 한국 유소년 축구 열풍 못지않게 호주에서도 축구가 열풍이라고 한다. 7~8개의 구장에서 경기가 이뤄지고 있었으며, 많은 학부모들이 관람 및 응원을 하고 있었다. 2023년 호주 뉴질랜드 여자 월드컵 덕분인지 서점에도 축구 관련 책자들이 꽤 많았다. 아들 친구 엄마의 말에 따르면 미식축구보다 좀 더 안전한 부분이 있어서 호주 유소년들도 최근에 축구를 많이 한다고 한다. 아들과 아들 친구는 호주의 천연 잔디 구장 경기가 열

2024년 1월 13일 (토)
오후 5:40

리지 않는 코트의 구석에서 한 30여 분 볼을 찼나 보다.

이제는 저녁 식사를 위해서 친구네 집으로 가야만 하는 시간이었다. 친구네가 사는 집까지는 자동차로 5분 내외로 금세 도착했다. 아파트가 아니라 한국의 고급 빌라촌 같은 곳이었다. 차고(garage)가 있고 현관이 있으며, 정원(garden)이 있고, 그곳에 방방이와 그네 등이 설치되어 있다. 우리집 아이들에게 이런 구조의 집은 생전 처음이었다.

"우와!!! 우와!!"를 외치며, 집 여기저기를 살피는 아이들을 보니, 애들이 원하는 집이 이런 집이었구나 싶다. ─심미적 감성 역량 아파트가 아닌 마당이 있고 2층집에서 머물고 싶다고 했는데, 엄마가 그것을 감당하기에는 두려웠다. 아이들과 함께 있을 때 혹시나 생길 여러 가지 상황들을 커버해 줄 호텔 직원이 있는 곳이 마음이 편했기에 하우스가 아닌 호텔을 선택했고, 어학원까지 오고가는 교통수단도 시간과 비용을 고려해야했다. 친구네 집이 아이들이 바라던 그런 집이었던 모양이다. 다행이다. 친구네 집이 아파트가 아닌, 아이들이 원하던 스타일의 집이라서 너무 감사했다. 산에서 꽃게를 잡을 때도 엄청 행복해 보였고, 축구를 할 때도 엄청 행복해 보이더니만… 친구네 집에 와서도 너무나 행복해 보인다. -정서적 건강

　친구 아빠는 가든에서 BBQ 구이 기계를 이용하여 양고기를 구워주셨고, 친구 엄마는 주방에서 토마토 홍합 스튜를 끓이셨다. 우리집 아들이 양고기 BBQ를 먹고 싶어 했는데, 딱 양고기를 준비해 주셔서 너무나 감사했다. 나 역시도 살아생전 양고기 BBQ를 처음 먹어보았다. 돼지고기, 소고기보다 훨씬 맛있었다. 겉바속촉으로, 살살 녹는 듯이 맛있었다. 친구 아빠의 고기 굽는 솜씨가 유명 셰프 정도 되는 것 같았다. 타지도 않고, 적절하게 고기가 너무 잘 익어서 정말 맛있었다. 친구 엄마가 만들어주신 홍

합 스튜, 망고 샐러드, 라현 엄마의 친정어머님이 담아주셨다는 한국 김치도 꿀맛이었다. 내가 차리지 않고, 먹는 밥 그 자체로도 행복인데, 심지어 맛이 죽여줬다. 마치 보약을 챙겨 먹은 듯이, 라현이네서의 저녁 한 끼는 너무 든든했다. 침이 꼴깍 넘어가던 맛있고 영양가 있는 식사 덕분에 호주에서의 남은 일정을 잘 보낼 수 있을 것 같았다.

뭔가 영화 속의 한 장면으로 들어온 거 같은 느낌이다. 친구네 집에 방문 예정이니 빈손으로 올 수는 없어서 글라스데코를 한국에서부터 가져오긴 했는데 너무 약소하게 느껴졌다. 가든에서 먹는 저녁 한 끼가 호텔 방에서 한국 햇반, 라면을 먹던 일상과는 달리 소중한 추억이 되었다. 저녁을 먹고 나서 차고(garage)에서 탁구도 하고, 정원에서 배드민턴도 하고… 시간을 보내다 보니 어느새 해가 뉘엿뉘엿 지고 금세 밤이 된다.

4~5년 전 한국의 아파트에서 아이들이 유치원에 다닐 적에는 5년 후에 우리가 이렇게 호주 시드니에서 만나게 될 것을 상상조차 하지 않았다. 스치는 작은 인연을 소중히 여기고 진심으로 지낸 덕분에, 4~5년 만에 호주 시드니에 와서 반나절의 시간을 같이 보내는데도 어색함이 없이 보낼 수 있는 인연에 감사한 마음이 가득 든다.-사회적 건강 인연의 소중함, 인생이 어떻게 펼쳐질지 알 수 없음에 대한 두려움과 함께 기대가 스며든다.

헤어짐이 아쉬워서 자꾸 뭔가를 더 하게 된다. 과일을 먹고, 단체 사진도 찍어본다. 이제는 진짜 집으로 돌아가야 하는 시간이다. 8시 40분이 되어서야 간신히 친구집에서 나왔다. 전철역에 내려주셔도 충분한데, 늦은 시간이라고 시드니 시티 내 호텔까지 1시간가량의 거리를 차로 데려다주셔서 너무 감사했다.

　숙소에 도착해서 씻고 자려고 누웠다. "엄마, 라현이네 한국 오면 우리 집에서 맛있는 밥도 주고 과일도 주고 해야겠다. 너무나 고맙게 오늘 보낸 거 같아."라는 아이들의 말로 마침표를 찍는다. "라현아, 한국에 오면, 꼭 우리집에서 맛있는 밥해줄게! 또 만나자!"―공동체 역량

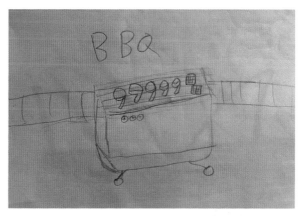

본문에서 제시된 사례를 보고 떠오른 과거에 이미 했던 경험, 앞으로 해주고 싶은 경험이 있다면
해당 사항에 표시하고, 적어 보아요.

신체적 건강	
정신적 건강	
사회적 건강	

자기관리 역량	
지식정보처리 역량	
창의적 사고 역량	
심미적 감성 역량	
협력적 의사소통 역량	
공동체 역량	

================= 17일 =================

기차 타고 시드니 교외로!

kiama 바닷물 분수

시드니에서 보내는 마지막 일요일이다. 호주 일정은 이제 꼭 반을 지나왔지만, 다음 주 일요일에는 브리즈번에 있을 거고, 그다음 주 일요일에는 한국으로 출국한다. 시드니에서 보내는 마지막 일요일, 무엇을 할까? 그냥 시드니 도심에서 편히 쉬는 게 나을까? 쉬는 건 한국 가서 쉬고, 어학원에 다니는 평일 오후에는 하기 힘들고, 시드니에서 꼭 해보고 싶은 것이 무엇이 있을까? 두 번 다시 오지 않을 기회이며 따라서 무엇을 하는 것이 후회가 덜 될지 생각했다.

호주 여행 책자도 찾아보고, 검색도 해보고 나서 결정한 것은 시드니에서 남쪽으로 기차 타고 3시간 정도 가는 '키아마' 해안마을을 가보는 것이다. 어제 친구네 집을 갈 때처럼 철도 점검으로 우리가 가는 길이 계획과 달라질 수 있을 수도 있다는 위험부담을 감내하더라도 해보고 싶었다. '하지 않으면 훗날 후회할 것 같은 일은 일단 하고 보자'라는 마음으로 호주에 온 듯, 용기를 내어보기로 했다.-정신적 건강 시드니 도심에서 south coast line을 타고 내려가면 되고, 시드니 도심이 아닌 외곽으로 나가며 차창 밖으로 보이게 될 풍경이 궁금하다. 그리고 시드니의 교통카드인 오팔카드는 주말에 최대 금액 이상으로 결제되지 않으므로 주말에 가는 것이 경제적이다. 오팔카드는 시드니에서 사용하는 교통카드인데 주중에는 17.8 달러, 주말에는 8.9 달러 이상 차감되지 않으며, 일주일에 총교통비를 최대 50달러로 상한선을 정하고 있다. 아이들과 시드니 교외로 나가는 것이 다소 긴장되지만 8.9달러 저렴한 비용으로 교외를 나갔다 올 수 있는 기회이다. (교외를 갈 때, 주말 최대 교통카드 금액의 상한 제한이 있는 것을 기억하고, 활용하면 절약할 수 있다.) 뭐 혹시라도 무슨 일이 생기면, '시드니에 있는 든든한 지인도 있는데!!'라며 해보기로 한다. '서울에서 대전 다녀오는 것과 무엇이 다르겠니? 안 가본 곳이어서 떨릴 뿐이야.'라고 되뇌며 움직였다.

여행 책자에 나온 사진을 아이들에게 보여준다.

"커다란 바위틈에서 솟아오르는 바다 물줄기, 블로우 홀(Blow hole) 어때? 보고 싶어?"

"어, 보고 싶어!"

숙소에서 오전 7시 50분쯤 나서서 월드스퀘어의 콜스 마켓에서 각자 먹고 싶은 것을 사서, 타운홀에서 기차를 타고 간다. 빨리 다녀와서 쉬는 편이 늦게 출발하는 것보다 마음의 부담이 덜 되니깐, 서둘러 일정을 시작한다.─자기관리역량 다행히 어제와 달리 철도길 공사는 없었다. 그것만으로도 한결 마음이 가벼웠다. south coast line으로 갈아타는 central 역을 가니 울런공, 키아마 등 시드니 남부로 여행을 가는 관광객들이 제법 보인다. '그래, 가보자! 사람들 많이 가네!'라며 스스로에게 용기를 북돋는다.

아이들과 기차를 타고 시드니 교외로 나간다. 아들은 핸드폰에 오페라 하우스를 그리기 시작한다. 아이들이 호주에서 보고 듣고 느끼는 것들이 그림 또는 말과 글로 표현될 때, 이 시간의 의미를 부여하게 된다. '호주 한 달살이의 의미를 잘 느끼고 있구나' 생각한다.─심미적 감성 역량 울런공을 지나서, 키아마 역에 정확히 11시에 도착했다.

아이들을 역 근처 벤치에 앉혀두고, 키아마 상점 거리를 한바퀴 돌아본다. 바닷가에서 먹을 점심거리가 뭐가 있을지 살펴보고, 피시앤칩스 하나와 커피 한 잔을 사 들고 돌아왔다. 아이들과 함께 blow hole을 찾아 나선다. 날씨가 흐리고, 바람이 엄청나게 불었다. 엄청난 바람에 'blow hole은 잘 보이겠구나'라는 생각을 하며, 바람을 피해 공원에 앉아 피시앤칩스를 먹기 시작한다. 호주에서 먹는 피시앤칩스는 뭔지 모르게 엄청 맛있다. 케

첩이 없이 먹는 감자칩도 은근히 짭조름하니 맛있고, 생선튀김 역시도 뭔가 싱싱한 맛이 있다. 피시앤칩스와 집에서 싸 온 머핀으로 허기를 달래고, 블루홀을 향해 걸어간다.

블루홀 주변으로 다국적의 관광객들이 눈에 띈다. 중국, 인도, 한국 등 다양한 관광객들의 인파들이 뭔가 모를 안도감을 준다. 와볼 만한 가치가 있다고 생각하게 되기도 하고, 이곳이 안전하다는 생각도 든다. 아이들과 함께 한 번도 와보지 않은 곳에 온다는 것 자체가 큰 도전이었다. kiama blowhole이라는 표지판 앞에서 인증샷을 찍는다. 아이들은 시키지 않았는데도 점프샷을 한다!! 아이들도 사실 나와 같이 긴장하고 있다가 '해냈다' 라는 성취감을 느끼는 것 같다. -정신적 건강

blowhole에서의 인증샷을 찍고, 바람이 불던 날씨에 비가 몰려올 것 같은 하늘을 확인한다. 다음 주도 준비해야 하고, 1시에 다시 시드니로 돌아가는

기차에 올라탄다. 기차를 타고 시드니로 돌아오는 길에 바라보이는 풍경들은 '뭔가를 해냈다'라는 자신감이 배경이 되어 더욱 아름답게 빛난다. 기차 차창 밖으로 뿌려지는 빗방울도 잘했다고 칭찬해 주는 것 같다. 차창에 부딪히는 빗소리가 "잘했어! 잘했어!" 하는 느낌이다.-심미적 감성 역량 3시간을 기차 타고 달려서, 시드니에 오후 4시 도착했다. 미션 클리어!!! 시드니에 도착하니, 친정집에 온 듯이 마음이 편안해진다.

아들은 호주에 오기 전부터 오페라하우스와 하버 브리지 등 랜드마크에 대해서 찾아보고 그림을 그리더니만, 기차 안에서도 핸드폰으로 오페라하우스를 그린다.-심미적 감성 역량 오페라하우스가 4개의 건물로 이루어져 있다는 구조와 14년에 걸쳐 만들어진 역사 등도 조곤조곤 내게 설명해 준다. 숙소로 가기 전에 기념품샵에서 봤던 나노 블록-오페라하우스-을 한 번 구경하고 싶다고 한다. 기념품샵에서 파는 나노 블록, 오페라하우스의 종류와 가격을 조사한다. 6~7만 원에 해당하는 금액을 투자해도 되는지 가치판단을 하게 지켜본다. 일단 사지 않고 구경만 하고, 조사만 한다. 그리고 레고 가게에도 가보고 싶다고 한다. 레고 가게에 가서, 오페라하우스 블록을 보고 판단하고 싶은 모양이다.-지식정보처리 역량 어제 방문했던 친구네 집에 레고로 만들어진 오페라하우스가 있었는데, 그것이 너무 멋있어 보였던 것이다.

"이모, 이거 언제 샀어요? 얼마예요? 어디서 샀어요?"라고 끊임없이 질문한 아들의 어제 모습이 스친다. 10년 전 아내가 부인에게 사준 레고인데, 그 당시에도 20만 원가량 했다고 들었다. 아들은 어제 친구네 집에서

본 레고 오페라하우스 블록을 사고 싶은 것이다.

레고 스토어의 진열대를 아무리 찾아봐도 본인이 사고 싶은 오페라하우스 블록은 없어 보였지만, 사진을 찍을 수 있게 꾸며둔 오페라하우스는 있었다. 아쉬운 대로 사진을 찍어본다. 세계 유명 랜드마크 건물들의 레고 블록이 있는데, 우리나라에서 본 레고 스토어의 수준과는 차이가 있었다. 유명 백화점의 레고 스토어 또는 아웃렛 매장의 레고를 가도, 건축물을 만들어둔 경우는 보질 못했던 것으로 기억한다. 시드니의 레고매장은 3개 층을 사용하며 층마다 레고로 건축물을 웅장하게 만들어두었다. 레고를 사지 않았지만, 레고 스토어에서 본 레고로 만들어진 세계 유명 랜드마크들이 어느 미술관의 작품만큼이나 인상적이었다. 스토어에 꾸며진 대형 오페라하우스와 하버 브리지 레고도 정말 거대했다.

아무리 둘러봐도 오페라하우스 레고 블록이 안 보이는데, 오페라하우스 레고가 있는지를 직원에게 물어보란다. 아들의 간절한 눈빛이 너무 간절했다. 물어보자!

"Do you have opera house lego?"

"We don't have it these days. Maybe it's seasonal product."

이쨌든 현재 오페라하우스 레고는 "없다"라는 답변을 받았다. 그 답변 덕분에, 우리는 단념하고, 숙소로 갈 수 있었다. 아들 녀석은 집념과 끈기가 강해서, 그 답변을 받지 않으면 끝내 포기하지 않는 성향이라는 것을 잘 안다. 그래서 얼른 묻고, 얼른 끝내고 싶었다. 숙소에 가고 싶었다.

숙소로 돌아와서 1시간가량 아이들과 잠시 휴식을 취했다. 바람이 불던 키아마를 떠나서 보슬비가 내리는 시드니로 들어오고, 시드니 도심의 숙소로 들어오고 나니, 뭔가 편안하고 아늑했다. 오늘 할 일을 해냈고, 오늘 저녁을 맛있게 먹어도 될 것 같은 흐뭇함이 밀려온다.

아이들은 남겨두고 시장바구니(천으로 된 가방)를 들고, 차이나타운 쪽에 iga mart로 간다. 왠지 한국 음식들이 더욱 그리운 날이다. 호주 마트의 소고기 대신에 동양마트의 돼지목살이 생각나는 날… ㅎㅎㅎ iga 마트에서 한국 밑반찬도 사고, 도시락으로 준비할 한국 김밥 재료도 산다. iga 마트에 없는 것이 없을 정도로 한국 냉동식품, 과자, 라면 등 그냥 한국 같았다. 이곳이 있는 줄 알았다면, 한국에서 무겁게 들고 오지 않았을 것 같다는 생각이 들 정도로 충분한 식재료가 있다.

비가 추적거리는 날, 돼지고기 기름에 구워 먹는 김치는 꿀맛이다. 목살과 볶은 김치, 햇반으로 저녁 한 끼 맛있게 먹는다. 하루에 한 끼는 그래도 식사답게 먹어야 병이 나지 않을 것 같은 생각이 든다. 그래서 하루에 한 끼는 제대로 챙겨 먹으려고 노력한다. 나도 애들도 밥의 힘으로!! 오늘 저녁은 더더욱 꿀맛이다!!-신체적 건강

저녁을 먹고 나서는 어학원에서 일주일 동안 가르쳐주시고, 앞으로 일주일을 더 배우게 될 선생님들을 위한 작은 선물을 준비한다. 한국에서 비누 만들기 재료를 가져왔고, 전자레인지에 고체 비누를 녹여 손쉽게 만들 수 있다. 누군가에게 감사하는 마음을 표현하는 경험을 해주고 싶었다. 그 누군가가 본인을 가르쳐주는 외국인 선생님이라도 한국인 선생님에게 하듯이 표현할 수 있는 사람다운 사람이기를 바랐다.-협력적 소통 역량 아이들과 30분가량 즐겁게 수제 비누를 만들었다.

한국에서 매주 1회씩 하던 사고력 수학 스터디 그룹이 있다. 큰아이와 작은아이 친구들과 하는데, 양쪽 집 아이가 학년이 같아서 두 가족, 4명의 아이가 사고력 수학 문제집을 매주 1번 만나서 풀게 된 지 어언 4년째이다. 처음에는 큰아이들이 2학년에 시작했다가, 작은아이들이 1학년이 되던 해부터는 4명이 같이 하고 있다. 4주를 쉬어버리면, 다시 동력이 걸리기가 쉽지 않을 것 같아서 zoom으로 수업을 하기로 했다. 첫 시작이 코로나 상황에서 zoom으로 시작했던 수업이라 zoom에 익숙해지긴 했다. 매주 오프라인에서 만나서 하는 수업만큼 효과적이지 않다고 해도, 온라인상에서 만나서 수업을 했다. 호주에 있는 아이들, 한국에 있는 아이들이 zoom으로 전 세계 어디

에서라도 이렇게 만날 수 있다는 경험 또한 놓칠 수 없었기 때문이다. 수학 문제를 몇 개 못 풀었다고 할지라도, 무언가를 꾸준히 하는 것, 전 세계 어디에 있어도 zoom으로 만날 수 있다는 것, 그 2가지를 몸과 마음으로 익히게 해주고 싶었다.-자기관리 역량

둘째 아이는 해가 지고, 밤이 되면 기운이 없어지는 아이인데, zoom을 하다가 자버린다. 그래, 키아마 블로우 홀도 보고, 레고 스토어도 가고, 사고력 수학 스터디도 하고!! 많은 것을 보고 느끼고 경험했다. 숙면을 취하기에 충분한 자격이 있다. Good night!

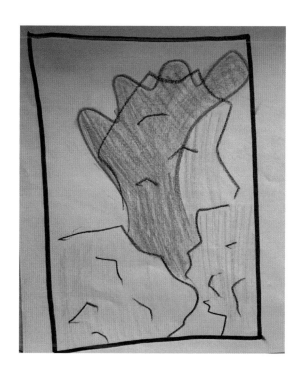

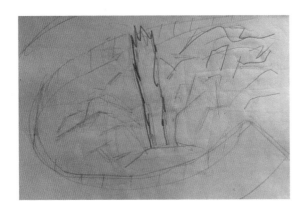

본문에서 제시된 사례를 보고 떠오른 과거에 이미 했던 경험, 앞으로 해주고 싶은 경험이 있다면
해당 사항에 표시하고, 적어 보아요.

신체적 건강	
정신적 건강	
사회적 건강	

자기관리 역량	
지식정보처리 역량	
창의적 사고 역량	
심미적 감성 역량	
협력적 의사소통 역량	
공동체 역량	

오페라하우스에서 오페라 보기

오페라하우스에서 본 오페라

어학원 2주 차의 시작이다. 지난주 월요일을 생각하면 사람들이 물밀듯이 몰려든 도떼기시장 같은 어학원의 모습이어야 하는데 다행히 이번 주에는 신입생들이 지난주에 비해서 많지 않다. 새로운 신입생들의 소란함이 아이들의 오전 시간을 조금이라도 방해할까 봐 걱정하는 마음이 들었다. 이런 내 마음이 조금 창피하기도 하지만 사실 우리 아이들의 비용과 시간이 아깝지 않게, 아이들이 최대한 누리고 즐기기를 바라는 마음이 드는 것이 당연하기도 하다. 다행스럽게도 신입생이 얼마 되지 않았고, 어학원에서 충분히 소화 가능해 보였으며, 우리 아이들은 각자의 교실에서 수업 전 자유시간을 즐기고 있었다. 어제 만들었던 비누를 선생님께 드려야 하는데 아들은 쑥스러워한다. 그리고 딸아이는 자기가 알아서 주겠다고 한다. 다른 친구들이 많을 때보다는 보는 사람이 없을 때 주고 싶은 마음도 있는 것 같아 보인다. 그래, 딸은 알아서 드린다고 하니, 알아서 잘 드릴 수 있을 것 같다.

아들에게는 징검다리를 놔주고 가야겠다. 아들이 선생님께 비누를 드릴 수 있도록, 내가 먼저 말한다. "It's for It's for you. Sunyul made made it yesterday. it's handmade." '유창한 영어는 아니지만, 그래도 영어 선생님이 알아서 들으시겠지'라고 생각하며, 의미를 전한다. 선생님은 정말 만든 거냐고 하고 기분 좋게 받으셨고, "Could you please take a picture with him?"이라고 한마디 더 하고, 사진까지 찍은 한국의 진상 엄마이다. 아들과 영어 선생님의 사진까지 찍고는 미션을 완료한 듯, 가벼운 걸음으로 학원은 나온다.─협력적 의사소통 역량

오전에 시드니에서 호주 연방 법원의 판사로 근무하고 있는 친구를 만나기로 했다. 그녀의 사무실이 있는 건물로 걸어가 본다. 비 내리는 시드니, 어느새 한달살이의 중반부가 지나가고 있다. '다음 주 월요일에는 시드니가 아닌 브리즈번에 있을 거고, 그다음 주 월요일이면 한국에 있겠지.'라는 현실을 인지하며, 하루하루 1분 1초를 더욱 소중하게 사용하게 된다. 내리는 비는 시드니 감성을 더욱 촉촉이 적셔주어 긴장된 내 마음을 잠시나마 이완하게 하는 단비가 내리는 것 같았다.-정신적 건강

보슬보슬 비 내리는 시드니 도심을 거닐어, 친구가 근무하는 빌딩의 1층 로비에 앉는다. 한국에서와 마찬가지로, 아이를 맡길 수 있는 직장어린이집 같은 곳이 1층에 있었다. 출근하는 엄마가 바쁜 걸음으로 아이를 어린이집에 맡기고, 사무실로 올라가는 모습을 지켜본다. 아이를 키우랴, 일을 하랴… 호주나 한국이나 마찬가지구나. 어린이집으로 아이들을 보내던 그 시절이 스친다.

아이가 아픈데도, 약을 먹여서 일단 어린이집을 보내야, 내 하루가 살아지는 그때의 기억들이 영화처럼 스쳐 간다. 아이들이 꽤 많이 컸다. 호주에 아빠 없이 데리고 있을 수 있고, 6시간 영어학원에 가 있을 수 있고, 내게 주어지는 혼자만의 시간이 감사해진다. 지금보다 아이들이 더 크면 여행 자체를 따라오지 않을 수도 있다는 생각이 들기도 한다. 어쨌거나 그래서 지금, 여기를 한껏 즐겨야겠다.-자기관리 역량

친구는 호주 법원의 이민국에서 이민 여부에 대해 판결하는 판사이다. 17년 전 보건교사로서 1년 근무를 하고, 미국 유학을 꿈꾸며 미국 한 달

여행을 떠난다. 그렇게 떠난 30일 미국 여행의 마지막 날, 샌프란시스코에서 만난 인연이다. 샌프란시스코 호스텔에서 하룻밤을 더 묵으면 한국으로 돌아가야 하는 날 아침, 같은 방에 배정된 혼자 여행 온 동양 여자였다. 영어로 "Hello." 하고 인사말을 했을 뿐인데, 그 친구는 바로 "혹시, 한국 사람이에요?"라고 한국말로 내 인사에 답변했다. 내 영어가 엄청 한국스러운 발음이었나보다 싶었다. 친구의 말에 따르면, 딱, 한마디만 들어도 '한국 사람이 영어 하는구나'를 알 수 있다고 했다.

혼자 여행을 온 한국의 이십대 여자, 청춘들은 샌프란시스코에서의 하루를 같이 보내며, 깊은 정이 들었고, 이후로 3~4년에 한 번은 한국, 호주를 오가며 만났다. 호주에 사는 친구가 한국에 올 때마다 만나서 2~3번 한국에서 만났던 거 같고, 작년 1월에도 친구가 한국에 왔고 우리집에 초대했다. 내가 호주로 여행 간 것은 14년 전쯤, 미국 여행 후 4년쯤 지났을 때,

동료들이랑 호주로 여행을 갔다.

2024년에는 내가 아이들, 남편과 함께 호주에 왔다. 1월 초 남편과 아이들과 함께 만나고, 둘이 만나는 것은 오늘이다. 우린 커피를 마시며 17년 전 미국 그때의 마음으로 돌아간 듯 이야기를 나누었다. 꿈 많았던 그 시절, 여전히 우리는 지금도 꿈이 가득하다만 그 사이 각자의 인생을 되짚

어보며, 지금 여기까지 닿아지는 우리 인연에 너무나도 감사했다.-사회적 건강 친구 덕분에 호주 이민국을 살짝 둘러볼 수 있었고, 최근 중국 이민자들이 많아지고 있다고 들었다. 변호사와 클라이언트로 보이는 중국계 사람들이 로비에서 친구를 보자마자 공손히 인사했고, 커피를 마시고 돌아오는 길에 판사로 보이는 호주 사람들과 안부 인사를 나누는 친구가 멋있었다. 그녀의 삶에서 한 걸음씩 나아간, 성장의 과정과 결과를 진심으로 축하하고 인정한다.-정신적 건강

친구랑 헤어지고, 혼자서 점심을 먹어보고자 한다. 비가 와서 그런지 따뜻한 국물이 먹고 싶다. 윈야드와 서큘러 키 사이에 직장인들이 식사할 수 있는 다양한 식당들이 있었고, 그중 한 곳 태국 국숫집을 간다. 나도 마치 시드니의 여느 직장인처럼 주문하고, 국수 한 그릇을 비운다. 혼자서 국수 한 그릇을 주문하고 먹는 것도 왜 이렇게 스스로에게 기특한지 모르겠다. 혼자서 하고 싶은 무언가를 해보고, 해내는 경험, 그 경험들이 쌓이고 쌓이면 단단한 자존감이 된다고 생각된다.-자기관리 역량

어학원 친구들과 저녁에는 오페라하우스의 공연을 보러 가기로 했다. 사실 오페라하우스의 공연 관람을 생각조차 못 하고 있었는데, 어학원에서 친해진 엄마들이 가격도 생각보다 안 비싸다며, 시간이 되면 같이 보자고 권했다. 오페라하우스에 관심을 보이고, 오페라하우스를 계속 그리고 블록을 찾는 아들의 모습을 보니, 오페라하우스에서 공연을 보지 않으면 후회할 것 같다는 생각이 스친다.

어학원이 끝나고 아이들을 호텔에서 잠시 쉬게 했다. 비가 부슬거리는

날씨라서 그런지 싸늘하다. 생각보다 호주의 여름은 서늘하기도 해서, 긴 팔 남방이나 겉옷이 필요하다. 반바지에 슬리퍼로 공연을 보면 예의가 아닐 거 같아서, 내가 가진 옷 중에 그래도 최소한의 예의를 갖출 수 있는 청바지와 운동화를 착용했다. 다음에는 공연 관람을 위한 이쁜 원피스를 하나 더 챙겨와야겠다는 생각도 스친다.

오페라하우스 근처에는 식당가들이 꽤 많은데, 한국인 아르바이트생도 많이 볼 수 있다. 테라스에서 식사를 하면, 갈매기가 와서 아주 자연스럽게 자기들을 위한 음식인 듯 먹기도 한다. 햄버거와 콜라 등을 시켜서 먹고 있었는데, 갈매기가 날아와서 낚아챈다. "까~악!" 아이들은 소리를 한바탕 지르고 오페라하우스 근처를 이리 뛰고 저리 뛰어다닌다.

드디어 오페라하우스 안을 들어가 본다. 조개껍질 모양의 오페라하우스 안이 제법 궁금했다. 우리가 보는 공연은 '그레이트 오페라 히트'로 오페라 아리아 인기곡들을 들을 수 있는 공연이었다. 공연장에 들어가니, 오페라하우스의 뒤쪽 테라스도 갈 수 나갈 수 있었다. 오페라하우스를 밖에서 보는 것과 오페라하우스로 들어와서 내부에서 나갈 수 있는 후면의 테라스를 보는 것은 또 다른 느낌이었다. 마치 아이를 낳기 전의 세상과 아이를 낳고 나서의 세상이 너무나 다르듯이 경험해 보고 느껴봐야 안다는 말이 무엇인지 다시 한번 느껴졌다. ─심미적 감성 역량

한국에서 아이들과 함께 어린이 뮤지컬을 한참 보러 다녔는데, 예술의 전당과 같은 곳에서 공연을 본 적은 없는 것 같다. 오페라하우스 안의 공연장에 들어와서 무대를 보고, 객석에 앉은 다른 관객들을 보고, 공연 에

티켓을 지키며 볼 수 있는 아이들의 모습이 대견했다. 무슨 노래인지 모르지만, 한두 번 들어본 거 같다는 표정을 짓기도 했고, 자막으로 나오는 영어의 뜻을 읽어내기도 했다.-심미적 감성 역량 인터미션 시간에 로비로 나갔다. 아이들은 긴장했는지, 물을 먹고 싶어 했다. 그리고 초콜릿도 먹고 싶다고 한다. 어학원 친구들과 나눠 먹으라고 초콜릿을 사주었다. 와인을 팔고 있다. 그리고 와인을 마시는 사람들이 있다. '와인 한 잔이 얼마일까?' 순간 고민했지만, 언제 내가 또 오페라하우스 공연을 보며 와인을 마실 수 있을지는 미지수였기에 30초 고민을 하다가, '에잇! 언제 또 마실 수 있겠어! 먹자!' 하며 한 잔 샀다. 와인잔을 들고, 사진을 찍는다. 이 순간을 잊고 싶지 않다. 오페라하우스 안에서 마시는 화이트 와인의 향기는 후각을 통해 온몸에 퍼지는 듯했다. 혀끝에 닿는 신선함은 가슴을 뻥 뚫어주는 듯했다.-심미적 감성 역량

　호주 여행을 결정할 때, 아이들에게 남겨줄 수 있는 것이 무엇일까, 고

민했다. 호주 여행경비로 드는 적지 않은 비용과 아이들의 경험을 양팔 저울에 올리고 저울질했다.

아이들과 나의 시간은 돈으로 살 수 없다고 생각하고 결정한 일이다. 돈에 대한 걱정을 전혀 안 하고 온 것이 아니라, 돈에 대한 걱정과 부담이 한가득인데도 불구하고, 아이들의 견문을, 경험을 넓히겠다고 생각하고 온 것이니, 그 목적에 부합하여야 한다. 매 순간 결정의 잣대는 그것이었다.-자기관리 역량 1만 5천 원 남짓한 와인 한 잔을 사는데도 이런 고민을 순간적으로 안 할 수가 없었다. 시간이 제한적이듯이 돈도 제한적이니 말이다.

인터미션의 간식을 즐기고, 2부 공연까지 무사히 잘 보고 나왔다. 9시에 끝난 공연 덕분에, 어학원 친구들 덕분에 하버 브리지 앞에서 야경을 배경으로 셋이 사진도 한 장 찍었다. 사실 아이들과 함께 하버 브리지의 야경을 보러 나오지 못했다. 저녁에는 왠지 숙소에 있어야 안전할 거 같았다. 아빠 없이 야경을 즐기러 나오기에는 부담이 있었는데, 어학원 친구들 덕분에 즐겁고 신나게 시드니의 야경을 줄겼다.

숙소 근처의 요거트 아이스크림 가게를 지나고 있었다. 아이들은 맨리 비치에서 먹었던 요거트 아이스크림이 맛있었다며, 다시 먹고 싶어 했다. 요거트 아이스크림도 먹고 싶은 만큼 담고, 토핑을 먹고 싶은 대로 올려서 무게만큼 비용을 결제하는 시스템이다. 소비자에게 선택권을 줌으로써 자기 주도적인 느낌을 주며, 그 맛으로 더 맛있게 먹는 아이스크림이다.-자기관리 역량

아이스크림과 함께 월요일 밤, 자기 주도적인 달콤함으로 마무리한다.

본문에서 제시된 사례를 보고 떠오른 과거에 이미 했던 경험, 앞으로 해주고 싶은 경험이 있다면
해당 사항에 표시하고, 적어 보아요.

신체적 건강	
정신적 건강	
사회적 건강	

자기관리 역량	
지식정보처리 역량	
창의적 사고 역량	
심미적 감성 역량	
협력적 의사소통 역량	
공동체 역량	

19일

시드니 올림픽 수영장에서
수영하기

1. 수영장 가는 길
2. 수영하기
3. 강습 및 훈련 모습

김치볶음밥으로 도시락을, 누룽지로 아침을 준비한다. 가스레인지가 바쁘게 움직인다. 한쪽에서는 프라이팬에서 김치볶음밥을 볶고, 한쪽에서는 냄비에서 누룽지가 보글보글 끓고 있다.

한국에서 싸 온 장조림과 호주 한국마트에서 산 김치, 누룽지로 따뜻한 한, 끼를 먹는다. 낮에 지난주 토요일에 만났던 라현이 엄마를 다시 한번 더 만나기로 했다. 라현이 이모가 주신 사랑과 정성에 너무나 고마워서, 아이들은 비누를 만들어서 선물해 주고 싶어 했다. 한국에 놀러 오면 꼭 우리집에 초대해서 맛있는 식사로 대접해야겠다고 스스로 우러나서 말할 만큼, 고마웠던 감정이 가득한 거 같다. ‑협력적 소통 역량

김치볶음밥에 아이들의 취향대로 완숙 달걀과 반숙 달걀을 하나씩 넣어주고, 어학원을 보낸다. 아이들의 뒷모습이 이제 제법 익숙해 보인다. 학

원을 가는 길도, 학원에서의 시간도 이제 좀 적응 모드로 들어간 거 같은데, 이번 주가 어학원의 마지막 주인 것이 아쉽기도 하다. 아이들을 보내고, 어학원 엄마 셋이 커피만 한잔하기로 했다. 이번 주가 우리 셋이 일상 속에서 자연스럽게 만나는 마지막 주이기도 하다.

내 인생에 그녀들이 나타난 것은 열흘 남짓인데, 아이들이 같은 곳에서 공부를 하니, 엄마들도 신기하게 금세 친해진다. 어떻게 해서 호주를 오게 되었는지를 공유한다.-사회적 건강 창원에서 오고 딸아이 2명(5학년, 1학년)을 키우는 엄마는 1년 전 여동생의 호주 여행과 아이들 학교의 친구들이 한달살이를 많이 가서, 큰 결심을 하고 왔다고 했다. 세종시에서 딸 1명을 데리고 온 엄마는 24개월 남짓한 아들은 친정엄마와 함께 한국에 있고, 딸이랑 단둘이 호주에 왔다고 한다. 호주에 지인들이 있어서 호주로 정하게 되었다고 한다. 서로 다른 곳에서 존재도 모르고 살아왔던 우리가, 호주에서 아이들 덕분에 인연을 맺게 되었다.

한 잔 커피 속에 그동안의 인생 이야기가 살포시 우러나오고 있었다. 뭐 하나 사거나 고를 때면, 머릿속에서 자동으로 계산하고, 수십 번 생각하고 사야 하는 내 상황과 달라 보이던 그녀들이었다. 지난주 그녀들은 하원길에 백화점에서 산 쇼핑백을 나란히 들고 있었다. 뭔가 여유 있어 보였다. '금전적으로 빡빡한 나와는 다른 상황이구나'로 생각하게 했다. 그런데 이야기하다 보니 각자 짊어진 삶의 무게가 있다는 것이 조금씩 느껴졌다. 외국에서 커피 한 잔을 같이 마신다는 것, 시간과 공간을, 그리고 경험을 함께 나누며 우리들의 사이가 조금씩 깊어지고 있었다.-사회적 건강

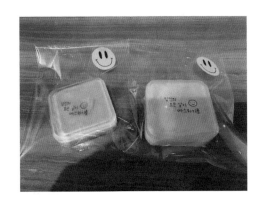

각자의 시간을 1시간씩만 공유하고, 점심에 만나기로 한 라현이 엄마를 만나기 전에, 다시 숙소로 가서 비누를 찾아간다. 라현이 엄마가 일하는 곳은 윈야드(Wynyard)라고 우리나라의 광화문, 여의도, 강남역 같은 곳같이 회사 건물들이 많은 곳이다. 점심시간, 항상 아이들과 함께했던 그녀가 아이 없이, 세미 정장을 입고 건물에서 내려오는데 그 느낌이 새로웠다. 라현이 엄마 옆에, 아이가 없는 상황만으로도 그녀에게서 광채가 나는 거 같았다. 여유가 느껴졌다. 챙겨야 할 누군가가 없이, 그녀도 나도 홀연히 둘이 시드니 중심가에서 만나는 이 순간, 이것이 꿈인가 생시인가 싶다. 뭐 먹고 싶냐고 묻는 라현 엄마 말에, 피자 돈가스만 아니면 된다고 답을 했다. 윈야드 쇼핑몰 2층에 있는 태국음식점에 갔다. 볶음국수와 볶음밥을 맛있게 먹었다.

호주에서는 세계 여러 나라의 음식을 제법 맛있게 먹을 수 있는 거 같다. 다만, 식당의 비용이 저렴하지 않다. 한국, 일본, 중국, 태국, 베트남 등 각 나라의 식당이 있고, 현지에서 먹는 것만큼 맛이 괜찮다. 아마도 오늘이

라현이 엄마와 호주에서의 두 번째이자, 마지막 만남일 것을 알기에 비누 선물을 꼭 전하고 싶었고, 아이들의 마음을 담아서 전했다. 라현이 엄마도 우리집 아이들을 위해, 영어책을 선물로 준비해 오셨다. 아이들이 방학이라 재택근무를 하는 중에, 도심에서의 점심 약속을 위해 출근 일정으로 바꾼 것도 고마운데, 우리집 아이들을 위한 책 선물은 그 마음이 가득 담겨, 가슴 한구석이 뭉클했다.-사회적 건강

점심을 먹고, 자리를 옮겨 회사가 있는 건물의 1층 커피숍에서 커피를 마시며, 한국에서 그리고 호주에서 아이를 키우며 일하는 여성의 고충을 잠시 나누고, 지금보다 아이들이 더 어리던 시절, 한국의 아파트에서 우리 둘이 오고 가며 봤던 서로의 사정과 상황들을 추억처럼 꺼낸다. 라현 엄마는 어린 시절 뉴질랜드로 이민을 가고, 대학 졸업 후에 호주로 취업하고, 결혼하고 살던 중에 시아버지의 암 투병으로 인해 한국에서 2년쯤 나왔다. 그 때 우리는 같은 아파트 같은 동에 살아서 알게 되었다.

비슷한 또래 아이를 키웠기에, 한 손에는 유모차, 다른 한 손에는 3~4살의 아이 손이 잡혀있던 서로의 모습을 안다. 육아 혹독기를 보내던 우리는 군 입대 동기처럼 뭔지 모를 단단한 유대관계가 형성되어있다. 육아 혹독기 시절 인연 덕분에, 호주로 한달살이를 올 때 든든함이 있었다. 혹여라도 내가 아이들과 어려움을 겪으면, 도움을 청할 수 있는 믿음직한 지인이 호주에 있다는 것은 참으로 든든했다. 아이가 갑자기 아파서 응급실을 갈지, 내가 갑자기 아파서 응급실을 가야 할 수도 있고 말이다. 수많은 경우에 대한 보험 담보 같은 인연이었다.

라현이 엄마 입장에서는 한국에 아는 사람이 없는데, 같은 동에 사는 한 엄마가 반갑게 인사해 주고, 아이들끼리 잘 놀고, 마음을 나눠줘서 그때 너무나 고마웠다고 속마음을 이야기해 준다. 라현이 엄마가 아니어도 그냥 같은 동에 사는 친구 엄마니까 그 누구여도 그렇게 했을 거라며 쑥스러움과 민망함을 감춰본다. 한국에서 또 만나자고 약속하고, 인사를 나눴다.-협력적 소통 역량

방과 후에 시드니올림픽센터 수영장에 가기로 했다. 창원에서 온 친구들과 우리 가족, 2가족이 함께 나선다. 기차를 타고, 버스를 타고 총 40분에 걸쳐서 움직인다. 기차역에서 내려 버스 환승을 하는데 배가 고프다고 난리다. 초코 과자, 과일 등을 정류장 한편의 벤치에서 먹는다. 새로운 곳을 갈 때 동행자가 있다는 것은 매우 든든하다. 각 집의 첫째들은 아이돌 연예인 이야기로 정신없고, 각 집의 둘째들은 구글 맵과 현위치를 점검해 가며 어디에서 내려야 하는지를 살핀다. 똑똑한 둘째들 덕분에 정류장에

서 잘 내렸다. 5분 정도 걸어가야 한다.-지식정보처리 역량 우리나라 올림픽 공원 같은 느낌이 든다. 수영장뿐 아니라 주 경기장 등 2000년 시드니 올림픽의 공간들이 눈에 들어온다.

가던 길에 운동기구가 놓인 공원을 그냥 못 지나치고, "하나! 둘! 하나! 둘!" 운동을 한다.

"이러다가 수영장 문닫겠다! 5시가 다 되어간다~~! 어서 수영장 가자!"

8시까지 운영시간이니, 3시간이면 충분하다고 생각하고 왔는데 마음이 바빠진다. 수영장 입구에서 입장권 비용을 내는데… 아뿔싸!! 우리집 첫째 아이가 핸드폰이 없다고 한다.

"장난치지 마라!" 이야기하며, 장난을 치는 줄 알았는데, 아이 표정을 보니, 정말 잃어버린 것 같았다. 몇 분 전에 운동기구 있던 곳에서 분명히 핸드폰이 바지 주머니에 있었던 것이 기억에 스친다. 걸어오다가 빠진 거 아닌가, 아니면 그곳에서 빼고 두고 온 것인가, 솔직히 고백하자면, "미치겠네! 진짜!"라는 말이 툭 튀어나와 버렸다.

같이 온 가족에게 먼저 입장하라고 양해를 구하고, 우리 셋은 다시 되돌아 가본다. 발 빠른 둘째가 누군가가 가져갔을까 봐 뛰어가다가 골목에서 나오는 차에 사고가 날 뻔도 했다. 순간 핸드폰 잃어버려도 되니깐, 사고 안 나는 게 더 중요하다는 생각으로 바꿨다.-정신적 건강

길바닥을 샅샅이 뒤지다가 발견했다!! 수많은 세 잎 클로버 중에서 네잎 클로버를 발견한 듯이 신이 난다. 핸드폰을 찾아서 수영장으로 들어선다.

올림픽이 열렸던 그 공간에 와보니, 뭔가 두근거린다. 장소가 주는 느

낌이 가슴으로 스며든다. 50m 레인이 있는 곳과 아울러 반대편에는 미끄럼틀, 유수 풀이 있는 수영장도 있었다. 아이들은 일단 이곳에서 미끄럼틀과 유수 풀을 즐기고, 50m 레인이지만 깊이가 1.5 이내인 곳에서 몸을 풀어본다. 평소 한국에서 배우던 수영장은 거리가 25m인데, 여기는 50m이다. 25m 왕복보다 50m가 훨씬 힘든 느낌이다. 선수들이 경기했던 레인은 깊이가 꽤 깊어 보였고, 다이빙하는 곳도 있었다. 수영선수로 보이는 친구들이 연습하는 것을 지켜본다. 수영 강국 호주, 얼마나 잘하는지를 가까이에서 본다. 그 친구들의 연습이 끝나고 우리 아이들도 수영을 해보겠다고 한다. 어디서 나오는 자신감인지 모르지만, 해본다고 하는 것이 기특했다. -정신적 건강(내심 여기까지 왔으니, 해봐야 하지 않니? 하는 엄마의 마음을 읽은 것인가?)

아이들이 자유형을 열심히 하고 있는데, 안전요원이 와서 뭐라고 한다. 뭐라는 거지? 또 그냥 자유형을 했다. 중국계로 보이는 안전요원이 팻말을 가리키며 여기는 평영만 가능한 레인이라고 한다. 아?!! 레인에 영법이

적혀있는 것이 너무 신기했다. Okay!!를 외치며, 평영을 멋지게 했다. 아이들은 한국에서 수영을 1년 6개월 정도 배우고 호주에 왔다. 자유형, 배영, 평영, 접영을 완벽하지는 않지만, 할 수 있긴 하다. 수영을 배운 시간이 켜켜이 쌓여서 수영선수들이 쓰는 레인에서도 자신감 있게 수영하는 모습을 보니, 수영을 가르치느라 쓴 비용과 시간이 아깝지 않다는 생각이 든다. 수영을 통해 배운 감각을 네가 하고 싶은 무엇이라도, 시간과 비용, 노력을 투자하면 할 수 있다는 것을 몸과 마음에 자연스럽게 기억되길 바란다.-자기관리 역량

이렇게 저렇게 놀다 보니 3시간이 훌쩍 지나서, 8시 폐장 시간이 되었다. 아쉬운 마음을 접고, 숙소로 돌아가고자 한다. 수영장에서 버스를 타고 기차역으로 오니 시간이 8시 30분이다. 기차역 근처 식당이 이미 문을 닫았다. 으슥해진 느낌에, 기차를 타고 타운홀로 돌아가서 밥을 먹어야겠다고 생각하고 기차를 타고 왔다. 기차 안에서 우리집 아들이 문득 "나는 헤어지고 싶지 않아."라고 속마음을 툭 꺼낸다. 같이 듣던 다른 엄마와 나는 심쿵했다. 10살 남자아이는 자기의 마음을 자기도 모르게 툭 꺼내 버렸다. 정말로 헤어지고 싶지 않은가 보다. 같이 식사하고 싶다는 진심이었다. 가능하면 아이의 바람을 들어주고 싶었다.-협력적 의사소통 역량

타운홀에 도착하니 9시 30분이 지난다. 삼겹살을 먹고 싶다는 아이들의 요구에 따라 한국식당을 찾아가 보지만, 문을 닫았다. 하는 수 없다. 평일이니깐, 각자 집으로 가자! 한인 마트에서 장봐서, 각자 집에서 먹기로 하고, 마트에서 장을 본다. '아들아, 오늘은 요기 한인 마트로 대신하자! 여

기까지 같이 있는 것으로 만족하자!' 한국 돼지목살과 곱창을 사서 숙소에 들어오니 10시가 다 되었다. 햇반과 고기로 배를 채우고, 꿈나라 여행 출발! 시드니 수영장에 발 도장, 콩콩 찍고 왔다. 푹 자자~! 그래야 내일 또 즐겁게 보내지!

본문에서 제시된 사례를 보고 떠오른 과거에 이미 했던 경험, 앞으로 해주고싶은 경험이 있다면
해당 사항에 표시하고, 적어 보아요.

신체적 건강	
정신적 건강	
사회적 건강	

자기관리 역량	
지식정보처리 역량	
창의적 사고 역량	
심미적 감성 역량	
협력적 의사소통 역량	
공동체 역량	

====== 20일 ======

호주에서 걸려 온 전화,
보이스 피싱

뉴사우스웰스미술관 가보기

이제 이번 주도 50%가 지나가는구나, 시간이 안 가는 듯하면서도 엄청 빠르게 지나간다. 어제 수영장이 피곤했는지 늦잠을 잔다. 잠을 푹 자도록 둔다. 깨어나야 하는 마지막 데드라인 시간인 8시 15분에 아이들의 이름을 부른다. "일어나라. 선율아. 다혜야." 8시 15분쯤 깨운다. 밥을 간신히 먹여서 어학원에 데려다주고 나온다. 어제 수영장을 같이 간 엄마와 우연히 마주쳐서 커피를 한잔하게 된다. 월요일 오페라하우스, 화요일 시드니 올림픽센터를 함께 다니며 서로 각자 아이들의 성향을 파악한 것도 있고, 다른 집 아이들 성향을 파악한 것에 관한 이야기를 나누었다.

우리집 아이들을 제대로 파악하기 위해서는 우리집 아이만 봐서는 우리집 아이가 정확히 보이지 않는다. 많은 아이들을 살펴보면 좋겠지만, 적어도 아이들의 친구들을 편견없는 시선으로 바라보고 관찰하는 노력이 내 아이를 정확히 볼 수 있는 지름길이도 하다. 예를 들면, 호주 파워하우 박물관에서 블럭으로 연예인 이름을 만드는 13살의 딸아이의 행동이 이해가 되려면, 다른 십대 소녀들의 행동에 대한 정보가 있어야 한다. 엄마 마음에 들지는 않으나, 지극히 정상범주 안에 드는 행동이라고 판단할 수 있는 이유는 딸아이친구들 연예인을 좋아하고 적극적으로 팬심을 보이고 있는 정보 덕분이다. 직업상 다양한 학생들을 관찰하는 경험을 하고 있지만, 엄마라는 주관성을 완전히 배제할 수는 없다라는 사실을 상기하고 있다. 직업이 교사가 아니더라도 동네에서 다른 집 아이라도 자세히 관찰하고 살펴보는 경험, 거기서 비로소 내 아이에 대한 통찰도 생긴다.-지식정보처리 역량 엄마, 아빠가 같은데도 애들마다 성향이 정말 다르고, 그 다른 성향을 있는 그대로 인정해 주고, 아이의 성향에 맞게 키워주고자 노력하는 엄마라고 생각하자며 대화를 마무리한다.

찬란한 햇볕이 내리쬐는 수요일 오전, 아이스 아메리카노와 수다로 오전을 보내고, 11시쯤 되었을까, 숙소로 돌아가는 길이었다. 둘째 아이에게서 전화가 온다. '어, 이상하다?! 수업 시간인데?!' 하고 전화를 받으니, 배가 아프다고 한다. 학원에 있기가 힘들다고 한다.

"그래, 알았어. 엄마가 학원으로 데리러 갈게" 하고 숙소가 아닌 학원으로 향한다. 학원 데스크에 가서 '아이가 배가 아프다고 전화가 왔다. 데리고 집에 가서 쉬겠다'라고 말했다. 그리고 데스크 상담 직원과 함께 교실로 가니 아이의 안색이 영 좋지 않았다. 아이가 전화한 순간에, 내가 전화를 받아서 정말 다행이구나 하고 아이 손을 잡고 숙소로 향한다. 숙소로 가는 길에 또 화장실에 가고 싶다고 한다. 보이는 건물에 화장실을 사용하고, 안색이 조금 나아졌다. -신체적 건강

숙소에 도착해서, 아이를 잠시 쉬게 해주었다. 아이는 갑자기 배가 고프다고 라면을 달라고 한다. 라면은 줄 수 있는데, 일단 누룽지를 따뜻하게 먹고 나서 컵라면을 줄 수 있다고 했다. 누룽지도 컵라면도 맛있게 잘 먹는다. (다행이다) 여행 3주 차쯤에 아픈 둘째 아이, 아플 때가 되기도 했다는 생각이 들었다. 연이어 이틀 동안 방과 후에 오페라하우스, 수영장 등 다른 여가 활동을 해서 힘들었나 보다. '좀 쉬어가자' 하고 있는데,

"엄마, 나 플레이그라운드나 하이드 파크나, 친구들 있는 곳에 가고 싶어."라고 한다.

아이의 말이 여러 가지로 안심이 되었다. 놀고 싶은 마음이 들 만큼 몸이 나아진 거구나. 그리고 사회적으로도 친구들과 관계를 잘 맺고 있구나, 라는 사실을 인지하게 된다. -자기관리 역량

끄아~~, 진짜 컨디션을 되찾은 것이냐? (엄마가 오후 자유시간을 누려도 되겠니?)

"그래, 그럼, 학원에 전화해 볼게" 학원으로 전화하는데, 시드니, 골드코스트 등 호주 안의 몇 개의 지점이 있고, 대표전화로 전화를 건다. 익숙지

않지만, 학원 대표전화로 걸어서 "아이가 아파서 집으로 왔는데, 다시 학원으로 가고 싶어 한다. 플레이그라운드, 하이드 파크, 어디에 아이 친구들이 있는지 궁금하다"라고 영어로 말했다.

알아보고 연락을 준다고… 하는데, 뭔가 내 말을 제대로 알아들었는지, 모르겠다…라는 생각이 드는데, 뭐 일단 했으니, 기다려보자!

둘째 아이는 시간이 자꾸 가고, 친구들이랑 놀 시간이 점점 줄어들어 조급함이 생긴다. 학원에서 전화가 오지는 않고. 아이 생각에, 오늘은 플레이그라운드!일 거 같다고 한다. 우리 숙소에서 플레이그라운드가 5분 안에 갈 수 있는 곳이어서 거기로 가보기로 했다. 다행히 아이가 생각한 것처럼, 그곳에 친구들과 선생님이 있었다. 우리집 큰아이도 같은 반 친구들과 열심히 놀고 있었다.

어학원 하원 시간에 가면, 신나고 놀고 땀흘리며 들어오는 밝은 얼굴을 보여줬던 아이들 덕분에 재밌게 지내는구나, 라고 추측은 했었다. 둘째 아이가 아픈 덕분에, 어학원 친구들이 보내는 오후 시간의 모습을 생생하게 볼 수 있었다. 한국말을 쓸 수 없고, 영어를 해야 하지만 노는 데 필요한 영어 뭐 그다지 어렵지 않은지 영어의 장벽보다는 신체활동의 즐거움이 훨씬 더 커 보였다. 우리집 아이들뿐 아니라, 어학원 학생들 대부분의 얼굴 표정이 밝고 신나 보였다.

아이를 선생님께 인계하고, 2시간가량 남은 오후 시간을 즐겨보기로 한다. 혹시나 또 전화가 올까 싶어서 멀리 가지는 못하고, 숙소 근처 헤이 마켓에서 기념품 등을 구경한다. 그런데 이번에는 남편한테 전화가 온다.

"너 어디니? 애들 어디 있니?" 국제전화로 전화가 와서, "희진이가 애들을 걱정하고 있다. 애들이 어디 있는지 궁금해하고 있는데, 희진이가 전화를 받지 않는다"라고 전화가 왔다니, 한국에 있는 남편은 보이스 피싱인가? 싶었다고 한다.

자초지종을 말하고, 아마도 학원에서 내가 전화를 안 받으니, 제2 보호자로 지정되어 있는 남편에게 전화한 것 같다고 말했다. '선율이가 아파서, 집으로 데리고 왔는데, 다시 괜찮아져서 친구들이 있는 곳으로 가겠다고 해서 말이지…' 하며 이렇게 저렇게 상세히 설명하고 나니… 어느새 하원 시간이 되었다.

한국이라면 충분히 아이 둘이 걸어올 수 있는 길이긴 하지만, 혹시나 하는 마음에 매일 등원과 하원을 하러 간다. 아이가 아프기도 했고, 한국에 있는 남편은 보이스피싱을 의심하기에 충분한 오늘, 학원시간에 늦지 않게 대기하였다. 하원하러 가서 교실에서 친구들과 깔깔거리며 이야기하고 있는 아이들을 보니, 마음이 한결 가벼워진다.-정신적 건강

아이들과 함께 집으로 와서, 잠시 휴식을 취한다. 엊그제 만난 호주 판사 친구를 우리 숙소에 초대한 날이다. 호주 법원의 판사로 근무하고 있는 희정이가 퇴근하고 올 예정이라 김밥과 떡볶이, 옥수수 구이를 준비한다. 저녁을 먹고, 매주 수요일에 뉴사우스웨일스 주립 미술관에서 무료 음악공연이 있다고 해서 같이

가보려고 한다. 희정이에게 나름 그래도 13년 차 한국 주부 요리 실력으로 김밥을 차려주고, 한국의 업무를 처리하기 위해 ZOOM으로 온라인미팅을 하고 나서, 뉴사우스웨일스 주립 미술관으로 길을 나선다.

그런데 이게 웬일인가?!!! 골드코스트에서 만나기로 한 고등학교 동창이 내 눈앞에 지나간다. "여선민!!!" 하고 본능적으로 친구의 이름을 부르고, 둘 다 화들짝 놀라고 반가워서 손을 부여잡고 방방 뛰었다. 친구는 이제 막 시드니에 들어왔고, 여기서 나를 만나게 될 줄은 상상도 못 했다고 한다. 10초만 늦었어도 친구가 이미 지나갔을 수도 있는데, 딱 마주쳤다. 이 무슨 운명 같은 일인지 말이다. 희정이에게 부탁해서 사진을 한장 찍고, 친구는 아이들이 있는 숙소로, 우리는 가던 길을 갔다. 하이드 파크를 지나서, 뉴사우스웨일스 주립 미술관으로 가는 길에 비가 또 부슬거리며 내린다. 30분 정도 걸으니, 미술관에 도착한다. 공원을 지나오는 길이라서 걸을 만했다. 내리는 비도 나쁘지 않았다. 호주의 여름, 쨍했다가, 비가 왔다가, 바람도 좀 불었다가, 한국의 여름과는 조금 다르게 습도가 높지 않은 더위인데, 비와 바람과 더위가 함께 공존해서, 우산과 얇은 긴팔이 꼭 있어야 하는 것 같다.

미술관 1층 로비에서는 플루트와 여러 악기의 음악공연이 있었다. 미술관에 잔잔하게 울려 퍼지는 음악 소리는 촉촉이 내리는 비처럼 우리의 마음을 적셔주는 것 같다. 미술 작품들을 관람한다. 우리집 아이들은 차분한 성향의 아이들이 아니라서, 미술작품을 잘 볼 수 있을까 싶었는데… 자기 관심사의 미술작품은 세심하게 잘 보는 것이 신기했다. 축구를 좋아하는 아들은 호주 옛 축구 경기 그림 작품을 발견하고, 타운홀의 옛 모습이 그려진 그림을 본 첫째는 여기 우리 학원 있는 곳 아니야? 하고 알아봤다. 아이들이 보고 듣고 느끼는 것이 있구나, 라는 생각에 마음이 뿌듯해졌다.-심미적 감성 역량 한 시간 남짓 구경하고 나온 것 같다.

그릇이 쌓인 조형물이 있었는데, 혹시 시각장애인은 미술관을 어떻게 관람하느냐는 첫째 아이의 질문 포인트가 너무 기특했다. 시각장애인이 미술관에 올 수 있다는 전제와, 눈이 안 보이면 저런 조형물을 어떻게 피해서 가는지에 대한 질문… 이것이야말로 창의적이라고 생각한다. 시각장애인들이 관람할 수 있는 미술작품…… 어떻게 만들 수 있을까?-창의적 사고 역량

1시간쯤 둘러보고, 금세 지루해진 아이들은 집으로 돌아가고 싶어 했다. 그래, 그럼 돌아가자. 같이 온 희정이에게 미안했다. 우리집 아이들이 미술관에 빠져드는 스타일이 아니라서, 그 정도면 많이 봤다 싶기도 했다. 집으로 돌아오는 길에, 길거리에

있는 조각상 비 맞는다고 우산 씌워주면서 꺄르르 웃는 그런 아이들이다. 미술관에 따라가기는 하지만, 미술관을 오고 가는 길 그 자체가 더 즐거운 아이들!!! 우리집 아이들은 대근육을 쓸 때 마냥 행복해진다. 엄마를 쏙 빼 닮았다.

적용하기

본문에서 제시된 사례를 보고 떠오른 과거에 이미 했던 경험, 앞으로 해주고 싶은 경험이 있다면 해당 사항에 표시하고, 적어 보아요.

신체적 건강	
정신적 건강	
사회적 건강	

자기관리 역량	
지식정보처리 역량	
창의적 사고 역량	
심미적 감성 역량	
협력적 의사소통 역량	
공동체 역량	

21일

만나게 될 인연은 결국 만난다

사촌동생과 시드니대학

도시락을 들고 등원하는 아이들의 모습이 기특하기도 하고, 이제 어학

원을 갈 날이 이틀밖에 남지 않았다는 것이 아쉬웠다. 엄마의 자유시간이

206

2일밖에 안 남았다는 뜻이라서, 남은 2일 아이들이 어학원 간 시간에 내가 하고 싶은 것들의 리스트를 생각해 보게 된다.

트램이 지나는 길을 따라 걸어가는 그 10분의 풍경이 '행복'하다는 것을 깨닫게 된다. 15년 전에 동료들과 호주 여행을 왔을 때, 15년 후에 내가 이렇게 딸, 아들과 함께 올 거라고 상상조차 못 했지만, 15년이 지나서 아이들과 함께 호주에서 지내고 있다는 것이 감사했다.-정신적 건강

호주에서 한 달을 살아낼 경비가 사실은 넉넉하지 않았다. 넉넉치 않았다기보다는 더욱 솔직하게 표현하면, 돈이 없었다. 몇 백 만원으로 해결되는 비용이 아니니, 고민을 할 수밖에 없었다. 돈과 시간이 함께 주어지지 않을 때, 무엇을 선택해야 하는지를 고민했다.

호주 한달살이에 죽음까지 생각했다고 하면, 너무 비장한가? 소아 중환자실에서 간호사로 1년 근무를 하며 죽어가는 많은 아이들을 보고, 그 시절 친정 아빠는 말기암으로 진단되셔서 아빠의 죽음도 경험해야 했던 나는 '인생의 유한함'을 절실하게 느꼈다. '시간의 유한함'은 모든 선택의 전제가 되고 있다.

하지만, 사실 비장한 각오로 온 것은 맞다. 내가 아이들과 지낼 시간은 유한하고, 아이들이 엄마와 함께 한 달이라는 시간을 보낼 수 있는 시기도 유한하고, 지금이 딱 적절한 시기인데, 돈이 없다. 호주에서 한 달을 지낸다는 것은 내가 생각한 비용보다 훨씬 더 많이 들었다. 특히, 숙박비가 생각보다 많이 들었다. 혼자서 여행할 때야 호스텔에서 자도 되지만, 3명이 호스텔에서 묵을 비용을 생각하면, 호텔이 조금 더 돈을 내지만, 더 편

했다. 그리고 음식을 해 먹고, 어학원까지 도보로 걸을 수 있는 지역에 있었던 것은 시간과 교통비를 아낄 수 있었기에, 호텔이 더 비싸다고 하기도 어렵다. 우리가 호주에 머무는 시기 자체가, 호주의 극성수기라서 더욱 비쌀 수밖에 없었다. 어쨌거나 돈과 시간 중에서 시간에 우선순위를 두고 선택했다. 남편을 보내고 아이들과 보내는 시간이 2주가 넘어가고 있었고, 무사하게 보내고 있는 우리가 기특했다. 아이들이 매일 아침 어학원으로 가는 뒷모습을 내 마음속에 소중히 저장했다.

어제 길에서 우연히 만난 고등학교 동창을 만나기로 했다. 오전에 2시간 정도 티 타임을 할 수 있다고 해서 친구와 함께 시드니에서 커피를 마신다. 고등학교 졸업 이후로 보지 못했다가, 최근 2~3년 사이 sns에서 소식을 알고 지내고 있다. 사실 1년 전 이 친구가 호주로 아이들과 한달살이를 떠나는 모습을 보고, 호주 한달살이 준비를 슬슬 하기 시작했다. 나를 호주에 오게 한 그 주인공 중의 한 명이다. 친구가 '호주 가 봐~'라고 단 한마디도 안 했지만, '호주에 가고 싶다' '호주에 갈 수 있겠다'고 생각하게 해준 1년 전 사례이다. 그런데, 올해에도 호주에 온다고 해서, 너무나 반가웠다. 내가 호주에 왔다고 sns에 올리고 나서 친구와 메시지로 서로의 일정을 물었고, '골드코스트에서 보자!'라고 했는데, 시드니에서의 만남은 정말 우연이자, 기적이다. 그렇게 만난 친구와 커피를 주문하고 이제 좀 마시려고 하는데, 한국의 남편에게서 전화가 걸려 온다.

회사 일로 스트레스를 받고 있나 보다…… 하… 하필… 친구에게 양해를 구하고, 20분 정도 통화를 한다. 가끔은 남편의 담임교사가 된 거 같은 기분이 들 때가 있다. 고민을 잘 듣고(가끔은 적당히 듣고 흘린다.) 남편을 다독인다. 남편을 다독거린다. 남편이 나를 찾을 때는 마음이 매우 힘들 때라는 것을 알기에 외면하고 무시할 수 없다. 최선을 다해 경청하고 정서적으 지지해준다. 그게 부부 사이의 전우애니까!-협력적 의사소통 역량 친구와 다시 이야기를 나눈다. 친구는 시드니에 3일 정도 머물고, 골드코스트에서 3주 정도 머문다고 한다. 아들 둘을 키우고 있는데 골드코스트를 좋아해서 이번에는 골드코스트에서 어학원을 보낸다고 한다. 내가 골드코스트에 갈 때, 친구도 골드코스트에 있을 거라서 거기서 또 한 번 만날 약속을 하고, 25년 만에 만난 고등 동창과 오전 커피 시간을 행복하게 보냈다.

시드니에서 남은 시간이 3일이고, 브리즈번과 골드코스트에 갔다가 다시 시드니로 돌아와서 3일을 보내고, 출국이다. 이제는 호주에서 보내는 시간에 다이너마이트가 달린 듯이 D-출국날짜를 세어보게 된다. 이종사촌 동생이 시드니로 들어온다. 서른이 갓 넘은 사촌 동생은 혼자 호주에 2주 정도 여행을 온다. 서로 사는 게 바빠서 어디로 간다는 이야기를 나누지 않았고, 출국 직전에 호주를 가게 되었다고 했는데, 사촌 동생도 혼자 여행을 생각하고 비행기 티켓을 예약했다고 한다. 사촌 동생은 호주가 처음인지라, 언니가 3주 동안 잘 닦아놓고 있을 테니… 만나자! 하던 그날이 순식간에 '오늘'이 되었다.

공항에서 시드니 도심으로 어련히 알아서 잘 들어올까 싶은데, 기차를 잘 갈아타고 오는지 걱정이 되다가 하이드 파크 옆, 뮤지엄 역에서!! 드디어 만났다! 동생의 숙소에 짐을 두고, 아이들의 하원 시간 전까지 3시간 정도 남았다! 너 혼자 여행해도 되는 곳이 있고, 언니가 가서 사진 찍어줘야 하는 곳이 있는데! 일단 시드니 대학교 가자!! 언니가 사진 찍어줄게! 시드니대학, 사전 답사를 해둔 나는 사촌 동생과 함께 시드니대학으로 갔다. 호그와트의 배경이 될 것 같은 그곳에서 사진을 찍고, 나는 애들 하원하러, 사촌 동생은 시드니 도심 원데이 투어 하러 각자 갈 길을 갔다. 저녁에 다시 우리 숙소에서 만나기로 했다.

시드니 도심 원데이 투어는 2시간 정도 시드니 도심을 가이드와 함께 걸어 다니며 설명을 듣게 된다고 한다. 투어 상품을 예약하면 무료이다. 사촌 동생은 토요일에 멜버른으로, 우리는 브리즈번으로 갔다가 목요일에 시드니로 다시 돌아온다. 둘이 약속이나 한 듯이 스케줄이 착착 맞아떨어진다. 시드니로 돌아와서 다음 주 금요일에 사촌 동생과 함께 블루마운틴 별빛 투어를 예약했다. 사촌 동생과 함께하는 추억이 또 하나의 선물이 되고, 내가 좀 아파도 우리 아이들을 봐줄 어른이 또 하나 있다는 것이 어찌나 든든한지 모르겠다. 심지어 사촌 동생은 고등학교 교사니깐, '이제는 됐다, 뭐, 혼자가 아니다.'라는 생각이 든다. 거꾸로 사촌 동생은 혼자 여행 왔는데, 호주 시드니를 한국처럼 휘젓고 다니는 내가 든든했을 수도…… 그렇게 사람은 서로 도움을 주고받으며 살아가는 것 같다.-사회적 건강

호주는 매주 목요일이 쇼핑 데이로 서점이나 기프트샵 가게들이 1시간가량 더 늦게까지 문을 열었다. 자신을 위한 선물도 사고, 친구들에게 줄

선물도 사자. 선물을 사두고 브리즈번으로 이동하자는 생각으로 아이들과 쇼핑을 하기로 했다. 다음 주 목요일에 시드니로 돌아오기는 하지만, 숙소로 들어가기 바쁠 것 같았다. 한국에서 숙소 예약을 할 때는 다시 돌아와서는 시드니의 타 숙소에 머물 생각이었지만, 처음에 예약한 곳이 위치나 수영장, 주방 등이 너무 편했고, 5일 동안 브리즈번에 갔다가 돌아올 때까지 짐을 무료로 보관해 줄 수 있다는 말에, 바로 숙소를 같은 곳으로 변경했다. 그래서 마음 편히 쇼핑을 미리 해두고 갈 수 있었다.

REBEL이라는 복합 스포츠 매장에서 찜해두었던 물통도 고르고, 기념품 가게에서 나노 블록 오페라하우스도 구입했다. 사실 물건 하나를 구매하기 위해서 우리는 3~4번의 사전 조사와 전체 예산에서 금액을 대비하고 드디어 구매했다. 이 물통이 한국에서도 파는지, 호주에서만 파는지, 혹시나 인터넷으로 저렴하게 팔고 있는지 등을 검토하고 선택했다. -지식정보처리 역량 오페라하우스 나노 블록을 본인 용돈으로 사야 하는데, 수십 번

고민하는 아이의 모습이 안쓰럽기도 했는데, 그래도 스스로 고민하고 결정할 수 있는 기회를 주고 싶었다. 아이는 그 나노 블록을 너무나도 소중히 집에 모시고 왔다. 덜컥 사버린 나노 블록이 아니기에, 저 나노 블록을 자기 손에 쥐기까지 2주가 넘는 고민의 시간이 우리에게 의미가 있었다.

-자기관리 역량

무언가를 선택한다는 것은 쉽지 않다. 선택을 위해 사전 조사를 해야 하고, 사전 조사 후에 결정을 위한 우선순위를 지녀야 한다. 우선순위 또는 기준을 두고, 선택한다. 선택한다는 것은 선택에 동반되는 다른 것들을 책임진다는 것이 포함되어 있다. 아이들도 나도 호주 여행을 하면서 인지한 경우도 있고, 인지조차 못 하는 많은 선택의 순간이 있었을 것이다. 그 선택의 경험들이 쌓이고 쌓여서 정말 결정적인 선택을 할 때, 현명하고 지혜로운 선택을 할 수 있기를 온 마음으로 바라본다.

본문에서 제시된 사례를 보고 떠오른 과거에 이미 했던 경험, 앞으로 해주고 싶은 경험이 있다면 해당 사항에 표시하고, 적어 보아요.

신체적 건강	
정신적 건강	
사회적 건강	

자기관리 역량	
지식정보처리 역량	
창의적 사고 역량	
심미적 감성 역량	
협력적 의사소통 역량	
공동체 역량	

22일

어학원 친구들과
두 번째이자 마지막 불금

맨리 비치

둘째 녀석은 어제 산 나노 블록을 결국에는 어젯밤부터 뜯어서 조립하고 있다. 아침에도 일찍 일어나서 조립 중이다. 한국에 잘 가져가려면, 조립을 안 하는 것이 더 나을 것 같다고 말했지만… 한국에 돌아갈 날까지 그것을 들고 있기는 쉽지 않을 거로 예상했다. '그래, 조립하고 또다시 만들던가, 조립한 것이 부서지던가 그건 네 몫이다.'라고 생각하며 조립하게 두었다.

냉장고에 남은 식재료들을 잘 살펴서, 김치볶음밥과 된장국으로 아침을 먹었다. 드디어 어학원 마지막 날이다. 뭔가 기분이 싱숭생숭하다. 2주 동안 잘해왔다는 생각도 들고, 시원섭섭하다.-정서적 건강 여느 때와 같이 아이들을 어학원에 데려다준다. 어학원에서 친해진 엄마 둘과 함께 하이드 파크에서 브런치를 즐긴다. 2주라는 시간이 길지 않았지만, 타국에서 아빠

없이 엄마와 아이들만 와서 어학원을 함께 다닌 2주는 뜻깊은 시간이었다. 매일 아침 같은 시간에 아이들이 같은 공간에서 같은 시간을 보내는 것은 깊은 인연이라고 생각한다. -사회적 건강

우리 가족은 어학원 2주 후에, 브리즈번과 골드코스트로 여행을 가고, 두 가족은 어학원을 1주일 더 다니는데… 우리 가족과의 마지막을 위해 시간을 내서, 오늘 하원 후에 아이들과 맨리 비치를 가기로 하였다.

엄마들과 브런치를 하며, 엄마 나 자신을 위한 선물로 찜해둔 것을 공유한다. 브런치를 간단히 먹고, 귀걸이 하나를 골랐다는 엄마를 따라 판도라 매장에 구경 갔다.

'앗! 귀걸이 너무 괜찮은데?!'라고 속으로 생각하고 있는데…

"언니도 예쁠 거 같아요. 한번 해봐요"라며 본인이 고른 귀걸이를 추천한다. 한번 해봤다. 이미 한번 해보고 나면 게임 끝이라는 것을 알지만서도, 오페라하우스에서 안 먹으면 후회할 것 같은 와인 한잔처럼, 귀걸이도 나를 부르고 있는 듯했다. 아, 그래!! 아들이 오페라하우스 나노 블록을 샀듯이, 나도 귀걸이를 골랐다. 카드로 그었다. 그래도 온전히 나를 위한 선물로 10만 원 중반의 귀걸이 하나쯤은 해도 될 것 같았다. 2주 동안 아이들 도시락 열심히 싸고, 아이들 없는 시간에 놀지 않고, 호주 곳곳을 느끼려고 애썼으며, 한국의 일도 노트북 가지고 했으니, 이 정도는 나를 위해서도 된다고 합리화하였다. 호주 프로젝트의 2/3를 잘 끝낸 나를 위한 선물, 이제 남은 1주일 브리즈번, 골드코스트 후 시드니 2일만 잘 소화하면 된다. 할 수 있다! -정신적 건강

판도라 귀걸이를 가방에 잘 넣고, 시드니 도심을 걸어본다. 선물로 사둘 것과 살 것들을 살펴본다. T2 매장에 가서 커피를 좋아하는 시아버님께 드릴 선물을 고르고, (눈으로만 고른다) 예산을 확인한다. 서점에 가서 책도 다시 한번 살펴보고, 다음 주에 시드니로 다시 돌아와도 2일이 순식간에 지나갈 것 같았다. 오늘이 정말 여유로울 마지막 날이라고 생각하고 움직인다. 어학원 친구들에게도 호주를 기억할 만한 책을 한 권씩 주고 싶다. 친구들을 위한 잡지 책을 한 집에 한 권씩 구매한다. 시드니 도심(타운홀, 퀸빅토리아빌딩, 윈야드, 서큘러 키)을 한국의 우리집 근처만큼이나 휘젓고 다녔다. 숙소로 돌아오니 시간이 어느새 2시다. 남은 음식으로 점심을 때운다.

어학원 친구들과 맨리 비치를 가기로 해서, 수영복 등을 준비해 두고… 마지막 하원을 하러 어학원으로 간다. 아이들 선생님께 감사 인사를 전하고, 사진도 한 장씩 찍는다.

집으로 돌아와, 수영복을 챙겨서, 서큘러 키로 친구들을 만나러 간다. 타운홀에서 트램을 기다리는데, 맑은 하늘 쾌청한 날씨, 2주간 어학원 일정을 무리 없이 마무리한 아이들에게 큰 박수를 보내게 된다. 서큘러 키에서 친구들을 만나 맨리로 가는 배를 탄다. 금요일 오후라서 그런지 맨리로 들어가는 사람들이 꽤 많다. 관광객들도 많이 보인다. 하버 브리지가 아이들의 배경이 될 때, 사진이 너무 이뻤다. 아이들도 호주 시드니에 있다는 것에 대해서 행복해하는 것이 느껴졌다. 30분 남짓 배를 타고 맨리 비치에 도착한다. 두 번째 오는 맨리 비치, 누구와 오는지에 따라 그 분위기가 사뭇 다르다. 우리 셋이 왔을 때도 좋았지만, 역시 바다는 무리 지어 올 때, 왁자지껄하고 재미있다. 맨리 비치에 내리자마자 무료로 음료를 주는 이벤트를 하고 있어서, 음료도 받았다. 한국에는 없는 레몬 맛 스프라이트!

2번째 와봤다고 친구들에게 방향을 안내하며 해변으로 간다. 친구들과 함께 바닷가에서 파도 놀이도 하고, 우리집 딸아이가 누워있고, 인어공주를 만들어주는 모래놀이도 하고… 우리집 둘째 아이는 해변의 모래밭에서 도시건설을 하는 것을 즐긴다. 축구장도 만들고, 성도 만들고 본인의 머릿속에 있는 것을 한껏 쏟아낸다. 특별히 오페라하우스를 입체적으로 만든다. -창의적 사고 역량

아이들 간식거리로 피시앤칩스를 사서 중간중간 입에 넣어 준다. 자기 엄마가 아니라도 입을 벌리고 받아먹는 모습이 우리 사이 제법 친해졌구나 싶다. 엄마들끼리도 맥주 한잔으로 목을 적시며, 담소를 나눈다. -사회적 건강 2시간 남짓 놀고 나서, 저녁 먹을 것을 생각하면 이제는 배를 타고 서큘러 키로 돌아가야 할 것 같다. 애들아!! 이제 가자!! 그래야 같이 저녁을 먹을 수 있어!!! (언제나 같이 밥 먹는 것을 너무나 좋아한다)

얼른 옷 갈아입자~ 하는데, 아들이 바닷가로 뛰어 들어가더니… "황희진 TV, 100만!!"이라고 외친다. 아, 저 자식은 누가 낳았는지… 왜 이렇게 뭉클 코드를 잘 아는 것인지 말이다. 아들이 저렇게 외쳐주는 것이 고맙고

또 고마웠다.-협력적 의사소통 역량 호주에서의 일정을 매일 매일 유튜브로 올렸다. 그리고 아이들도 자기 모습을 보았다. 구독자를 위한 영상이 되어서 구독자 수가 늘어나기를 바라는 마음이 있지만, 그보다 우선 나와 아이들에게 호주 한달살이의 경험이 그저 그런 순간으로 스치지 않고, 오랫동안 각인되기를 원했다. 아들이 시키지도 않았는데, 우러나는 저 말이 너무나도 고맙고, 감동적이었다.

같이 저녁을 먹어야 하기에, 가게들이 문닫기 전에… (문 닫아서 못 먹어 본 경험도 있고, 예약을 안 해서 못 먹어 본 경험도 있어서) 서큘러 키에 있는 바비큐 식당을 예약했다. (HURRICANE'S GRILL) 맛집 검색과 빠른 예약을 담당하는 딸 둘 엄마가 있다. 그녀는 항공사 승무원을 했던 경험이 있어서, 언어도 능숙하게 구사하고, 일단 생활지능이 엄청나게 뛰어났다. 저녁 식당 예약도 그녀가 완료!

서큘러 키로 돌아오는 배에서, 맨리 비치에서 출발해서 10분 정도 오는 동안 해파리가 엄청 많이 보인다. 아들은 친구들에게 해파리가 많은 곳이라며, 해파리 구역 소개를 해준다. 해파리를 가까이에서 보는 아이들은 환호성을 지른다. 그렇게 해파리 구역을 지나, 하버 브리지에 가까워지는데 노을이 너무나 아름답다. 시드니의 아름다운 추억 사진 한 장 더 추가요! 아이들은 자기들끼리 사진을 찍어주며, 시드니 노을을 즐긴다. 졸고 있던 엄마도 깨운다. 배를 타고 돌아온 시간이 노을이 지는 시간과 딱 맞아떨어져서 볼 수 있었던 광경이다. 주황빛 노을을 배경으로 시드니하버를 흠뻑 즐길 수 있었다. —심미적 감성 역량 가끔 여행지에서 그림 같은 풍경을 만나는 날에는 하늘나라에 있는 아빠가 생각난다. 아빠가 나를 위해 만들어준 선물 같고, 아빠가 어디선가 나를 지켜보고 지켜줄 것 같다는 믿음이 있다. 시드니의 아름다운 노을 광경 속에서도 아빠의 향기가 스며있다는 느낌이 든다.

—정신적 건강

서큘러 키의 식당으로 가는 길에도 세 가족의 아이들 다섯 명이 그렇게 재미나는지 와자지껄 떠들어댄다. 식당 앞에서 10분 정도 기다리는데도 꺄르륵, 깔깔깔 난리 났다. 손 좀 씻고 오자~ 하며 화장실을 다녀오는데도 웃음소리가 멈추질 않는다. 바비큐 폭립 등 식당의 시그니처 메뉴를 시켜서 저녁을 맛있게 먹었다. 숙소로 돌아가기 위해서 트램을 타고 타운홀로 왔다. 타운홀에 내려서 헤어지질 못한다. 각자의 숙소로 돌아가는 첫 발걸음을 떼는 데 15분이나 걸렸다. 타운올 앞에서도 뭐가 그리 재밌는지 그냥 굴러가는 나뭇잎만 봐도 행복한 아이들이었다.

간신히 헤어져서 각자 집으로 향한다. 거리에서 공연하는 한국인 아티스트를 봤다. 제법 많은 사람이 모여있었고, 연주의 수준과 관객을 몰입시키는 능력이 거리 공연에서의 특A급 같았다. 바이올린, 트럼펫, 건반 3개 악기가 자아내는 연주가 매우 아름다웠다. 라이브 음악 선율에 몸과 마음이 흠뻑 적셔진 듯했다. 공연을 즐긴 것에 대한 감사함을 표시할 수 있는 기회를 주었다. 지갑 속에 있는 잔돈을 모금함에 넣고 오라고 아이들에게 주었다.─심미적 감성 역량, 공동체 역량

메인스트리트에서 숙소로 내려가는 길에, 또 우연히 이종사촌 동생을 만났다. 이종사촌 동생은 오늘 원데이 투어로 사막 썰매를 타고 오는 길이었는데, 딱 마주쳤다. 골드코스트에서 만나기로 했던 고등학교 동창을 우연히 만나고, 사촌동생을 또 우연하게 만나게 되는 것이 참 신기하다. 이 거리를 걸으면, 우연히 자꾸 누군가를 만나는 느낌이 싫지 않다. 뭔가 하늘에서 우리를 지켜주고 있다는 생각이 든다.

 집으로 돌아와, 아이들은 친구들이 준 선물과 편지를 읽어본다. 2주 동안 어학원을 다니며, 인연도 얻었고 경험도 얻었다. 둘째 녀석은 피곤함을 견디어내며, 오페라하우스 나노 블록을 마무리 짓고 있다.

 그렇게 시드니의 밤은 깊어 간다.

본문에서 제시된 사례를 보고 떠오른 과거에 이미 했던 경험, 앞으로 해주고 싶은 경험이 있다면
해당 사항에 표시하고, 적어 보아요.

신체적 건강	
정신적 건강	
사회적 건강	

자기관리 역량	
지식정보처리 역량	
창의적 사고 역량	
심미적 감성 역량	
협력적 의사소통 역량	
공동체 역량	

23일

브리즈번 다녀오겠습니다!

브리즈번 가는 길

매일 새벽 5시 전후 눈을 뜨자마자 하는 일은, 그 전날의 일과를 동영상으로 편집해서 유튜브에 올리는 것이다. 브리즈번으로 이동하는 오늘도 역시나, 시드니의 기억들이 브리즈번의 추억과 섞이지 않도록 어제의 일과를 정리하여 유튜브에 업데이트한다. 유튜브 구독자가 고작 100명 남짓하지만, 그래도 100명의 구독자가 100만이 될 것을 기대하며, 하나하나 쌓아 올린다.─자기관리 역량

5년 전쯤《초등 6년이 아이의 인생을 결정한다》라는 책을 공저했다. 함께 책을 만든 리더 선생님이 현재 교육 인플루언서로 엄청 유명한 '이은경 선생님'이고, 16만 회원을 보유한 초등맘 카페의 '도준형' 대표님 외 여러 선생님과 함께 학부모들의 질의에 응답하는 형식으로 만들어진 책이다. 나도 이은경 선생님처럼 되고 싶다는 꿈이 있다. 100명이 100만이 되

는 날까지 내 꿈을 포기하지 않기 위해서 용기 내어 고백한다. 큰아이가 1학년 입학 즈음 냈던 책, 이제 그 아이가 6년을 보내고 초등 6학년이다. 6학년 딸, 3학년 아들을 키운 과정을 되짚어보고, 그 과정 중에 돈과 시간을 엄청나게 투자한 가장 큰 프로젝트를 공유하고자 한다. 내가 들인 돈과 시간, 가치의 중요성을 나누고 싶다. 유명해지고 싶다는 것의 이면에는 타인에게 도움이 되는 의미 있는 일을 하고, 그 일로 인정받고 싶다는 자아실현의 욕구가 있는 것 같다.-정신적 건강

어쨌거나 나도, 아이들도 다양한 경험을 하며 성장하고 있다. 호주에서의 경험을 쓰고 있는 이 순간도 성장이라며 다독인다. 이 책이 얼마나 많은 독자들에게 읽힐지 모르지만, 중요한 것은 꺾이지 않는 마음이니까!!

한국에서 가져온 스포츠 팔찌가 있다. 중요한 것은 꺾이지 않는 마음이라는 문구가 적힌 것이다. 《초등 6년이 아이의 인생을 결정한다》라는 책을 낸 이후로, 성남시 평생학습 동아리를 6년째 운영하고 있다. 초등학생들과 초등엄마들이 함께 독서 및 필사를 하고 작가 초청 강연 등을 하고 있다. 그 동아리에서 제작하고 남은 여분을 좀 더 가져왔다. 어학원 친구들에게 나눠준다는 것을 어제 깜박한 것이다. 오늘은 상황이 여의치 않고, 다시 시드니로 왔을 때 꼭 전해주어야겠다고 생각하며, 짐 속에 잘 챙겨 넣었다. "중꺾마!"를 다시 한번 마음으로 새기며!!

냉장고에 남은 음식이 아깝지 않도록, 김치와 밑반찬, 고기를 구워서 아침을 먹었다. 브리즈번에도 한국 마트가 있긴 하겠지만, 도착해서 한국 마트 찾을 정신이 없을 것이다. 오늘 아침은 맛있게 잘 먹자! 그래야 안 아프

다는 생각으로 잘 해 먹었다. 그리고 남은 한국 식재료들을 잘 분배해서, 시드니에 돌아와서 먹을 것, 브리즈번으로 가져갈 것을 나눠 담았다.-자기 관리 역량

1시간 정도 여유 있게 나선다. 10시쯤 체크아웃을 하고 나와, 큰 캐리어 2개를 호텔에 맡기고, 중간 사이즈 캐리어 하나에 짐을 잘 담아 본다. 3명이 하나씩 백팩을 메고, 리유저블 백도 하나 들고 간다. 리유저블 숄더백에는 물, 음료, 바나나, 젤리 등 우리의 배를 채울 수 있는 것들을 넣었다. 중간 사이즈 캐리어의 지퍼가 잠길 수 있는 최대 용량을 집어넣었다. 누룽지는 캐리어에, 부피가 크고 가벼운 컵라면은 아이들 가방에!! 케첩, 식용유 등 꼭 필요한 재료는 약병에 담아서 비닐 팩에 2~3번 잘 싸서, 캐리어에 넣었다. (혹시라도 가방에 넣어서 기내 반입이 안 될까 봐) 공항을 가야하는데 말이다.

이거 또 토요일이라 철로 점검이 있다. 아, 이럴 수도 있다고 생각하고 한 시간 더 일찍 나왔는데, 돌발상황이 생겨서, 한 시간 더 일찍 나온 여유를 느낄 겨를이 없이 바삐 움직인다. 뮤지엄 역에서 타고 가려고 숙소에서 걸어왔는데, 뮤지엄 역의 점검으로, 센트럴 역으로 간다. 버스를 기다릴 시간에 걷는 게 나을 것 같고, 걸어가려니 좀 멀다. 그래도 걸었다. 어느새 시드니 도심의 길이 많이 익숙해진 것인지, 방향감각이 나쁘지 않은 덕분에 잘 찾아간다. 그런데, 캐리어가 말이다. 이게 곧 수명을 다할 것 같은 느낌이 든다. 바퀴가 다 닳은 건지, 바퀴 연결부가 고장이 나기 직전인지 캐리어를 조심히 밀어 가며 센트럴 역에 도착했다. 아이들 가방에 가능하면

가벼운 것을 넣어주고, 내 백팩에 무거운 것들, 그리고 캐리어, 캐리어 위에 올려진 리유저블 가방에 먹을 것들… 걷다 보니, 한숨이 절로 나온다. 무겁고 또 무겁다. 어깨도 손도….

인생을 살다 보면 누구나 무거운 짐을 짊어져야 하는 시기가 있다. 지금이 그때인가 보다. 그럴 때는 그냥 존버! 버티어내는 수밖에, 라고 생각하며 걸었다.-정신적 건강

센트럴 역에서 공항 가는 기차를 잘 타고 나서야, '등에 땀이 났구나'를 알아차린다. 땀이 나는지를 살필 여유조차 없이 공항행 기차를 탔다. 일단 기차를 탔으니 가겠지 싶다. 국내선 공항은 또 처음이라서 잘 할 수 있을까 걱정이 되지만, 아이들은 나만 믿고 있으니 그 걱정 또한 사치였다. 또 한 번 마음속으로 '할 수 있어!'를 외친다. 국내선 공항을 찾아가야 하는데… 이거 웬일인가, 국내선 리스트업에 내가 타야 할 비행기 시간과 편명이 없다. 등에 또 식은땀이 흐르면서, 혹시나 날짜를 잘못 보았을까, 시간을 잘못 봤을까, 천재지변이 일어났을까 걱정이 된다.

어! 이상하다! 이거 어떻게 하지?! 다시 찬찬히 살펴본다. 내 예약 내역(앱에서 어제도 알림이 왔었는데)을 살펴보며, 다시 한번 하나하나 대조해 본다. 내가 보고 있는 전광판이… 〈DEPARTURE〉가 아닌, 〈ARRIVAL〉이었다. 정신이 잠시 가출했었던 거 같다.-정신적 건강

다행히 〈DEPARTURE〉 전광판에 우리가 탈 비행기의 편명과 시간이

있는 것이 그저 감사할 따름이었다. CHECK IN을 하고, 공항 탑승구에 들어선다.

호텔을 나서서 공항까지 오는 과정의 이벤트들이 주마등처럼 스쳐 지나간다. 뮤지엄 역에서의 철도 점검, 국내 공항에 도착해서 편명이 없어서 당황했던 모습… 비행기가 이륙하는데, 뭔가 마음이 홀가분해진다. 홀가분함과 함께 브리즈번에서 벌어질 일들이 기대 반, 부담 반, 어쨌거나 다음 주 목요일에 시드니에 무사히 돌아올 수 있기를 마음으로 빌며, 3주 만에 타는 비행기는 또 설렜다. 비행기는 왜 이렇게 설레는지 모르겠다. 특히 이륙할 때가 엄청나게 설렌다. 새로운 곳을 향해가는 것, 그것 자체가 설렘을 준다고 생각된다.-정신적 건강 1시간 10분 정도 비행이 이어진다. 비행기 안에서 화이트 와인을 하나 사서 마셨다. 긴장감을 좀 풀고 싶었다. 브리즈번에서 또 긴장해야 하니 말이다. 강, 약, 중간, 약처럼, 한 박자 쉬

자. 와인아, 나를 좀 이완시켜 주겠니.

금세 브리즈번에 도착했다. 공항에 내리는데, 시드니보다 북쪽에 있는 브리즈번에 왔구나 싶다. 햇볕이 더 내리쬐는 느낌이다. 적도에 아주 조금 더 가까워졌으니, 기본 온도가 좀 더 더운 것이 당연할지도….

공항에서 브리즈번으로 들어가기 위해, 브리즈번 교통카드를 구매해야 한다. 브리즈번, 골드코스트에서는 시드니와 다른 주라서, 퀸즐랜드 주에서 사용 가능한 교통카드가 필요하다. GO카드를 사기 위해서 판매처를 찾는 데 역에서 10분쯤 헤맸다. 카드를 구매하고, 드디어 기차를 타고 숙소가 위치한 south brisbane으로 향한다. 시드니에서는 2층 기차였는데, 브리즈번의 기차는 우리나라 전철 구조와 유사하다. 2층 기차가 아닌 것을 보고 '인구가 시드니보다 적은가 보네.'라고 생각하며, 기차 안에서 역에 내려 숙소로 가는 길을 살펴본다. 기차 안에서 살펴본 대로 10분쯤 걸어서, 우리가 묵을 숙소 로비에 도착했다.

체크인하고 방으로 들어선다!! 와!! 브리즈번은 통유리가 많은가 보다. bris의 어원도 바람이라고 들었다. 통유리 마감과 테라스 분위기가 시드니에서 보던 호텔과는 느낌이 사뭇 다르다. 우리가 묵는 숙소만 다른 것이 아니라, 도시에 있는 대부분의 빌딩 또는 호텔이 통유리였다. 호주에서 시드니만 왔다 가면, 시드니가 전부인 줄 알까

봐, 고민 끝에 브리즈번과 골드코스트도 가기로 했다. 호텔의 분위기, 기차도 다르고 다른 도시를 경험하고 있는 아이들의 눈이 또 반짝인다. 아이들이 새로운 경험을 하는 것을 지켜보는 엄마는 뿌듯하다. -정신적 건강

시드니 공항에서 비행기를 타기 전에 햄버거를 먹기는 했지만, 짐을 들고 이동하고, 숙소에도 도착해서 안정감을 느끼니 배가 슬슬 고파온다. 짐을 들고 숙소에 들어왔는데, 바로 마트를 가기도 번거롭고 이럴 때 유용하게 먹으려고 시드니에서부터 컵라면을 꾸역꾸역 들고 왔다. 아이들 가방에서 컵라면을 꺼내서 배고픔을 달랜다. -자기관리 역량 라면이 이렇게 맛있을 수 있는지 놀랍다.

라면을 맛있게 먹고 나서, 브리즈번에서의 오후를 그냥 보낼 수 없어 슬슬 나서본다. 호텔 창문 밖으로 보이는 브리즈번강을 따라 걸어보고자 한다. 생각보다 크지 않은 도시라서 도보로 걸어본다. 날씨가 시드니보다는 확연하게 덥다. BRISBANE이라고 쓰인 영어 알파벳 조형물 앞에서도 인증사진도 찍어야겠고, 브리즈번에서 3일 중 하나씩 해나갈 목록을 생각한다.

15년 전에 브리즈번에 왔을 때는 사우스뱅크로 내려오지 않고, 브리즈번 도심에서 반나절 머물고 골드코스트로 이동한 것 같다. 내 기억 속에

브리즈번은 너무나도 깨끗한 도시였다. 이번에 묵는 숙소의 위치는 지난번에 와보지 못했던 곳이다. 숙소에서 도보로 브리즈번강을 건너가 보며 브리즈번강의 색깔이 너무 흙탕물이라서 깜짝 놀랐다. 생각보다 강의 폭이 좁아서 놀라고… (항상 세계 다른 나라를 가면, 강의 폭이 생각보다 작아서 놀란다. 프랑스 파리의 센강도, 영국 런던의 템스강도 그 폭이 브리즈번강만 하다) 그에 비하면 한국의 강들은 엄청나게 그 폭이 크다. 한강의 폭이 3배는 되는 것 같다. 사우스뱅크 파크 쪽으로 내려가 본다. 토요일이라서 주말 장도 선다고 호주 여행 책자에 소개되어 있었다.

아이들과 함께 걷다 보니, 날이 더워 그런지, 아이스크림 트럭 앞에 선다.

"아이스크림 먹을래?"라고 물었는데, "비싼 거 아니야? 안 먹어도 돼."라고 아이들의 말에 한편으로 가슴이 조금 아프기도 하고, '아이스크림 정도는 사줄 수 있는데.'라는 생각이 스쳤다. 자식이 원하는 것을 마음껏 해줄 수 있는 부모가 되고 싶다고 생각했는데, 순간순간 망설이게 되는 지점들에서 절약과 궁상맞음, 무엇이 맞을까를 생각하게 된다. 이깟 아이스크림 정도야 뭐, 사주든 못 사주든 별 상관이 없지만, 정말로 아이들에게 해주어야 할 무엇을 못 해주게 되면 너무나 마음이 아프겠구나, 라는 생각을 했던 기억이 난다. 달콤한 아이스크림을 먹으면서 뒷맛이 조금은 씁쓸했던 기억이 스친다.-정신적 건강

사우스뱅크에는 인공해변, 수영장이 무료였고, 꽤 잘 만들어져 있었다. 많은 아이가 수영하고 있었고, 마치 바다처럼 모래사장도 조성되어 있었다. 수영복을 가져오지 않아서, 물에 풍덩 담그기에는 그렇고, 반바지를

입고 있으니 종아리 정도까지만 물에 담그는 것으로 하고;;

아이들이 노는 것을 지켜본다. '숙제하지 않고, 이렇게 놀아도 되는 시간이 저 아이들 인생에서 얼마나 될까?'라는 생각을 해본다. 내가 아이들의 나이였을 때에는 빨리 어른이 되고 싶었던 것 같다. 막상 어른이 되고 나니, 마음껏 놀아도 되는, 책임보다는 자유가 많은 저 아이들의 시간이 소중하다. 해가 질 때까지 아주 실컷 놀았다.

이제는 숙소로 돌아가야 할 것 같다. 브리즈번에서의 첫날이라 어두워지기 전에 돌아가고 싶은데, 돌아가려고 준비하는 과정에서 금세 어두워졌다. 돌아가서 먹을 저녁거리도 사야 했다. 익숙하지 않은 도시의 밤, 아이들과 숙소 10분 거리 지역에서 숙소를 찾아가는 것도 사실 좀 무서웠다. 브리즈번이라는 도시의 밤 분위기를 모르기에 말이다. 마트에서 냉동 피자 하나와 우유 등을 사고, 술을 파는 곳에서 맥주를 6캔 산다. 3일 머무르지만, 골드코스트로 갈 때는 기차로 이동하니깐, 남으면 싸서 가면 되고! 맥주가 남을 것 같지는 않지만 말이다. 호주에서의 맥주는 내게 생명수 같았다.

다행히 5분 정도 걸어서 숙소에 도착했다.

"아, 오늘 하루 정말 길다…!!…" 냉동 피자를 오븐에 돌리는데 온도가 안 맞는 건지, 시간이 안 맞는 건지 냉동 상태만 살짝 없애서, 먹었다. 배가 고파서 그런지 그저 맛있었다. 배가 부르니, 졸린 건 당연하고, 브리즈번에서 첫날 밤, 피곤함을 못 이겨 금세 잠이 들었다.

본문에서 제시된 사례를 보고 떠오른 과거에 이미 했던 경험, 앞으로 해주고 싶은 경험이 있다면
해당 사항에 표시하고, 적어 보아요.

신체적 건강	
정신적 건강	
사회적 건강	

자기관리 역량	
지식정보처리 역량	
창의적 사고 역량	
심미적 감성 역량	
협력적 의사소통 역량	
공동체 역량	

사우스뱅크 street beach의
무료 수영장

브리즈번 2일차

새벽 5시 30쯤이면 해가 뜨기 시작하는 것 같다. 브리즈번에서 첫 해돋이를 통유리 너머로 감상한다. 따뜻한 아메리카노 커피 한잔과 함께 보내는 아침 시간은 내게 너무 소중한 선물이다. 테라스에 앉아서 커피향에 마음을 적시며 호주에서의 일정을 뒤돌아본다. 그리고 남은 일정을 또다시 확인한다.-자기관리 역량 지금, 여기가 호주 브리즈번이라는 것도, 내가 낳은 딸과 아들이 있고, 그 아이들과 이곳에 함께 있다는 사실이 꿈을 꾸는 것 같았다. 어제 점심과 저녁을 대충 때웠기에, 아침에 누룽지를 끓인다. 대부분 숙소에 기본적으로 주방이 있는 곳을 예약했다. 주방이 있는 곳이 조금 더 비싸지만, 30일 중의 3일만 키친이 없고, 다 요리를 해 먹을 수 있는 곳으로 했다. 누룽지를 냄비에 담아 보글보글 끓인다. 그리고 언제 어디서나 구매 가능한 계란!!(어제저녁 마트에서 계란도 구매했다) 계란 프라이를 한다.-신체적 건강 시드니에서 잘 담아온 식용유와 케첩이 뽐낼 차례이다. 케첩이 넉넉히 뿌려진 계란 프라이와 따뜻한 누룽지 한 그릇으로 속을 채우고, 아이들에게 자유시간을 준다. 어제의 일정에서 기억에 남는 그림을 그리라고 하니, 아들은 공항 탑승구에 대기해 있는 비행기를 그린다.

말과 글, 그림, 수단이 뭐가 되었든, 생각과 느낌을 표현할 수 있어야 더 많은 것을 담을 수 있다. 보고 듣고 느낀 것이 있으니, 그것을 표현할 수 있는 것이다. 표현의 결과물을 만들어내는 과정에서 하루 일과를 다시 생각하며, 그중에서 무엇을 그릴지 선택하고, 그것을 그려낸다. 그런 과정이 반복되다 보면, 내일은 무엇을 그릴지를 자연스럽게 생각하게 된다.-지식정보처리 역량 글로 표현이 안 되니깐, 그림을 먼저 그렸겠지 하면서도, 그림이라는 수단에 익숙하다. 우리집 아이들에게 아웃풋의 방법은 그림이었고, 자연스럽게 그리는 것 같다. '엄마가 호주 여행에 관한 책을 쓸 건데, 거기에 너희들이 그리는 그림이 더해지면 더 좋을 거 같아.'라고 호주 여행을 오기 전에 이야기했다. 아이들은 그렇게 매일 그날의 일과 중에 자기가 그리고 싶은 것을 A4 무지 연습장에 그렸다.-공동체 역량 또한 그림을 그리는 시간 동안에는 멍하게 인터넷 동영상만을 바라보지 않는다.

그림 그리는 수단에 거부감이 없는 그림 그리는 것을 즐겨하는 우리집 아이들은 그림이지만, 잠자리에 들 때 가벼운 대화도 좋고, 글이 익숙하면 글도 좋고, 어떤 방법으로라도 표현을 할 수 있으면 경험이 좀 더 단단해지고 의미 있게 된다.

아이들을 숙소에 잠시 쉬게 두고, 숙소 바로 앞 커피숍에서 이십대 후반

부터 결혼 전까지 다녔던 영어학원의 선생님을 잠시 만나기로 했다. 영어학원 선생님은 나보다 한 살 어린, 체육대학 출신으로, 대학에 다닐 때 호주로 교환 학생을 왔고, 교환 학생을 오기 전, 그리고 교환 학생을 온 후로 다닌 강남의 유명 어학원에서 조교로 차출되고, 강사로 양성되어 같은 브랜드의 종로 어학원에서 영어 강사 생활을 5~6년 정도 했었다. 선생님이 종로에서 새벽 영어청취반 수업할 때, 종로로 가서 영어 수업을 듣고 출근했다. 8시까지 출근이니, 6시 수업을 듣고, 7시에 다시 직장으로 향했다. 그렇게 2년 정도 선생님의 수업을 들었었다.

영어 강사 선생님은 5~6년 전에 호주로 다시 와서 현재는 호주에서 치과대학을 다니고 있다. SNS를 통해서 알게 되는 선생님의 행보를 온 마음으로 응원하고 있었다. 그리고 선생님을 만나고 싶었다. 호주에 와서, 공부하랴 알바하랴 바쁜 와중에 내게 시간을 내주었고, 오늘 오전에 커피를 한잔하기로 했다. 그와 2시간 정도 이야기를 나누고, 아이들에게도 인사시켜 주고 싶었다.

사실은 내가 선생님을 만나고 싶은 마음보다, 우리 아이들에게 엄마, 아빠처럼 한국에서 살 수도 있지만, 선생님처럼 한국에서 대학을 나와서도 다른 나라에서 또 대학을 갈 수 있다는 것을 알려주고 싶었고, 그런 사람을 보여주고 싶었다. 호텔 로비에서 아주 잠깐 인사만 나누고 헤어졌지만,

얼굴을 본 것과 내가 이야기만으로 전하는 것은 많은 차이가 있을 것이니 말이다. 선생님은 호주에서도 유학 온 학생들에게 영어를 가르치고 있어서 그런지 우리집 아이들과도 아주 자연스럽게 인사를 나누었다. 엄마의 작전은 성공이었다. 우리집 아이들은 저 삼촌에 대해서 엄청나게 궁금해하고, 그림으로도 그렸다.-협력적 소통 역량

11시가 넘어가는 시간을 보니, 브리즈번 도심으로 가서 장을 봐야 할 것 같았다. 코리안 마켓을 가서 먹을 것을 사는 것이 큰 미션이었다. 아이들과 외출할 준비를 한다. 브리즈번이 확실히 시드니보다 덥다. 더워도 너무 더워서, 부채와 양산을 꺼내 들고 나선다. 브리즈번 시내로 걸어오는데, 무더운 날씨 때문인지, 아들이… 팬티가 자꾸 끼고 땀이 나서 걸을 때 너무 불편하다고 한다. 앗, 이를 어쩌나… '그래 알았어, 일단은 조금만 걸어가자!'라고 하고… 날씨가 너무 더워서 쇼핑몰로 들어간다. 쇼핑몰 안에 푸드코트에서 아이들에게 도시락을 사주고, 잠깐 둘이 있으라고 하고 아들의 팬티를 사러 나선다. 아이들과 익숙하지 않은 동선을, 더운 날씨에 오고 가기가 너무 힘들다. 아이들이 핸드폰이 있는 덕분에, 그리고 혼자가 아닌 둘인 덕분에, 둘이 30분가량은 쇼핑몰에 있을 수 있다. 아이들이 엄마와 떨어져서 20~30분 있을 수 있는 정도로 컸을 때, 한달살이를 오기를 추천한다. 애들도 나도 좀 숨 쉴 수 있을 것 같다.

아이들이 내 눈앞에 보여야 안심되지만, 잠시 서로 거리두기 할 수 있는 순간들을 유지할 수 있는 정도로 컸을 때가 한달살이를 시도하기에 적정한 시기라고 생각된다. 그 순간들이 아이들에게도 나에게도 서로 숨 쉴 수

있는 구멍이 되는 것 같다. ―공동체 역량

길찾기에는 일가견이 있는 편인데, 지도에 있는 하나로마트가 잘 찾아지지 않는다. 아이들이 혼자 있을 수 있는 시간의 한계에 다다랐다. 아들에게서 "엄마, 어디야?" 하고 전화가 온다. 한국인으로 보이는 알바생에게, 하나로마트가 어디냐고 묻는다. 2층에 있다고 알려준다. 아, 지도에서는 층 구분이 안 된다는 것을 깜박했다. 1층 주변을 아무리 빙빙 돌아봐도 전혀 찾을 수가 없어서, 시간은 다 되어가고, 한국재료는 꼭 사야겠고 말이다. 가져온 라면과 누룽지가 떨어져 가는데, 눈앞에 보이는 한국 알바생이 천사 같았다. 한국마트를 확인하고, 다시 아이들에게 간다. 장을 봐서 짐을 들고가기에는 내 어깨가 고장나기 일보직전이었고, 아이들이 장을 볼 수 있는 시간을 기다리면 불안할 것 같았다. 일단 아이들을 데리고 움직이는 편이 좋겠다고 판단했다. 엄마랑 한국마트로 가자고 하고 데리고 온다. 아이들이 시드니에서 맛있게 먹었던 한국 과자(그러나 한국에는 팔지 않는 수출용)를 발견하고 좋아한다. 1개씩 사도 되냐고 묻는다. 그래 1인당 1개씩 사자!

호주에서 한국마트를 가게 되면, 마음이 너무 편안해진다. 적어도 이곳에서는 긴장을 덜 하는 것을 느낀다. 콜스나 울워스에서 긴장을 마구 하는 것도 아닌데도 한국마트를 오면, 마치 친정에 온 듯이 마음이 편해진다. 아이들과 얼음컵에 봉지 음료(한국 편의점에 있는)를 뜯어 담아 본다. 이 얼음컵의 음료가 금세 사라질 것 같은 느낌인데, 그래도 짠!! 하며, 브리즈번이라는 도시에서 이틀째 잘 지내고 있는 것을 우리끼리 cheer-up 했다!!

숙소로 돌아가는 길에, 마트에서 장 본 것이 내 어깨에 메여 있는데 날은 덥고 무겁기는 하고, 아, 정말⋯ 불편한 점이 있다면, 한국에서는 장 본 것이 배달되거나 차로 실어 나르는데, 호주에서는 100%는 내 어깨로 짐을 짊어지니깐, 꽤 튼튼하고 가방을 메기에 적합한 90도 직각 어깨도 아작이 날 것 같다.-신체적 건강 물도 사야 하고, 짜파게티, 햇반, 컵라면⋯ 2일 후에 가게 될 골드코스트에서 한국마트를 찾기까지 걸리는 시간을 고려해서 컵라면도 몇 개 추가했다. 너무 많이 사면 짐이 되고, 부족하면 불안하고, 적정한 양을 지키며 계산했는데 말이다. 이고 지고 오려니, 하⋯ 너무 무겁다. 아이들과 한달살이를 가는 엄마는 일단 체력이 되어야 한다!! 그것은 명확하다!!!-신체적 건강

숙소로 들어와서 아이들은 한국에 있는 친구들과 주 1회 하는 사고력 수학 수업을 한다. 한국에 있는 친구들은 큰아이, 작은아이와 나이가 같고, 큰아이 4세부터 친구다. 그러니깐 만 10년을 알고 지내는 것 같다. 아이들이 13살이니 말이다. 4년 전 코로나가 한참이던 시절부터 시작한 사고력

수학 스터디가 어느새 만 4년째이다. 한 달을 쉬면, 그 감을 잃을까 봐…
1주일에 1번, 호주와 한국에 있는 친구들이 zoom으로 만났다. 1시간가량
3~4문제를 간신히 풀지만, 해외에서 친구랑 zoom을 하는 경험을 생각하
며 의미를 찾는다. -자기관리 역량

사고력 수학 수업을 하고 나니 어느새 3~4시, 어제는 일반 옷을 입고 갔
던 south bank에 오늘은 수영복을 입고 가야겠다고 기대가 한가득이다. 아
이들의 눈빛에는 어서 가서 인공해변과 수영장을 즐기고 싶은 마음이 넘
쳐흐른다. 아이들과 수영복으로 갈아입고 길을 나선다. 어제 한번 가봤다
고 오늘은 꽤 길이 익숙하다.

가던 길에… "BOOK FEST"라는 행사문을 본다. Brisbane convention
& exhibition centre를 그냥 지나치지 못하고 발길을 멈춘다. 오늘까지만
하는 저 행사가 무엇인지 궁금하다. 서울의 코엑스에서 하는 국제도서전
같은 건가? 아이들은 이미 수영복을 입었는데, 저기를 어떻게 가느냐고 난
리이고, 엄마는 원피스 같은 수영복이라 갈 수 있다고 한다. 내리쬐는 더
위에 아이들은 어서 물속으로 들어가고 싶어 보였지만, 인공해변을 다녀
오면, 저 전시행사는 끝날 거 같고, 그럼 나는 엄청나게 후회할 것 같았다.
아이들에게 양해를 구하고, 20분만 구경하겠다고 했다. 아이들은 행사장
밖에 있는 의자에 앉아 기다릴 테니깐, 엄마 혼자 빨리 다녀오라고 한다.
-협력적 소통 역량 문을 열고 들어가 보니, 국제 도서전 같기는 하나, 새 책이
아니라 중고 책 시장 같았다. 저렴한 가격에 다양한 종류의 책들이 있었으
며, 퍼즐이나 dvd 등 간단한 생활 소품들도 있었다. 책은 짐이 될 것 같아

서 사지 않았고, 하버 브리지 퍼즐 1000조각을 저렴하게 구입했다.

날씨가 엄청 더워서 10분 정도 걸어가는 중에도 땀이 비오듯이 쏟아졌다. 인공해변에 도착하자마자 "어서 물에 들어가자."라는 말이 절로 나왔다. 수영복을 안 입고 와서 몸을 물에 담구지 못한 어제의 아쉬움을 뒤로하고, 오늘은 수영복을 입고 왔으니, 물 만난 물고기처럼 수영장을 즐겼다. 물에서 수영하고 놀다가 모래놀이도 하다가, 모래놀이하다가 물에서 놀다가 한다. 물놀이하다 보니, 금세 배가 고파지나보다. 숙소에서 고기를 구워서 배를 채우고, 숙소의 수영장에서도 20여 분 즐긴다. 호주에서의 일상

을 매일 유튜브로 올리고 있는데, 엄마 유튜브의 구독자가 늘어나기를 바라는 아이들의 마음이 간절한가보다. "구독과 좋아요!!를 눌러주세요!!"라고 외치며 물에 들어간다. 밤이 되고, 해가 지니 수영장 물이 차가운지, 20분 만에 수영을 마무리하고 방으로 들어왔다. 매일 그리기로 한 그날의 원픽 그림을 그린다. 시내에서 사 온 멜론을 먹으면서~! 브리즈번 2일째 밤, 안전하게 마무리!

본문에서 제시된 사례를 보고 떠오른 과거에 이미 했던 경험, 앞으로 해주고 싶은 경험이 있다면 해당 사항에 표시하고, 적어 보아요.

신체적 건강	
정신적 건강	
사회적 건강	

자기관리 역량	
지식정보처리 역량	
창의적 사고 역량	
심미적 감성 역량	
협력적 의사소통 역량	
공동체 역량	

25일

낮에는 코알라
밤에는 페리

1. 론파인 코알라 보호구역
2. 브리즈번 야경

브리즈번에 도착해서 브리즈번에서 꼭 해야 할 것을 생각하며 하나 더 추가한 것이 있다. 코알라를 직접 안아보고, 캥거루를 볼 수 있는 론파인 코알라 보호구역을 가야 할 것 같다. 울타리 밖에서 코알라를 관찰하는 것이 아니라, 직접 먹이를 줄 수 있고 코알라를 안아볼 수도 있는 경험을 할 수 있는 곳이다.

큰아이는 동물에 관심도 많고, 심지어 동물과 교감을 잘한다. 제주도에서 말을 타도, 동네에서 산책하는 강아지를 봐도 동물도 우리집 큰아이를 따르고, 아이도 동물과 꿈의 목록 중에 수의사가 한 번씩 등장하곤 한다. 론파인 코알라 보호구역을 추가하면 비용도 추가, 시간도 추가가 되는데, 시간상으로는 월요일 오전을 활용하면 될 것 같다. 돈도 뭐 어차피 돈이 넉넉해서 이것저것 하는 상황은 아니고, 시간에 대한 기회비용을 생각하며, 아이들과 나의 성장에 꼭 필요한 경험이라면, 한다는 원칙을 갖고 온 것이니, 아이들에게 묻지 않고 예약을 먼저 토요일 밤에 해놨다. -자기관리 역량 혹시나 예약이 마감되어서 못 가면 그 또한 너무 아쉬울 것 같다. 일요일쯤 아이들에게 물었다.

"혹시, 캥거루에게 먹이를 줄 수 있는 동물원이 있다고 하는데, 가볼래? 코알라도 안아볼 수 있대."

"어! 당연하지!"

"그런데, 거기 가려면, 돈도 시간도 더 들어. 그래서, 우리가 열심히 매일 할 일을 잘해야 해! 수학도 잘 풀고, 그림도 잘 그리고!"

너희들이 원하면, 그리고 일상을 잘 보내면, 간다는 듯 말했지만, 우리 집 아이들은 엄마가 말을 꺼내기 시작하면, 이미 실행으로 옮길 가능성이 매우 높다는 것을 알고 있는 듯하다.

아침 7시부터 길을 나선다. 개장 시간에 맞춰가야 코알라를 직접 안아보는 티켓이 매진 되기 전에 안전하게 구매할 수 있을 것 같다. 론파인 코알라 보호구역을 가는 목적 중 하나가 코알라를 직접 안아볼 수 있는 유일한 곳이기에, 코알라 허그 티켓의 현장 구매까지 성공해야 진정한 목적 달성이다.

일찍 가서 기다리자! 버스를 2번 갈아타고 가야 한다. 첫 번째 버스를 타러 간다. 숙소 근처 버스정류장으로 갔다. 퀸즐랜드 고카드를 산 지 3일째인데, 그리고 대중교통을 이용하지 않았지만, 내 카드의 잔액이 부족하다고 한다. 다행히 한국인 여자 기사분이라서, 앱으로 충전을 해보는 방법을 안내해 주셨는데, 뭔가가 마지막 단계에서 계속 에러가 난다. 어쨌거나 내려야 하는 장소에서 내렸는데, 이미 우리가 갈아타야 하는 버스가 출발해 버렸다. 갈아타야 하는 버스가 1시간 후에나 온다. 아 그렇다면, 우리가 일찍 올 이유가 없어지는데 말이다. 결국 어떻게 해야 하는지 고민하다가 (고민하던 중에, 8시 정도인데도 날씨가 너무 푹푹 찐다) 택시를 타는 것이 나을 것 같아서, 택시를 부른다.

월요일 출근 시간대의 택시, 브리즈번 시내에서 여기로 온다. 택시 기사의 이름이 june인데, 왠지 한국 사람 같은 외모이다. 이름도 그렇다. 다행히 택시를 타고, 론 파인 코알라 동물원에 도착할 수 있었다. 8시 47분에 도착해서 줄을 선다. 우리 앞에 일행이 한국에서 온 20대 여자분들이 있었다. 그다음이 우리 셋, 뒤로 줄이 점점 늘어간다. 코알라 안아보기 티켓 구매처를 보물찾기하듯이 찾아 나선다. 딸아이가 앞장서서 간신히 찾았다. (보통의 경우에는 딸아이가 방향감각이 부족한데, 본인이 원하는 것을 위해서는 아주 잘도 찾아 나선다)-자기관리 역량 캥거루 먹이와 코알라를 품에 안는 티켓 2장을 구매하고 나서야 속이 후련하고, 안정감을 찾았다. 날씨가 더워도 너무 더워서 일단 티켓 판매처 옆에 붙은 매점에서 음료를 주문해서 먹는다. 브리즈번 날씨가 정말 더워도 더워도 너무 더웠다. (알고 보니, 최근 들어 가장 더운 날이었다고 한다.)

캥거루 먹이를 들고, 캥거루가 있는 곳으로 간다. 캥거루가 있는 우리 안으로 사람이 들어간다. 캥거루가 정말 아무렇지 않게 와서, 아이들의 손에 있는 먹이를 먹는다. 반려견이 주인과 함께하듯이, 캥거루와 사람이 자

연스럽게 어우러져 있는 모습이 너무나도 신기하다. 캥거루들이 뛰는 모습을 실제로 보니, 정말 점프력이 대단했다. 캥거루에게 직접 먹이 주는 모습을 동영상으로 찍으며 보니깐, 여기가 정말 호주이긴 하구나 싶다. 심미적 감성 역량 캥거루와 아이의 눈높이를 맞춘 사진을 찍고 싶어서 '손을 좀 올려볼래?' 하고 아들에게 말했다. 손을 올리면서, 아들이 뒷걸음질 치다가 다른 캥거루 발을 살짝 밟게 되었다. 캥거루가 본능적으로 아들의 손을 때리고 멀리 달아나고 아들도 기겁하고 도망쳤다. 순식간에 일어난 일인데, 엄마가 사진에 대한 과한 욕심을 내었다. 캥거루 먹이를 주는 10분 사이에도 땀이 주르륵 흘렀다. 먹이를 주다가, 다시 매점에서 더위를 좀 식히고, 조련사들이 새에게 먹이를 주는 쇼도 보았다. 우리나라 에버랜드에서 새 쇼를 본 적이 있는데 그와 흡사하게 진행되었다. 동물원 안에 비치된 앵무새 먹이를 들고 있으면(무료제공), 새들이 먹이를 먹으러 오는 경험 또한 이색적이었다. 우리 나라 동물원에 비해서 동물과 사람이 자연스럽게 어우러진다고 생각되었다.

　드디어 11시, 코알라를 안아보는 시간이 되었다. 코알라를 아기 안듯이 약 2~3분간 충분히 안을 수 있게 해주었다. 그리고 사진도 찍을 시간을 충분히 주었다. 모르는 사람들에게 안기는 코알라가 힘들지 않게, 코알라 허그 시간을 30분 내외로 제한했다. 코알라 허그 시간은 2시간마다 오픈되니깐 코알라에게 1시간 30분의 휴식시간이 주어지는 것이다. 코알라 안아보기 체험 티켓이 소량인 이유를 추측할 수 있었다.-지식정보처리 역량

　딸도 아들도 코알라를 안고 행복해했다. 너희들이 행복하니, 나도 행복했다. 동물원에서 찍어준 사진을 받고, 시간을 보니 11시 30분이다. 이제는 어서 돌아가야겠다. 점심도 먹어야겠고, 날씨가 정말 너무 더웠다. 다시 되돌아가려니, 내 고카드(교통카드) 충전이 안 되어있고 택시를 부르기로 했다. 그런데, 택시가 콜이 안 된다. 아, 월요일 점심시간쯤 여기로 들어오는 차가 없나보다. 4~5번을 하고, 택시를 포기한다. 버스를 타고 어떻게

가지…? 햐…

애들은 기념품 가게에서 정신없이 기념품을 보고, 살까 말까를 고민한다. 물론, 본인의 용돈으로 구매해야 하는 것이다. 들었다 놨다를 여러 번 하는 모습에 사줄까? 싶기도 하지만, 들었다 놨다, 결국 본인이 선택하고 책임지는 경험을 해야 하기에 스스로 결정하도록 지켜봤다.-자기관리 역량 두 분 모두, 결국 사지 않았고, 택시를 다시 한번 불러봤다… 아!?!! 다행히도 택시가 잡힌다. 아마 이곳으로 들어오는 손님이 있었던 것 같다. 그렇게 택시를 타고 숙소로 30분 만에 도착했다. 버스 시간의 간격으로 버스로는 1시간이 넘게 걸리는데, 30분 만에 숙소에 도착하니, 긴장이 풀린다.

일단 숙소에 들어와서 에어컨을 켜고 더위를 식힌다. 더위가 식고 나니, 아이들도 배가 고프다고 야단이다. 한국 마트에서 산 짜장라면을 끓여서 먹인다. 애들도 나도 시원하고, 안전한 우리 숙소에서 먹는 한국 짜장 라면은 진정 '꿀맛'이었다. 그 와중에 대학생 때 했던 연합동아리의 선배에게서 카톡이 온다. 내가 호주의 일상을 sns에 올리고 있어서, 선배가 브리즈번에 진부라고 동아리 후배가 있는데, 연락 한번 해보라고 한다. '아, 대학 졸업하고 취업하고 한 10년 연락을 안 하다가, 나 호주 왔다고 연락하기도 참 민망한데…' 하며 고민한다. 그 사이 싱가포르에서 동아리 선후배의 접선 사진이 카톡으로 올라오기에, '그래~언제 호주에서 만나겠어! 연락이나 해 보자!' 하고 카톡으로 조심스럽게 메시지를 전송했다. 후배 진부와 연락이 되었고, 커피라도 한잔하자 해서, 그러자고 했다.-사회적 건강 한국 마트 근처에서 보자고 하고, 아이들은 숙소에 두고, 장바구니를 들고 나선다.

아무래도 딸아이에게 좋은 일이 생긴 거 같다. 집에 오자마자 목욕하더니, '으악! 응아를 덜 닦았나 봐! 팬티, 어떻게 하지?'라고 하는데…,

'어, 일단, 팬티는 많으니까, 버려! (여행 막바지에는 짐을 줄이는 것도 목표)'라고 했는데, 밥을 먹고 가만히 생각해 보니, 이미 버려진 팬티를 다시 꺼내기는 좀 그렇고, 왠지 딸아이를 위한 여성용품을 준비해야할 것 같았다. 한국에서 챙겨온 것은 이미 내가 다 써버려서… 겸사겸사, 내일이면 골드코스트로 떠나야 하는데 도착하자마자 먹을 컵라면도 몇 개, 여성용품도 살 겸 시내 한국마트로 나섰다. 도보로 15분 정도 걸리는데, 날씨가 덥긴 해도 이제 적응이 된 것인지, 후배를 만날 생각에 설레는 건지 금세 도착했다.

"누나!"

나보다 3살 어린 남자 후배가 마트 앞에 이미 와 있었다. 대학교 4학년 때 1학년으로 들어왔던 후배가, 한국가스공사를 다니면서, 호주에 파견을 와 있었는데, 그 도시가 브리즈번일 거라고는 생각도 못 했다. 후배와 지난 세월에 관한 이야기를 나누고, 브리즈번 일정에 대해서 1시간 넘도록 아이스커피와 함께 시원한 수다를 떨었다.

브리즈번의 야경을 봤냐고 묻길래, 엄마랑 아이랑 와서, 그건 못했다고 했더니, 퇴근하고 나서 함께 브리즈번강의 배를 타보기로 했다. 20년 전 대학 동아리 후배가 기특하고, 든든했다. 후배도 초등학생 딸이 있어서, 우리 애들과 함께 해도, (우리 아이들이 난리를 쳐도) 이해해 줄 것 같아서 그 부분도 상당히 편했다.-사회적 건강 후배와 저녁의 만남을 기약하며, 숙

248

소로 돌아왔다.

딸아이에게 조심스럽게 "지금은 어때? 팬티에 묻어나는 거? 계속 묻어?" 하며 물었다. 결국, 우리 딸은 호주에서 초경을 맞이한 것이다. 아이와 함께 있어 줄 수 있을 때, 초경을 하게 된 점은 너무 다행이고, 감사하면서도 물을 좋아하는 아이, 내일모레 골드코스트에서 서핑을 예약했는데 우짤꼬, 싶다. 그래도 어제 사우스뱅크의 인공 풀에서 수영을 신나게 하고 난 이후라서 다행이고… 여러 가지 감정이 교차한다. 내 초경의 기억도 스치며, 첫 아이 임신하고 입덧이 너무 심해서 정신을 못 차렸는데, 그 아이가 커서, 벌써 초경을 한다는 것이 놀랍기도 하고, 대견하기도 했다.

딸아이가 3~4개월 전부터 배꼽을 중심으로 아랫배가 자주 아프다고 했다. 가슴도 발달하고 있었고, 곧 생리를 시작할것 같다고 예상은 했는데, 호주 브리즈번에서 할 줄은 상상도 못 했다. 나의 초경도 여름방학이라고 엄마, 아빠 없이 동생과 대구에 있는 친할머니댁을 갔는데, 거기서 시작이 되어, 급히 서울에 있는 엄마, 아빠가 대구로 왔던 기억이 난다. 초경은 대체로 당황스럽게 찾아오는 것 같다. 언제, 어디서라도 당황스러울 것 같긴 하다. 딸의 초경을 진심으로 축하한다.-신체적 건강 건강하게 잘 자라고 있구나. 우리 다혜!

저녁 식사로는 첫 학교 제자인데, 간호사로 몇 개월 근무하고, 임상시험 글로벌 회사에 다니는 태정이를 만나기로 했다. 코로나 상황에 호주로 발령 나서 나간다는 소식을 보고, 태정이가 호주 있을 때 한번 만나야겠다고 생각했는데, 다행히도 태정이가 호주를 떠나기 전에 일정이 맞았다. 숙소 근처에서 우리집 아이들과 함께 피자, 햄버거, 맥주를 마셨다. 아이들에게 미안하지만, 제자와 내가 이야기하는 동안, 핸드폰으로 동영상을 볼 수 있도록 했다.(사실 애들도 좋았을 것이다.)

　제자는 고등학교 재학시절 내신 1, 2등을 하며, 국내 유명 대학의 간호대학을 졸업했다. 그때 당시, 학교장 추천으로 가는지라, 자기소개서 등을 쓸 때 조금 도움을 주었다. 제자가 병원 입사하고 힘들어할 때 (나는 둘째를 낳고 육아로 힘들어할 때) 한국에서 밥을 한번 먹은 적이 있고, 그리고 나서는 SNS로 간간이 소식을 알고 지냈다. 브리즈번에서 제자와 보낸 식사 시간은 앞으로 나의 꿈에 관한 생각을 조금 더 깊게 했다. 첫 학교에서 보건교사로서 나의 꿈, 현재, 그리고 미래… 제자는 호주에서의 생활을 정리하고, 친구와 함께 1년 동안 세계여행을 떠날 계획이라고 했다. 호주에서 2년을 살아온 것도 기특한데, 전 세계 일주라니!! 역시!! 내가 해보지 못한 것이지만, 제자가 한다는 것이 대리만족도 되고 기특했다. 그렇게 그녀의 세계 일주를 응원하며 헤어졌다.(책을 집필하는 동안 SNS를 통해 제자의 근황을 보니, 세계일주를 즐기고 있다.)

저녁 8시쯤 낮에 만났던 동아리 후배가 우리를 데리러 왔다. 브리즈번에서 밤에 배를 타볼 수 있다는 것 그리고 안전이 보장된다는 것이 너무 든든했다. 아이들에게 "엄마가 대학생 때 함께 영어 공부를 했던 삼촌이야, 엄마보다 나이는 세 살이 어려."라고 말해주었다. 우리 아이들도 브리즈번 야경이 신이 나고, 엄마와 아이 둘이 아닌, 브리즈번에 사는 초등학생 딸을 키우는 삼촌은 꽤 든든했던 것 같다. 특히 아들은 삼촌에게 궁금한 것들을 마구 질문했다. 왜 이렇게 강물 색깔이 더러워요? 왜요? 어디 회사에 다녀요? 등등…궁금한 것이 엄청 많았나 보다. -협력적 의사소통 역량

"진부야, 우리 아이가 네가 마음에 드나 보다. 질문이 쏟아지네… (미안해)"

후배는 동아리 내에서 커플이어서, 후배의 부인 역시 내가 알고, 후배의 부인도 나를 안다. 한국에서 친구 가족이 호주에 놀러 와 있어서, 그 가족을 챙기느라 부인과 아이는 집에, 후배는 우리와 함께하고 있다.

브리즈번에서 후배 진부에게 우연히 연락하고, 만나게 되고, 배를 타고 야경을 즐길 수 있어서 감사했다. 밤바람이 꽤 시원했고, 배를 타고 보는 야경은 또 낮에 보는 느낌과 달랐다. 저녁 시간이라서 사람들도 별로 없었기에, 우리들의 전용 유람선처럼 즐겼다. -심미적 감성 역량 후배가 숙소까지 안전하게 데려다주고 떠났다. 브리즈번에서의 마지막 하루는 아침부터 저녁까지 다사다난하게 보냈다. 쓸 말도 아주 많고, 추억도 많은 하루였다.

본문에서 제시된 사례를 보고 떠오른 과거에 이미 했던 경험, 앞으로 해주고 싶은 경험이 있다면 해당 사항에 표시하고, 적어 보아요.

신체적 건강	
정신적 건강	
사회적 건강	

자기관리 역량	
지식정보처리 역량	
창의적 사고 역량	
심미적 감성 역량	
협력적 의사소통 역량	
공동체 역량	

26일

안녕!
골드코스트

브리즈번에서 골드코스트로!

 브리즈번에서 골드코스트로 이동해야 하는 일정이다. 브리즈번이 요 며칠 너무 더워서, 아이들이 시내 구경을 제대로 하지 못했다. 호텔에 낸 돈을 충분히 이용하기 위해서, 체크아웃 시간 전까지 아이들과 함께 시내를 한 번 더 구경하고 오기로 했다. 짐을 호텔에 둔 채로!!! 동물원에서 결국 사지 못한 채 두고 나온 기념품 등, 꼭 브리즈번에서만 살 수 있거나 볼 수 있는 것들을 다시 한번 살펴보고 가자! 하는 마음으로 미역국에 밥을 말아 먹고, 8시 40분쯤 나섰다.

 찜통처럼 더웠던 어제 날씨 덕분에, 오늘은 선선하게 느껴진다. 아이들과 움직일 만했다. 브리즈번의 일상을 보내는 사람들의 아침 모습을 보며 시내를 걸었다. 버스정류장에서 출근하는 사람, 등교하는 학생들을 보며 브리즈번 사람들의 일상을 느껴본다. 브리즈번 시청 앞에서 기념사진을

찍고, 기념품샵도 가서 구경도 하고 살 것까지는 아니지만 추억될 만한 것
들은 사진으로 남겼다.─심미적 감성 역량 아들은 어제 론파인 코알라 보호구
역에서 살까 말까 망설이던 코알라 인형을 고민 끝에 구매했다. 10시쯤 숙
소로 돌아와서 잠시 에어컨 바람으로 더위를 식히고, 짐을 챙겨 골드코스
트로 떠난다.

　짐이 별거 없는데도 참 짐스러웠다. 사실은 별거 없지 않았다. 한국마트
에서 산 김치를 맛있게 가져가려고, 생수 하나를 얼려서 같이 넣었다. 그
리고, 라면, 햇반, 보따리장수가 따로 없다. 하지만 아이들과 내가 아프지
않고, 여행을 잘 마치려면, 하루에 한끼 한식을 먹는 것은 꼭 지켜야 할 것

같았다. 한국에서 가져온 리유저블 백에 이것저것 담겨있다. 리유저블 백의 수명도 거의 다 닳아가고, 캐리어의 바퀴 상태도 심상치 않은 느낌이 든다. 내 어깨 상태를 X-RAY로 찍으면 리유저블 백이나 캐리어 바퀴처럼 거의 다 닳았으나 끝까지 책임을 다하고 있는 상태로 나올 것 같다. 아무튼 리유저블 백, 캐리어 바퀴, 내 어깨 세 가지 모두 잘 달래고 얼래서, 사우스 브리즈번역으로 간다. 아직 고장나면 안 된다는 긴장감으로 '조금 더 버티어보자'라고 속으로 되뇐다.-정신적 건강

브리즈번에서 골드코스트로 가는 기차를 타고 가며 창밖의 풍경을 살펴본다. 2032년 브리즈번에서 하계 올림픽이 열리는 것에 관련된 건지, 도로 건설 등 여기저기 기반 시설을 공사하는 모습이 많이 보인다. 2032년이면, 2012년에 태어난 딸아이가 정확히 만 20세가 되는 때이다. 딸아이에게, "2032년에 올림픽이 브리즈번에서 열리면 자원봉사 하러 와도 되겠다~ 그때는 너 혼자 올 수 있겠지? 친구들이랑 오던지?" 브리즈번에서 맞이한 초경과 2032년 올림픽을 괜스레 연결시켜본다.-공동체 역량 2032년 딸아이가 브리즈번 올림픽에 자원봉사를 하러 오는 모습을 상상해본다. 8년 전 브리즈번에서의 추억(2024년)이 딸아이의 자기소개서에 이색적인 스토리로 추가될 수도 있겠다는 생각이 스친다.

골드 코스트로 가기 위해서 1시간가량 기차를 타고, 헬렌스베일 역으로 가야 한다. 그 역에서 내려서 다시 버스를 타고, 또 트램을 타야 한다. 산 넘고 물 건너지만, 날씨가 그래도 선선한 덕분에 이동하는 것이 덜 힘들었다. 브리즈번 숙소에 묵었던 3일이 브리즈번 역대 정말 최고로 더웠던 날

들이라고 한다. 무더위 속 이동이 아니라서 너무나도 감사했다.

숙소로 가는 경로에 'charis seafoods'라는 레스토랑에서 펠리컨에게 먹이주기 쇼가 매일 있다고 들었다. 어차피 점심도 먹어야 하고, 공짜 구경도 하고, 가는 길에 있기도 하고, 3가지 조건이 딱 들어맞는다. 그럼에도 불구하고, 바로 숙소로 가면 더 편할 것 같은 마음이 들기도 했지만, 도전하기로 했다. 1시쯤 도착했고, 피시앤칩스를 먹고 나니 1시 20분 정도 되었다. 호주의 피시앤칩스가 유난히도 맛있다. 케첩이 없어도 짭조름하니, 이제 케첩 없는 칩스에도 적응이 되어가나 보다. 먹다 보니 우리와 같이 펠리컨 먹이 쇼를 구경하려는 사람들이 점점 모여들었다. 오후 1시 30분 정도 되니, 주방에서 생선 머리와 내장들을 가득 담은 통을 들고, 주방 서버 한 분이 나온다. 아주 유머러스하게 펠리컨 먹이를 위로 아래로 흔들며 먹이를 준다. 남은 생선 머리나 재료를 펠리컨에게 줘서 좋고, 그걸 보는 사람들은 무료 공연을 보고, 10분 정도 먹이를 먹이고 나니, 펠리컨이 먹이쇼가 다 끝났는지 알고 바다로 돌아간다.

생선의 내장 등을 음식물 쓰레기로 버리지 않고, 펠리컨에게 먹이로 주며, 먹이 주는 것을 무료로 볼 수 있는 쇼로 만들어낸다. '누이 좋고 매부 좋다'라는 속담이 떠오른다. 가게에서는 음식물 쓰레기로 만들지 않아서 좋고, 펠리컨은 맛있는 먹이를 먹어서 좋고, 관광객들은 먹이 쇼를 봐서 좋고!! 아이들의 일상 또는 나의 일상 중에서 혹시나 음식물 쓰레기로 버리는 생선의 내장 같은 부분이 없는지 되짚어보게 된다. 쓰레기로 버릴 것을 유익하게 활용하는 지혜를 배울 수 있었다.-창의적 사고 역량

먹이 쇼가 끝나자마자 우리도 바로 버스를 탄다. 숙소에 어서 가고 싶다. 가서 쉬고 싶다. 버스를 타고 사우스포트로 간다. 버스에 타는 사람 중에 우리에게 직접적인 위협을 가하지는 않았지만, 승객들에게 불쾌감을 주는 현지인들이 몇 명 있었다. 혹여나 우리 아이들에게 말을 걸거나 시비를 걸까 봐 조심스러웠다. 아이들도 직감 상 안전하지 않은 사람이라는 것을 아는지, 창밖을 보고 눈을 마주치지 않는 것 같았다.-사회적 건강 사우스포트에 도착해서 트램으로 갈아탄다. 트램만 타도 마음이 안심된다. 트램 정류장을 잊지 않고 내리면 되고, 설령 한 정거장 전후에 내려도 걸어가면 되니깐 말이다. 'charis seafoods'를 들리지 않았다면, 기차에서 내린 헬렌스베일에서 서퍼스 파라다이스까지 트램을 타면 안전하게 올 수 있었다. 트램을 타고 노선도를 보니 그렇다. 다소 돌아가더라도, 우리가 봤던 펠리컨 먹이 쇼를 잊지 못할 것이며, 하고 싶은 것을 향해서 가본 경험이 아이들에게도 내게도 성장이 되었다고 생각한다.-정신적 건강

트램역 서퍼스 파라다이스에서 내렸다. 호텔을 찾아본다. 바로 코앞에

두고, 못 알아본 채 호텔 주변을 한 바퀴 빙 돌았지만, 그래도 3분 이내에 호텔 로비에 도착했고, 체크인한다. 호텔에서는 신용카드로 디파짓을 100 달러 정도 긁고, 수영장, 조식 등에 대해서 설명해 준다. 한 달 동안 아이들의 밥을 한 나를 위해서 골드코스트 숙소는 조식이 포함된 호텔로 잡았다. 사실은, 키친이 포함된 숙소가 더 비싸서, 좀 더 저렴하되, 이제는 밥하기도 귀찮아서 조식이 있고, 20여 일이 넘는 숙박 일정을 예약했기에 쿠폰이 사용 가능한 호텔을 고른 것이다. 그리고 또 하나는 바닷가에 가기 편한 곳 중에서 선택했다. 골드코스트에서 묵는 2일 중의 1일은 쿠폰으로 처리, 1일의 숙박비만 냈다. 거기에 조식 2일이 포함이니, 마음이 한결 가벼웠다. -지식정보처리 역량

호텔 방을 열었다. 더블베드 2개가 나란히 놓여있고, 유리창을 통해 트램과 호텔, 그리고 그 너머로 바닷가의 수평선이 보인다. 날씨가 꼭 비가 올듯하다. 아이들과 브리즈번에서 싸 들고온 김치와 컵라면으로 이른 저녁을 먹는다. 아이들은 호텔에 쉬게 두고… 혼자서 중심가 마트로 가본다,

울워스가 중심가 지하에 자리 잡고 있었다. 쓱 둘러본다. 시드니 타운홀의 울워스보다는 작았어도, 있을 거 다 있었다. 조식이 되는 호텔이고, 짐을 늘릴 이유가 없다며 최소한의 간식만 샀다. 호텔 앞의 BWS에서 캔 맥주도 구매한다. 한국에 팔지 않는 잭다니엘 콜

라도 추가한다.

날씨가 꾸물거리기도 하고, 도시 이동을 했기도 하고 피곤하다. 맥주 한 캔을 따서 마시고, 아이들과 일찍 잠을 청했다.

적용하기

본문에서 제시된 사례를 보고 떠오른 과거에 이미 했던 경험, 앞으로 해주고 싶은 경험이 있다면 해당 사항에 표시하고, 적어 보아요.

신체적 건강	
정신적 건강	
사회적 건강	

자기관리 역량	
지식정보처리 역량	
창의적 사고 역량	
심미적 감성 역량	
협력적 의사소통 역량	
공동체 역량	

27일

surfing in 골드코스트

서퍼스파라다이스와 서핑

어제 일찍 잠을 잔 덕분인지 새벽 4시 40분쯤 일어났다. 5시 정도 되니 해가 떠오르기 시작한다. 호텔 방 밖으로 보이는 끝없는 수평선 너머에서 붉게 떠오르는 태양을 보니, 여기가 골드코스트구나 싶다. 모닝커피 한잔으로 아침을 열어본다. ─심미적 감성 역량 조식을 먹기 위해, 아이들을 깨워서 7시부터 움직인다. 호텔 로비 1층에 있는 식당에는 이미 사람들이 가득했다. 관광객들이 어디서 그렇게 왔는지, 식당의 자리가 충분하지 않았다. 10분쯤 대기하고, 자리를 안내받아 먹기 시작한다. 아, 이게 얼마 만에 먹는 조식인가, 내가 요리하지 않은 아침을 먹는 것이 너무 오랜만이었고, 그 자체로 행복했다. 음식을 요리하다 보면 냄새에 질려서 맛이 느껴지질 않는다. 그리고 메뉴의 종류가 많지 않아도 조식으로 먹기에 충분했다.

결혼을 하기 전에는 엄마가 차려 주는 아침밥의 감사함을 몰랐다. 당연하게 여겼거나 맛이 없다고 투정했던 것 같다. 결혼하고, 아이를 낳고 키운 지 12년이 지나가며 내가 차리지 않아도 되는 밥은 그 자체로 감사함과 행복이다. 내가 차리지 않아도 되고, 내가 설거지를 하지 않아도 되는 식사, 그 황홀함은 아마도 주부 생활을 해본 자만이 알 것이다. 호주에서도 이틀만은 조식 뷔페의 호사를 누려본다.

아침을 먹고, 오후 1시에 예약이 되어있는 서핑 클래스에 참석해야 한다. 오전에는 서퍼스 파라다이스 바다에서 마음껏 모래놀이와 파도를 즐기자~ 가자!! 그리고 시드니에서 만났던 고등학교 동창을 골드코스트에서 다시 만나기로 한 날이다. 친구는 초6, 초4 아들 2명과 또 다른 엄마와 아들 2명, 아들 둘과 엄마가 한 세트로, 2가족 총 6명이 같이 움직이고 있으며, 이들은 작년에도 호주로 왔다가 좋아서 한 번 더 오게 왔다고 한다. 작년에 친구가 올린 sns를 보며, 나도 꼭 와봐야지~ 했는데, 골드코스트에서 이렇게 만나게 될 줄은 상상도 못 했다.

전 세계 어디에나 있는, 맥도날드! 서퍼스 파라다이스 앞에 있는 맥도날드 앞에서 그녀를 만났다. 시드니에서 우연히 마주친 순간, 그다음 날 커

피타임에도 엄청 반갑더니! 골드코스트에서 다시 봐도 너무 반갑다. 외국에서 고등학교 동창을 만난다는 것은, (사실 한국에서 사는 25년 동안 한 번도 못 만나다가) 감사하고 설레고 행복했다. 친구

네 아이들은 어학원에 갔고, 친구가 사우스포트에 머무는데, 서퍼스 파라다이스 쪽으로 트램을 타고 내려와 주었다. 내가 아이들이랑 있으니깐, 본인이 내려온다고 했다. 친구의 소소하지만 깊은 배려가 타국에서는 더욱 따뜻하게 느껴졌다.-사회적 건강

아이들은 바닷가에서 모래놀이하고, 우리는 그 옆에서 아이스 아메리카노를 먹으며 수다 삼매경이다. 어제는 날씨가 우중충하더니, 오늘은 아주 제대로 쨍하다. 모래도 너무 곱고, 서퍼스 파라다이스라는 이름에 걸맞게 파도가 주기적으로 힘차게 몰려왔다. 고운 모래가 바닷물에 촉촉이 젖어서 모래놀이를 하기에 제법 괜찮은 곳이었는지 아들은 2시간 내내 모래놀이 삼매경이었다. 딸아이는 생리통으로 배도 아프고, 기분이 썩 좋지 않은지 동생이 만들어둔 모래성을 자꾸 부순다.

친구는 우리만 시원한 음료를 먹는게 마음에 걸렸는지 아이들도 덥다며, 맨발로 다시 맥도날드에 간다. 모래사장은 그렇다고 해도, 맥도날드에 가려면, 아스팔트 도로를 건너야 하는데, 어쩌나 싶다. 파도가 넘실거리는 바닷가에 아들을 두고, 친구에게 가기가 조심스러워서 친구 이름을 몇 번 부르다가 말았다. 다시 신발 가지러 오겠지~ 하고 있었는데, 친구는 맨발로 뜨겁게 달궈진 아스팔트 횡단보도를 건너 맥도날드에 가서 우리집 아이들을 위한 음료를 사다 주었다. 다시 한번 친구에게 고맙다는 마음을 전하고 싶다.

여고 동창. 고등학교 1학년 때 같은 반 친구였다. 고등학교 졸업 후 25년 만에 시드니에서 만나고, 골드코스트에서 만나는데도 우리는 열일곱

여고 시절처럼 거리낌 없이 서로의 안부를 나누고, 정말 그때 그 나이로 돌아가는 것 같다. 지난 20년 살아온 이야기를 시드니에서 나누고도 부족해서 이야기를 나누다 보니 2시간이 훌쩍 지났다.

나는 오후에 서핑 클래스 예약이 있고, 친구는 어학원에서 돌아올 아이들을 맞이하기 위해, 11시쯤 친구와 헤어졌다. 맥도날드에서 햄버거를 사서, 숙소로 향한다. 숙소에서 햄버거를 먹고, 서핑하는 곳으로 이동해야 하는데, 택시를 이용했다. 트램, 버스 등으로 가기에는 시간 타이밍이 안 맞을 것도 같고, 거리가 아주 멀지는 않아서 3명이 교통카드를 쓰느니, 택시 값을 내는 것이 아주 조금 더 비싸도 편할 수 있겠다고 생각했다.

브리즈번에서 론파인 코알라 보호구역을 갈 때, 버스 2번 갈아타는 것보다 택시를 이용하고 나서는 택시의 선택권을 옵션처럼 생각할 수 있었다.

택시를 탈 때는 올바른 방향으로 가는지 등을 살펴야 하는데, 다행히 방향감각이 없지 않아 동서남북을 알고, 표지판을 보기도 하며, 구글 맵을 켜서 보기도 하고, 택시 기사님의 네비가 그 방향을 잘 알려주고 있다. 15분 정도 택시를 타고 서핑 장소에 도착했다.

내가 신청한 서핑 클래스는 10여 명이 그룹으로 배우는 과정이다. 중국, 인도, 한국, 뉴질랜드, 호주 현지인 등 다양한 국적의 사람들과 함께 배웠다. 아들과 딸을 시켜주려고 예약한 것인데, 딸의 신체 사정으로 인해서, 나와 아들이 배우게 되었다. 딸이 물에 들어갈 수 없는 상황으로 인해서 취소할까도 고민했지만, 아들이 서핑을 해보고 싶어 하고, 딸아이도 엄마랑 동생이라도 하라고 해서, 계획대로 진행했다. 2시간 수업 중에 30분은

땅 위에서 간단한 방법과 연습을 하고, 바닷가로 이동해서 1시간가량을 실제로 해보게 된다. 서핑 스쿨은 서퍼스 파라다이스에서 북쪽으로 이동했고, 서퍼스 파라다이스의 파도보다 훨씬 더 잔잔했다. 파도가 올 때, 타이밍을 맞춰서 밀고 나오는 연습을 몇 번 했고, 강사진들의 도움으로 생각보다 빠르게 성공했다. 나는 3~4번 하고 나니 더 이상하면 체력이 소진될 것 같아서, 이 정도면 충분하다고 생각하고 멈추었다. 아들은 10번 정도는 서핑한 것 같다. 그리고 꽤 잘했다. 아들 녀석은 더 해본다고 끝까지 해내는 모습이 대견했고, 딸아이는 2시간이라 시간이 짧지 않은데 짜증 내지 않고 아들과 나의 사진을 잘 찍어주고, 해안가에서 혼자만의 시간을 즐겨내는 모습이 기특했다.-자기관리 역량

　해변에 산책 나온 강아지들이 있어서 동물을 좋아하는 딸은 강아지들을 보면서 시간을 보낸 것 같다. 10살 아들은 난생처음 해보는 서핑을 제대로 즐겼다. 영어로 진행되는 설명을 제대로 알아듣고, 영어를 쓰는 강사님과 자연스럽게 실습하는 모습은 호주라는 곳에 와서 쓴 돈과 시간에 대한 의미를 깊게 해주었다.-지식정보처리 역량 강습을 다 마치고 대충 물 샤워를 하

고 숙소로 돌아가려고 한다.

택시를 부른다… 아, 그런데… 앱의 문제인지, 내 신용카드의 문제인지… 택시를 부르는 앱이 되지 않는다. 20분이 지나도 해결되지 않자, 서핑강사 선생님들이 도움을 주려고 한다.

"여기로 올 때는 어떻게 왔니?"

"올 때는 앱으로 택시를 불렀지."

"근데 왜 안 되는 거지? 다시 한번 해봐."라고 하면서 20분가량이 지났다.

등에 땀이 나기 시작한다. 이건 또 무슨 상황인 거지? 여기서 숙소까지 택시로 15분이면 되는데, 여기서 트램이나 버스가 다니는 길로 나아가려면 아이들과 30분 이상 걸어야 한다. 이상하다, 이상하다. '혹시나 들어오는 택시가 있으면 그거라도 타야지'라는 생각으로 서핑하는 곳 옆의 식당으로 이동해본다. 4시 정도 되었는데, 들어오는 사람이 없다. 오전에 만났던 고딩 동창에게 택시를 좀 불러달라고 도움을 청해야겠다 싶어서, 연락을 취해도 전화 연결이 안 된다. 하, 머리가 어질거리고, 택시 빨리 부르라는 (날씨가 더우니 빨리 숙소에 가고 싶은) 아이들의 말도… 듣고 싶지가 않아진다.

"엄마 택시 불러! 왜 못해?"

"부르고 있잖아……!!!……"

마지막으로 한 번 더, 아니 마지막이 없지, 될 때까지 해보는 거지!… 다행히 핸드폰에 내장된 카드로 다시 결제를 시도하니, 이번에는 결제가 되었다! 아, 하늘이시여! 내게 무엇을 가르쳐주고자 이런 경험을 하게 하는

지… 일단, 택시를 타고…… 푸른 하늘에서 이글거리는 태양을 보며 묻게 된다. 왜 연결해 둔 신용카드가 안 되고, 30분 넘게 고민하게 된 건… 왜일까? 여기서 무엇을 배워야 할까? 어쨌거나 숙소로 들어오니 못 돌아올까 봐 걱정하던 마음의 부담이 1톤 트럭 한 대가 사라진 거 같다. 여행하다 보면 생기는 돌발 변수들이 참 많다. '언제, 어디서'를 예상할 수 없이 발생한다.

그래도 아이가 아픈 거 아니고, 내가 아픈 거 아니니까 됐다, 하며, 이 정도는 해결해 냈고, 해결했다며, 놀란 가슴을 다독인다.-정신적 건강 아이들과 함께 컵라면을 먹는다. 브리즈번에서부터 무겁게 가져온 생수통에 물을 얼려서 얼음팩까지 해서 브리즈번에서 곱게 모셔 왔던 김치와 함께!!! 김치와 라면으로 맛있게 저녁을 먹는다.

샤워하고 잠시 휴식을 취하며, 골드코스트에서 마지막 저녁을 어떻게 보낼지 생각해본다. 우리 호텔 바로 앞에 있는 스카이 전망대를 가기로 한다. 도시마다 전망대가 있으니까 패

스할까 싶다가도 전망대에 올라가서 보는 뷰는 속이 후련해지고, 아래에서 보는 뷰와는 다른 각도의 시선인 것이 매력적이다. 가성비 있고 효율적인 전망대 투어를 위해, 노을이 지기 직전에 도착해서, 노을도 보고, 야경도 보고 해야 직성이 풀린다.-자기관리 역량 아이들과 이른 저녁을 먹

고, 조금 휴식을 취한 뒤, 호텔 바로 앞 전망대로 향한다. 관광객들이 어디서 오는지, 늘 가는 곳마다 관광객들이 있다.

한국 사람도 있고, 다른 나라 사람도 있었다. 나도 여행을 왔지만, 여행 온 다른 사람들을 보며 저 사람들은 어떤 일을 하고, 왜 여행을 왔을까? 얼마나 머무르는 일정일까? 그런 것들이 궁금하다. 궁금했지만 다른 사람들에게 묻지는 못했고, 속으로 많은 사람들이 여행을 하는 이유에 대해서 생각했다.

스카이 포인트 1층 로비에 세계 각국의 단어들이 적혀있는데, '안녕'이라는 한국 단어도 크게 적혀있다. 무언가 뿌듯하다. 호주에 와서 우리나라 가요가 들려올 때, 마트에 우리나라 라면과 햇반 등이 많이 비치되어 있을 때 등 한국인으로서 뿌듯하고 뭉클한 순간들이 있다. 로비에 크게 적힌 '안녕'이라는 글자도 뭔가 뿌듯함을 가득 주었다.─공동체 역량

서퍼스 파라다이스 해변부터, 사우스포트의 해변까지 골드코스트의 지형을 360도로 관찰할 수 있었다. 컵라면으로 저녁을 미리 먹어두었기에, 피자를 많이 먹지 않아도 되고, 그래도 뭔가 잊지 못할 기억을 만들고 싶은 마음에 아이들과 피자, 와인, 주스를 주문했다. 노을이 지기를 기다렸고, 먹다 보니 노을이 지고 금세 야경으로 변했다. 연분홍빛에서 시작해서 주황 파도가 몰려오는 듯한 일몰을 지나, 해변의 불빛이 아름답게 빛나는 야경까지 즐기는데, 30분 정도 걸린 듯하다. 골드코스트에서 마지막 밤, 아름다운 광경을 눈 안에 가득 담아 본다.─심미적 감성 역량

전망대 위에서 살펴보니, 서퍼스 파라다이스 해변에 **market**이 선 것 같

다. 아이들과 함께 해변으로 내려가 보기로 한다. 초경을 경험하고 있는 딸아이는 중간중간 진통제로 버티는데 배가 아프다고 하였다. 한국에서 가져온 진통제를 거의 다 먹어서 마트에서 진통제도 하나 사고, 마실 물도 하나 샀다. 나는 해변가에 들어선 마켓을 구경하고 싶었지만, 아이들은 메인 거리에서 공연을 보고 있겠다고 했다. 관광객을 포함해 사람들이 꽤 많이 모였으며, 마치 한국의 불금 같은 수요일 밤이었다.

기타 소리도 들리고, 팝송을 부르는 소리도 들린다. 인파들이 모여있으며, 부산 해운대 거리처럼 느껴진다. 해변을 끼고 있는 곳의 상점 발달 및 인파들이 모이는 모습은 유사한 것 같다. 마켓을 빠르게 구경하고, (특별히 살 만한 것은 없었지만, 어떤 상품들이 나오는지는 궁금했다) 아이들 곁으로 갔다. 아이들도 피곤한지 숙소로 돌아가고 싶어 했다. 아이들과 골드코스트의 밤공기를 마시며, 숙소로 향한다. 골드코스트에서의 마지막 밤, 우연히 수요일 마켓데이와 일치해서, 여러 가지 공연과 시끌벅적한 분위기를 즐길 수 있었다. 이 또한 계획하지 않았는데, 경험하게 되어서 감사하다고 생각하며 마지막 밤, 깊은 잠을 잤다.

본문에서 제시된 사례를 보고 떠오른 과거에 이미 했던 경험, 앞으로 해주고 싶은 경험이 있다면
해당 사항에 표시하고, 적어 보아요.

신체적 건강	
정신적 건강	
사회적 건강	

자기관리 역량	
지식정보처리 역량	
창의적 사고 역량	
심미적 감성 역량	
협력적 의사소통 역량	
공동체 역량	

28일

Griffth Univ. 학식 먹기

골드코스트 마지막 날

골드코스트의 마지막 날이며, 오후 비행기로 시드니로 돌아가야 한다. 여느 날과 같이 5시에 눈을 뜨고, 골드코스트 해변으로 떠오르는 태양을 보며 모닝커피를 마신다. 피곤해서 일찍 잔 덕분인지, 아이들도 일찍 일어났다. 7시쯤 조식을 먹고 숙소로 돌아와서, 우리 방에서 보이는 뷰를 찬찬히 살펴본다.

아들은 시드니로 돌아가고 싶어 하지 않았으며, 골드코스트 해변이 너무 좋다고 하였다. 딸과 나는 사실, 골드코스트가 좋기는 해도, 뭐 볼 것도 딱히 없고 시드니처럼 도시다운 도시로 가고 싶은 마음이 더 컸다. 골드코스트로 한달살이를 온 아들 둘을 둔 친구네 가족들도 그렇고, '골드코스트가 아들 취향에 더 부합하나 보다'라는 생각이 든다.

한달살이의 거의 끝자락 지점에서 아이들과 함께 영상을 찍어본다. 한달살이를 해보니 어떤시 무엇이 좋은시 등을 서로 인터뷰하며, 동영상을 촬영했다.

10시쯤 체크아웃을 하고, 로비에 짐을 맡기고 오전에는 Griffith University를 가보기로 했다. 트램이 연결되어 있어서 교통이 나쁘지 않고, 브리즈번에서 만났던 영어 강사였던 삼촌이 다니는 학교라고 설명하며,

아이들과 함께 대학을 방문했다. 대학 기념품 가게도 구경하고, 학생 식당 정도 둘러본다. 학생 식당에서 점심을 먹는다. 학생 식당에도 동남아, 일본 음식의 메뉴가 있었다. 다민족 국가라는 생각이 많이 들었다. 학생 식당은 밖의 식당보다 가격도 저렴하고 양도 많았다. 아이들과 식당에서 밥을 먹으며, 현지 대학생들의 모습도 보고, 학교 투

어를 온 다른 학생들의 모습도 살펴보았다. -지식정보처리 역량

　점심을 먹고, 공항으로 가기 전에 또 한 군데 둘러보자고 생각한 곳이 박태환 선수가 훈련했다는 수영장(Gold coast aquatic center)이다. 숙소로 가는 길에 있는 동선이라서 거쳐 가기로 했다. 사우스포트에서 내려서 걸어가는 길에 Broadwater Parkland를 지나가게 되었으며, Rockpools라고 놀이터 사이사이 만들어진 발목까지 닿는 풀을 그냥 지나치지 못하고 물놀이를 했다. 발장구를 쳤다는 표현이 더 정확하겠다. 정해진 틀 없이 발길 닿는 대로 가보고, 거기서 멈춰서 놀고, 우리가 향해가는 목적지를 찾아내는 경험을 하고 있다. 골드코스트 아쿠아틱 센터 앞에 도착했다. 수영장을 이용하기에는 수영복도 안 가지고 왔고, 시간도 부족하다. 입장을 도와주는 직원 분께 구경만 해도 되는지 물어보고, 구경만 하기로 한다. -자기관리 역량

깊은 수영장 레인에서는 지역 친구들의 수영대회가 열리고 있었다. 수영하는 모습을 보는데, 잘하는 친구들도 있지만, 우리집 아이들이 더 잘할 것 같다는 생각도 스친다.

아이들도 "내가 쟤들보다는 잘할 것 같은데…"라고 여유를 보인다. 호주에는 수영을 배울 수 있는 센터가 곳곳에 있고, 수영장 이용 요금이 저렴했다. 그리고 수영장에는 영법을 익힐 수 있는 곳과 재미 위주로 물놀이를 할 수 있는 곳이 있어서 수영장의 퀄리티도 좋았다. 호주가 수영 강국인 이유는 수영에 대한 기반 시설이 잘 갖춰진 덕분인 것 같다. 어쨌거나 골드코스의 아쿠아틱 센터에도 발도장을 콩콩 찍었다.

이제는 골드코스트 공항으로 가야 할 시간이 다가온다. 브리즈번 공항을 통해 왔기에, 골드코스트 공항은 처음 간다. 언제나 '첫 지도'는 긴장되기 마련이다. 브리즈번에서 기차로 들어온 방향과 반대로 가야 한다. 서퍼스 파라다이스에서 트램의 종착역, 브로드비치 사우스로 간다. 브로드비치 사우스에서 공항 가는 버스를 타고 이동한다. 버스가 가는 길에 정체가 조금 되긴 했지만, 무사히 공항에 도착했다.

공항에 도착하고 나니 마음이 안심되었지만, 아직 할 일이 하나 남았다. 퀸즐랜드 교통카드의 잔액을 환불받아야 한다. 공항 내의 편의점을 찾아서, 결국 환불을 받았다. 현금으로 환불이 아니었고, 일주일 내로 카드로 환불, 일주일 후에 제대로 환불되는지 꼭 확인해야겠다. (일주일이 지나고 신용카드로 환불이 되었다.)

짐도 부치고, 입국심사도 받고, 공항 내에서 비행기 타기 전에 허기를 때운다. 베트남 쌈과 롤로 배를 채운다. 아이들이 배가 고프지 않게, 항상 신경이 쓰인다. 아직 여행 일정이 남았고, 아프면 안 되니깐. jet star 비행기를 타고 시드니로 향한다. 아, 이제는 정말 여행의 고비들을 거의 다 지나왔구나, 라는 생각이 든다. gold coast airport를 이륙하는 순간, 마음의 짐이 가벼워진다. 이제 시드니로 돌아가서 3일 정도의 일정을 마치면 한국으로 귀국이다. 거의 다 해냈다. 마지막까지 최선을 다하자고 생각하며, 비행기 안에서 호주에서만 먹을 수 있는 맥주 한 캔과 아이들이 좋아하는 감자 과자를 구매했다.-정신적 건강 딸은 한국에서 가져온 인형, 아들은 브리즈번에서 구매한 인형을 품에 안고 비행을 즐기고 있다. 비행기를 좋아하는 아들은 비행기 모형을 사고 싶다. 내 눈치를 본다. 결국 사줬다. 저 비행기를 볼 때마다 이 비행의 경험을 생각하겠지, 여느 비행에서 그랬던 것처럼.

　1시간쯤 비행 후 시드니 공항에 착륙했다. 시드니에만 도착했을 뿐인데, 정에 온 거 같은 이 느낌, 고작 3주 시드니에서 살았는데 말이다. 시드니에서 남은 기간 동안에 오팔카드를 더 충전하지 않고, 잔액을 알뜰하게 쓰기 위해서, 돌아갈 때는 버스로 마스콧이라는 역으로 가서, 거기서 기차를 타고자 한다. 공항 기차를 타면 20000원 정도

가 한 번에 나가는데, 버스와 도심 기차를 타면 5000원 안팎으로 15000원이나 저렴하니깐, 몸을 쓰고 돈을 아껴본다. 캐리어를 밀고 버스정류장으로 가는데, 캐리어의 한쪽 바퀴가 아무래도 심상치 않다. 한국까지 잘 데리고 가야 하는데 말이다. 버스를 타고, 마스콧 역에 내려서 기차를 타고, 드디어 숙소 근처의 museum station에 도착한 시간은 저녁 8시 20분… 어둠이 찾아온 시드니 도심 속에 바퀴가 떨어지기 직전의 캐리어를 들고 서 있는 나는 '지금 여기는 어디? 나는 무엇을 하고 있나?'하는 여러 생각이 스친다.

아이들과 함께 한달살이의 3막을 정리하고, '이제 시드니에서 3일만 보내면 되는구나'라는 생각과 '몸이 정말 힘든데, 힘들 수가 없구나'라는 생각이 교차하며, 숙소로 돌아간다.

'힘든데 힘들 수조차 없는 순간을 느껴보았는가?'라는 질문을 던진다. 인생을 살면서 힘이 드는데, 힘이 든다고 느끼는 것조차 사치인 순간들이 몇 번 있었던 것 같다.─정신적 건강 중학교 때 외할아버지가 간경화로 돌아가시고 나서도 세상이 아무렇지 않게 돌아가는 것, 아빠가 사업이 잘 안되어서 힘들어하는 모습을 보며 내가 할 수 있는 건 공부밖에 없었던 시절, 병원 간호사로 근무하던 1년 차, 아빠의 암 말기 판정 속에서 임용 시험을 보겠다며 뛰쳐나오던 시절, 그런 몇 번의 고비를 생각하면, 지금 시드니에서 힘든 것은 힘든 것도 아닌데 말이다.

그런데 힘들다. 몸도 마음도… 행복하면서도 힘들다. 힘듦의 또 다른 종류를 경험한다. 힘들다는 것을 스스로 인정해 주고 나면, 힘듦에서 조금

벗어난다.-정신적 건강

　우리가 묵었던 숙소는 'Rydges'였는데, 딸아이가 그린 그림을 보니, '너
도 나와 같은 마음이었구나.' 싶다. "이제야 좀 편하네! 살겠다!" 그래, 엄
마도 그러네!-협력적 의사소통 역량 숙소에서 방을 배정받고, 숙소에 들어오
며 한국마트에서 산 봉지라면과 단무지, 햇반으로 저녁을 먹는다. 같은 호
텔인데, 20일 머물 때 배정받은 방의 구조보다는 조금 덜 효율적인 방을
배정받았다. 뷰도 그렇고… '같은 가격인데도 어느 방에 배정받느냐에 따
라 참 다르구나.'라는 생각을 했다. 방을 배정받고 나니, 오랜 기간 머물 때
편안한 방(테라스의 뷰도 좋고, 욕조도 있어서 욕조에서 빨래를 해서, 테
라스에 널었다)을 배정해 준 직원에게 매우 감사해졌다. 오늘 밤을 포함해
서 3일만 자면 되니깐, '긴 시간 머물 때 좋은 방을 누렸던 것에 감사하자!'
라는 마음으로 정리하고 잠들었다.

본문에서 제시된 사례를 보고 떠오른 과거에 이미 했던 경험, 앞으로 해주고 싶은 경험이 있다면 해당 사항에 표시하고, 적어 보아요.

신체적 건강	
정신적 건강	
사회적 건강	

자기관리 역량	
지식정보처리 역량	
창의적 사고 역량	
심미적 감성 역량	
협력적 의사소통 역량	
공동체 역량	

=== 29일 ===

친정 같은 시드니 :
블루마운틴 일일 투어

블루마운틴 투어

푹 자고 일어났는데 6시다. 해가 뜨기 시작한다. 골드코스트와 브리즈번이 1시간가량 일찍 해가 뜨는 것 같다. '시드니에서 떠오르는 해를 볼 날도 3일뿐이다'라는 마음이 하루에 대한 소중함을 가득 불러온다. 사실은 한국에서 사는 하루하루도 지나가면 다시 오지 않는데, 데드라인 없이 흘러가는 삶에 대해서는 소중함을 놓치고 있는 것이 아닌가 하는 생각이 든다. -자기관리 역량 우리의 삶은 데드라인이 언제나 있기 마련인데… 다만 그 데드라인이 언제인지, 어떤 방법일지 모르기에 최선을 다해 오늘을 즐겁게 보내야 하는 것 같다. -정신적 건강

아침식사로 컵밥을 해 먹고, 아이들은 잠시 호텔에 쉬게 두고, 어학원 친구들에게 주려고 한국에서 가져왔던 〈중요한 건 꺾이지 않는 마음〉이라는 팔찌를 전하러 간다. 어학원 엄마 둘이 브리즈번에서 성인이 된 우리

딸에게 선물을 준비했다고 한다. 팔찌를 전해주고, 딸아이 선물을 받아 간다. 호주 한달살이에서 얻은 소중한 인연이다. 세종, 창원, 성남에서 온 우리들은 서로 존재도 모르고 살아왔지만, 호주 시드니에서 아이들이 같은 시기에 어학원을 다닌 인연으로 서로의 일상을 공유할 수 있는 사이가 되었다는 것이 감사했다. -사회적 건강 20년 전 유럽 여행을 가서 만나거나 함께 동행했던 친구들은 그 관계가 깊듯이 조리원 동기, 군대 동기처럼 힘들고 어려운 순간을 함께 보낸 사람들과는 뭔가 막역함이 있다. 호주 한달살이가 힘들고, 어렵지만은 않지만, 한국이 아닌 타국에서 아이들과 한 달을 보내는 엄마들에게 같은 입장의 사람들은 엄청나게 공감이 되고 힘이 된다.

아마 아이들도 마찬가지일 것이다. 외국 어학원에서 만나서 함께 방과 후 시간을 보낸 한국 친구들, 잊지 못할 추억과 인연이 될 것으로 생각한다. 한국에 가서도 자주는 아니어도 만날 수 있는 인연으로 지내길 기대하며, 세종에서 올라온 엄마의 숙소로 향해서 선물을 전했다. 엄마는 아이와 둘이 와서, 아이가 자고 있을 거 같아서, 내가 숙소로 가겠다고 했는데, 서로 의사소통의 오해로, 엄마는 우리 숙소 근처 마트, 나는 그 엄마 숙소 로비에서 기다렸다. 약속 장소는 엇갈렸지만, 서로에 대한 깊은 배려를 느낄 수 있어서 감사했다. 서로 선물을 교환하고 각자의 일정을 소화하고, 한국에서 만나자고 인사를 나누었다.-사회적 건강

숙소로 돌아와서 아이들에게 오늘 무엇을 하고 싶은지 물어본다. 오후에는 동물원과 블루마운틴 야경 투어가 예약되어 있고, 오늘 오전과 내일 일정 등 시드니에서 꼭 하고 싶은 것을 의논했다. 아들은 시드니 수산시장에서 먹고 싶었던 포도가 생각난다고 했고, 딸은 다코야키가 먹고 싶다고 했다. 그리고 토요일에는 바닷가에 한 번 더 가고 싶다고 한다.-자기관리 역량

"좋아, 그러면 하나씩 해보자."

일단 오늘은 시드니 수산시장에 다시 가보자며 길을 나선다. 처음 수산시장을 갈 때는 이 방법이 맞는지 확신이 없는 채로 가던 길이었지만, 한 번 하고 나서는 확신을 가지고 움직일 수 있다. 두 번째로 가는 길은 길을 알고 있으니, 마음이 매우 편안했다. 트램을 타고 수산시장에 도착해서, 아이들이 먹고 싶은 포도를 사고, 다코야키도 산다. 그리고 날씨가 너무 더워서 음료도 하나를 사서 둘이 함께 먹으라고 줬더니, 누가 더 많이 먹었냐며 다투고 있다. 한국에서는 아이들에게 음료를 사줬는지도 제대로 기억하지 못하는데, 호주에서의 지출 하나하나는 사실 아무렇지 않게 쓴 것이 아

니라, 매 순간 고민하고 선택하고 실행한 것 같다. 언제 어디서 무엇을 사 쳤는지가 너무 생생하게 기억된다. 머리가 아플 만큼이나. 매 순간 선택하 고 책임을 져야 하는 수많은 선택의 연속이었다.-자기관리 역량

숙소로 돌아오는 길에 타고 있던 트램이 원하는 역까지 가지 않고 멈춘 다. 1월 26일, Australia day로 중심가까지는 트램을 운영하지 않는다고 한 다. 달링하버 이전 역이 종착역이고 내려서 걸어간다. 달링하버 쪽에 있는 전시센터를 거쳐오며 바닥분수에서도 놀고, 달링하버에서 숙소까지의 길 도 익숙해서 실실 걸어 왔다.

달링하버 플레이그라운드(놀이터)에 도착하니, 아들은 다시 추억이 생 각나니 한참을 논다. 딸아이는 더위에 취약하다. 딸아이가 혼자서 숙소를 가보겠다고 먼저 간다고 한다. 숙소 로비에서 기다리겠다고 한다. '그래, 전화도 있고, 몇 차례 온 곳이니까 갈 수 있겠지, 길을 잃으면 전화하면 되 지.' 하고 본인이 해보겠다는 시도를 말리지 않았다. 한번 해봐라 싶었다. -자기관리 역량 아들이 그물망으로 된 놀이터에서 놀 만큼 놀고, (딸이 먼저 간 지 5분 후쯤)… 혼자 로비에 오랫동안 있어도 안 될 거 같아서, 숙소로 향했다. 아뿔싸!! 숙소에 도착했는데, 딸아이가 없다. 이 아이가 어디서 헤 매는 건지, 우리보다 먼저 갔는데 말이다. 전화를 걸어본다. 벨이 한참을 울리는데, 전화를 안 받는다.

두근거린다. 호주에서 애 잃어버린 거 아닌가 싶다가도, '설마 13세에 영어도 할 줄 알고, 숙소도 아는데' 하면서 1분간 잠시 생각을 멈추고 있는 데, 딸에게서 전화가 온다.

"너 어디야?"

"나 지금 숙소 가고 있는데…"

"그러니깐, 어디냐고?"

"이제 어학원 있는데 도착했고, 집으로 가려고." 딸아이는 달링하버에서 집으로 바로 가는 길은 생각을 안 하고, 항상 어학원에서 돌아가던 길을 기억하고, 달링하버에서 어학원으로, 어학원에서 집으로 오는 길을 택해서 오고 있다. '그래, 오고 있으면 됐다.' 안도의 한숨을 쉬고, 호텔 로비에 등장하는 딸아이 뒤로 후광이 보일 지경이었다. 시간이 오래 걸렸고, 길을 빙 둘러왔지만, 혼자 갈 수 있을 것 같았고, 혼자 오는 것에 시도하고 성공했고! 답답해하기보다 기특해하기로 마음을 돌렸다.-정신적 건강

딸아이까지 셋이 모이고 나니, 12시 30분이 되었다. 1시 30분까지 투어 집합 시간이기에, 서둘러 점심을 먹었다. 고기 굽고, 김치에 단무지와 햇반, 간단한 상차림으로 점심을 해치우고, 예약해 둔 투어를 하러 나선다. 1월 1일 모래 썰매를 타러 갈 때 시드니 시티에서 만나는 장소, 그곳으로 가면 된다. 우리 숙소에서 도보로 5분 내외면 도착한다. 시간에 맞춰서 이동했고, 이종사촌 동생도 오늘 함께 하기로 해서, 사촌 동생도 나와 있었다.

이제부터는 가이드님을 믿고 의지하면 되니. 마음이 한결 편하다. 페더데일 동물원에 먼저 들렀다. 브리즈번에서 갔었던 동물원에 비해서는 뭔가 더 한국식 동물원처럼 우리 안에 갇힌 동물들이 많았다. 캥거루에게 먹이를 주는 것도 울타리 밖에서 줘야 했다. 하지만, 못 봤던 웜뱃, 펭귄 등을 본 것에 의의를 둔다. 페더데일 동물원을 와보니까, 브리즈번에서 갔었던

곳이 정말 잘되어 있는 곳이구나 느껴진다. 사람이 우물 안 개구리가 안 되려면, 적어도 내가 본 것이 전부가 아니라는 생각을 할 수 있어야 하는구나 싶다.-지식정보처리 역량 날씨가 너무 더워서 코알라들에게 얼린 차가운 물병을 안겨두었다. 코알라들은 물병을 꼭 안고 늘어져 낮잠을 자고 있었다. 물병을 죽부인처럼 껴안고 있는 코알라가 너무 부러웠다. 날씨가 후덥지근한 것이 정말 더웠다.

동물원을 1시간가량 살펴보고, 다시 차량에 올라탔다. 블루마운틴으로 이동한다. 블루마운틴으로 가는 Leura라는 지역의 유명한 아이스크림 가게를(josophan's ice cream) 소개해 주셨다. 피스타치오 맛을 추천해 주셨는데, sold out이고, 아몬드, 바닐라 등 각자 취향껏 먹었다. 아이스크림 미니 사이즈가 생각보다 너무 작아서, 큰 사이즈로 먹었다. 맛은 있으나, 비쌌다. 아이스크림 하나가 7000원 정도 했던 것으로 기억한다. 그래도, 아들이 그린 아이스크림 가게 그림을 보니, 아들도 맛있다고 기억에 남는 것

같다. 그걸로 만족하기로 한다. –심미적 감성 역량

　아이스크림을 먹고 첫 번째로 갔던 곳은 블루마운틴을 다녀온 사람들이면 항상 남기는 포토 존인 거 같다. 낭떠러지 등 위험해 보이는 부분이 있어서 아이를 데리고 온 나는 과감히 포기했고, 사촌 동생은 도전했다. 가이드님이 사촌 동생을 찍어준 사진을 보니, 사람들 카톡 프로필 사진에서 봤던 거 같다는 생각이 스친다. 여러 번 본 사진인데도 호주라고 생각을 못 했다가, 사촌 동생의 사진을 보고 나니 호주였구나 하는 생각이 든다. '아는 만큼 보인다'라는 속담이 스친다.-지식정보처리 역량

별빛 투어 하기 전에 저녁 식사를 할 수 있는 시간을 주었다. 베트남 식당, 한국식당, 태국 식당 등이 있었는데, 우리는 베트남 식당에서 쌀국수를 먹었다. 집합 시간까지 시간이 좀 남기도 하고, 가져온 물을 거의 다 먹어서, 근처 울워스 마트에서 생수와 과자 한 봉지를 산다. 화장실도 가고… 물을 사려고 갔지만 덕분에 울워스 블루마운틴 지점을 가볼 수 있었다. 그리고 집합 장소로 모여 차량으로 이동한다. 블루마운틴 산줄기를 따라 이곳저곳을 가는 거 같다.

아름다운 산 능선을 볼 수 있는 곳에서 주황빛으로 물들어 가는 하늘을 바라보았다. 켜켜이 있는 구름 사이로 노을빛이 젖어 드는데, 정말 장관이었다. 주황빛 노을이 구름에 젖어 드니 파스텔 분홍색 빛으로 반짝이기도 한다.-심미적 감성 역량 아름다운 노을은 보았지만, 안타께도 우리가 보고자 했던 별은 볼 수 없었다. 안개가 가득해서 별빛 투어를 했으나, 별을 보지 못하였다는 아쉬움을 남기고… 대신 시드니 도심 야경 투어로 대신하신다고 한다.

1월 26일 Australia Day의 도심 저녁… 10시에 도착해서 하버 브리지를 배경으로 사진을 찍는다. 밤 10시에 나와보는 건 또 오늘이 처음이자 마지막 같다. 1시간 정도 야경을 즐기고, 숙소에 도착하니 11시이다. 씻고 자기가 바빴다. 그런데 친정엄마로부터 부재중 전화가 여러 번 찍혀있고, 남편도 장모님이 걱정하시니 연락드리라는 문자가 와있다. 아마도 블루마운틴에 있을 때, 전화를 하신 거 같은데, 전화 수신이 안 된 건지, 연락이 안 되어서 한참을 걱정하신 거 같다. 숙소로 돌아와서 엄마와 통화를 하고, 바로 잠들었다. 어제 딸아이가 숙소 로비에 없었을 때 심쿵하던 기억이 스치며, 한국에서 엄마가 많이 걱정했구나 싶었다. 딸이랑 나랑 의도하지 않게 각자 엄마를 걱정시켜 드린 에피소드 하나 추가요!

적용하기

본문에서 제시된 사례를 보고 떠오른 과거에 이미 했던 경험, 앞으로 해주고 싶은 경험이 있다면 해당 사항에 표시하고, 적어 보아요.

신체적 건강	
정신적 건강	
사회적 건강	

자기관리 역량	
지식정보처리 역량	
창의적 사고 역량	
심미적 감성 역량	
협력적 의사소통 역량	
공동체 역량	

30일

시드니의 마지막 날 :
달링하버 불꽃놀이

시드니 마지막 날

마지막 날이다. 무언가를 할 수 있는. 내일 오전 비행기로 한국으로 돌아가니, 내일은 일어나자마자 공항으로 움직여야 한다. 시드니, 호주에서의 마지막 날…!!…

아이들이 자는 동안, 한국에서 호주로 온 지인을 만나기 위해 움직인다. 7시 30분쯤 만나기로 하고, 숙소에서 7시쯤 나섰다. 시드니에서 23일 정도 지내고 나니, 이곳의 위치와 거리, 방향감각은 꽤 익숙했다. 달링하버를 지나 파워하우스 뒤쪽, 조금 걸어가면 되는구나… 20분 정도 걸으면 된다는 감을 잡고 살살 걸어간다. 모닝미팅으로 만날 지인은 한국의 초등맘 카페 운영자이시다. 몇 년 전 책을 함께 집필하기도 했고, 이후에 종종 안부를 묻고 지내고 있다. 우리집 둘째와 같은 나이의 아들을 키우고 있어서 공감대가 되기도 하고, 한국의 지인을 호주에서 만나보는 기회를 놓칠 수 없었다.-사회적 건강 평생에 한 번 있을까 말까 한 일이니 말이다.

호주에 도착하신 지 2~3일 되신 거 같은데, 몸살 기운이 심해서 가족들과 함께 여행하지 못하고 숙소에서 쉬신다는 이야기에, 한국에서 가져온 상비약들을 챙겨서 나왔다. 내일이면 한국으로 돌아갈 나보다 앞으로 2주 정도 여행을 더 해야 하는 반장님과 가족들을 생각해서 비상약을 전해드리고 싶었다.

알려준 주소지 근처로 가니, 반장님이 나와 계셨다. 호주 시드니에서 만나다니…?! 너무 반갑고 감사했다. 일정이 겹친 것도 서로 시간을 공유한 것도… 커피 한잔을 마시며, 이야기를 나누었다. 2019년 연초에 만든 책과 2024년… 1학년이던 아이가 어느새 6학년이 되었고, 그 세월 사이에 각자의 발전과 앞으로의 삶에 관해 이야기를 나누다 보니, 1시간이 훌쩍 지났다. 반장님의 아들이 아빠를 찾으며 전화가 왔고, 우리집 녀석들도 깼을 거 같다.

숙소로 돌아가는 길에 또 하나의 수영장을 발견했다. 이안 소프트 수영장이다. 호주의 유명한 수영선수 이름을 따서 만든 공립 수영장이다. 투명 유리 안으로 보이는 수영장이 제법 쾌적해 보였다. 호주에는 수영장이 동네마다 있구나, 수영장의 접근성도 좋고, 수영이 대중화되어서 수영의 기반이 마련되어 있는 것 같다. '유명한 수영선수가 그냥 나오는 것이 아니구나'라는 생각이 스친다. -지식정보처리 역량

숙소에 오니 아이들이 일어나서 동영상을 보고 있다. 그래 어제저녁까지 움직였으니 힘들 수 있지, 어서 아침 먹자~! 골드코스트 호텔 조식 뷔페에서 담아온 머핀과 한국에서 가져온 수프로 아침을 먹는다. 그리고 아들이 먹고 싶다고 해서 시드니 수산시장 가서 사 온 아주 작은 포도로 숙소에서의 마지막 아침을 먹는다.

한 끼만 먹으면 되는데, 뭘 사기도 그럴 거 같아서, 근처에서 머무는 사촌 동생에게도 남은 반찬과 컵밥을 배달한다. 점심 잘 챙겨 먹고, 이따 만나자! 사촌 동생과 함께 오후에는 본다이 비치를 한 번 더 가기로 한다. 우리는 세 번째 방문이 되지만, 사촌 동생은 못 가봤고, 해변, 아이스버그 수영장, 해변 산책로, 갭 파크, 그리고 다시 페리를 타고 시드니 시티로 나올 수 있는 그곳으로 가기로 했다. 오후 1시 30분에 사촌 동생이랑 만나기로 했고, 그 사이에 한 명 더 만날 사람이 있다.

시드니에 사는 희정이와 15년 전 가봤던 BADDE MANORS라는 카페에서 티 한잔을 마시며, 마지막 여운을 즐겼다. 15년 전에도 여기서 티를 마시고, 중고 마켓을 갔었는데.. 오늘도 중고 마켓이 열려있다. 희정이는

초경을 시작한 딸아이를 위한 목걸이와 나를 위한 머그컵을 선물했다. 나는 희정이에게 한국에서 가져와서 읽던 책 한 권과 반고흐 그림이 그려진 천가방을 주었다. 물론, 한국에서 사 온 목걸이는 1월 초에 만났을 때 선물로 줬지만, 그래도 뭔가 더 주고 싶었다. 희정이와의 만남도 뒤로 하고 숙소로 향한다. 어서 아이들을 챙겨서 사촌 동생과 본다이 비치를 가야 한다.

본다이 비치를 세 번째로 가보니까, 자연스럽게 하이드파크 앞에서 버스를 타고 집에 가듯 간다. 익숙해진다는 것은 이런 것인가 보다. 처음 갈 때는 여기가 맞나? 의심이 되고, 조바심이 생기는데… 두 번, 세 번이 되니, 눈 감고도 간다는 말이 이해될 만큼 익숙해졌다. -지식정보처리 역량 버스 정류장에 내려서 아이스버그 수영장 쪽으로 먼저 간다. 아이스버그 수영장이 들어가면 별로이지만, 사진 배경으로 찍기에, 또는 사진으로 보기에는 정말 멋지다. 바닷가 옆에 있는 수영장, 제대로 호주호주한 느낌이 든다. 사촌 동생은 해변 산책로를 한 바퀴 돌고 오라고 하고, 나는 아이들과 함께 바닷가 모래로 간다. 바닷가 모래로 모래놀이하는 것이 하고 또 해도 재미있다고 한다. 호주의 모래는 한국의 모래보다 더 곱다고 말한다.

사촌 동생이 30분 만에 해변 산책로를 돌고 우리에게 왔다. 본다이 비치의 피시앤칩스를 맛보여주고 싶었다. 사촌 동생과 아이들을 테이블에 기다리게 하고, 바람처럼 다녀온다. 갭 파크로 가는 버스가 오기까지 20분 정도 남았고, 그

사이에 맛을 봐야 하기에 바람처럼 사 온 피시앤칩스는 역시나 맛있었다. 배가 좀 출출할 시간이기도 했고, 튀기면 뭐든 맛있어지는 것 같다.

버스를 타고 본다이 비치의 북쪽으로 이동하여 갭 파크에 도착했다. 갭 파크에서 사진을 찍고 왓슨스 베이로 간다. 왓슨스 베이로 가는 길에 있는 놀이터를 지나는데, 아이들이 "어, 여기 오니깐, 아빠 생각이 나는데?"라고 말한다. 1월 초에 아빠랑 같이 왔던 곳이다. 아빠 생각이 나는 것이 당연하지, 싶으면서도 아이들이 아빠를 그리워하는 것이 가슴 한편 찡하다. 지금은 아빠가 한국에 있으니까 가서 보면 되는데, 어느 순간이 되면, 아빠를 보고 싶어도 볼 수 없는 순간도 다가올 텐데… 그런 상황 속에서도 잘 살아갈 수 있도록 키워줄게. 그래서 호주를 온 것도 맞아. 얘들아, 언제까지나 엄마, 아빠가 너희 곁에 있어 줄 수 없으니깐…-정신적 건강

왓슨스 베이에서 페리를 타기 위해 기다리는 동안 아들과 딸은 이모에게 여기저기를 설명해 준다. 한번 와봤다고 말이지, 아주 잘 설명한다. -협력적 의사소통 역량 페리를 타고, 서큘러 키로 향한다. 이 페리가 이제 마지막 페리다~! 즐기자!! 아이들은 페리 선미와 선두를 오고 가며 즐긴다.

T2라는 티와 찻잔을 파는 가게에서 사려고 했던 선물이 있는데, 페리 도착 시간이 가게 문닫을 시간과 아슬아슬하다. 동생에게 아이들을 부탁하고, 서

큘러 키에 도착하자마자 먼저 트램을 타고 QVB에 있는 가게로 간다. 사실 시아버지를 위한 찻잔을 꼭 사서 가고 싶었다. 매일 아침 커피를 드시는 아버님께, 호주의 공기가 묻은 찻잔으로 바꿔드리고 싶었다.-사회적 건강 페리에서 내릴 때도 제일 먼저, 내려서 트램 정류장까지도 100m 질주, 트램에서 내려서도 가게까지 전속력을 다해서 가게 문이 닫기 직전에 들어갔다. 마지막 손님으로 계산하고 나왔고, 아이들은 이모에게 QVB 고급스러운 화장실을 설명해 주고 있었다. 미션 클리어!!

이제 남은 일정은 달링하버의 유명한 레스토랑에서 9시에 시작하는 불꽃놀이를 보는 것이다. 각자 숙소에서 조금 쉬고, 8시쯤 만나기로 한다. 레스토랑에서 배를 채우면 너무 비싸지니깐, 숙소에서 배도 좀 채우고 말이다. 컵떡볶이, 우동, 햇반, 김 남은 재료로 밥을 먹는다. 내일 아침에는 밥 먹을 시간이 안 될 거 같다. 남은 재료 소진 대작전을 실시!

각자 저녁을 먹고, 8시에 만나서 달링하버로 걸어간다. 노보텔 달링하버 호텔로 가서, '여기겠지~?' 하고 갔는데, 노보텔이 2곳이었던 것이다. 노보텔 시드니 달링하버, 노보텔 록퍼드 달링하버, 2개가 있다. 우리가 가

야 하는 곳은 노보텔 시드니였는데, 차이나타운 근처의 록퍼트 달링하버로 착각을 한 것이다. 예약 시간에서 15분 늦으면 취소된다는 안내 글귀에 또 다시 뛴다. 아이들은 사촌 동생과 함께 오게 하고, 앞서서 뛰어간다. 그렇게 헉헉거리며 드디어 노보텔 시드니 달링하버에 도착했다.

고급 레스토랑, 그리고 테라스로 시드니하버가 보였다. '그래, 이 정도 되어야 불꽃놀이가 보이겠지.' 하며, 예약된 좌석에 앉아 피자, 스테이크, 와인을 시켜서 분위기를 즐긴다. 8시 55분이 되자 테라스로 연결된 문을 열어준다. 테라스에서 호주의 마지막 밤, 불꽃놀이를 즐긴다.

12월 31일에 숙소에서 tv로 보던 불꽃놀이와 또 다르게, 가까이에서 볼 수 있는 달링하버의 불꽃놀이는 우리가 보낸 호주에서의 한 달을 잘 마무리했다고 격려해 주는 것 같았다. 심미적 감성 역량 15분쯤 진행되는 불꽃놀이를 보고, 스테이크를 먹고, 10시 문닫기 직전에 나온다. 숙소로 걸어간다. 올 때는 멀던 길이 돌아갈 때는 익숙함 덕분인지 금세 간다.

우리 숙소에서 5분만 더 가면 사촌 동생이 묵는 숙소가 있는데, 아들이 거기를 가 보고 싶단다. 그래, 뭐 안 될 거 뭐 있니! 가보자. 사촌 동생 숙소를 쓱 구경하고, 우리 숙소로 돌아오니 11시다. 애들이 먼저 씻고, 내가 샤워하고 나오니, 아들은 이미 잠 들었다. 딸에게는 기억에 남는 한 가지를 그리고 자자고 하며, 나는 한 달간의 짐을 싼다. 내일 아침 7시 콜밴을 불렀으니, 6시에는 일어나야 한다. 알람을 다시 한번 확인하고, 호주에서의 마지막 밤을 마무리한다.

본문에서 제시된 사례를 보고 떠오른 과거에 이미 했던 경험, 앞으로 해주고 싶은 경험이 있다면
해당 사항에 표시하고, 적어 보아요.

신체적 건강	
정신적 건강	
사회적 건강	

자기관리 역량	
지식정보처리 역량	
창의적 사고 역량	
심미적 감성 역량	
협력적 의사소통 역량	
공동체 역량	

31일

안녕! 호주, 그리고 한 달

안녕! 호주!

호주에서의 마지막 날 아침, 맑은 하늘이 우리를 깨운다. 한국으로 돌아가면 겨울이기에, 외투도 챙기고, 긴팔 긴바지로 옷을 챙겨입었다. 7시에 밴을 예약해 놨다. 6시 45분쯤 호텔을 나서야 한다. 호텔 방, 호텔복도, 엘리베이터, 그리고 호텔에서 메인 거리로 나가는 길, 이 모든 것이 제법 꽤 익숙해졌다. 낯설었던 1월 초의 느낌이 잊힐 만큼 익숙해져 버렸다. 아들

295

은 손하트를 하며 사진을 찍어달라 요청한다. 우리 셋, 호주에서 꼬박 한 달이라는 시간을 잘 지내왔다.-자기관리 역량 밴에 짐을 싣고 있으니, 근처 숙소의 이종사촌 동생도 왔다. 한국으로 돌아가는 날짜도 서로 맞추지 않았는데, 같은 날이고, 비행기 탑승 시간도 1시간 차이지만, 함께 움직이는 것이 여러모로 편해서 동생도 함께 간다.

밴 차창 밖으로 보이는 풍경들을 눈에 가득가득 담아 본다. 호주 시드니에서 경험한 한 달이 아이들에게도 나에게도 기름진 양분이 되어서, 우리가 삶을 살아가다 힘들고 넘어질 때, 힘이 되어주길 바란다. 한 달이라는 시간이 참 희한하다. 짧지도 않고, 길지도 않다. 시작 시점에서는 그 한 달이 짧지 않게 느껴지더니, 끝날 즈음에는 그 한 달이 길지 않게 느껴진다. -정신적 건강

일요일 아침 시간이라 그런지 20분 만에 공항에 도착했다. 공항에 도착해서 체크인하고, 짐을 부친다. 브리즈번으로 갈 때부터 바퀴 하나가 헐렁이던 트렁크 가방, 바퀴 하나가 떨어져 나갔다. '아, 다행이다. 여기까지 버티어줘서 고맙다.'라는 생각이 든다. 한국에 도착하면, 아빠가 나와 있을 거니까 이제는 바퀴가 하나 없는 트렁크도 괜찮다. 결혼 축하 선물로 받은 트렁크가 망가지는 걸 보니, 지난 13년의 세월이 스쳐 지나간다. 내 옆에 있는 아이 둘, 저 트렁크를 선물 받았을 때는 내 몸속에도 없었던 존재들이 이제는 제법 자기 역할을 해낸다.

출국심사를 거쳐, 공항 안으로 들어왔다. 아침 식사를 할 겨를 없이 왔기에, 아침을 먹어야 하는데, 곧 비행기를 타면 밥을 또 주니깐, 배고프지

않을 정도로만 배를 채운다. kfc에서 파는 팝콘 치킨을 호주에서의 마지막 지출로 마침표를 찍는다. 공항에서 한국에 있는 할머니, 할아버지와 통화를 하고 드디어 비행기를 탄다. 한국으로 돌아가는 비행기의 좌석에 앉고 나니, 마음의 짐이 한결 가볍다. 오늘 저녁이면, 한국에 도착하는구나. 마음의 짐이 한결 가벼워짐과 동시에 한국에서 해야 하는 일들이 마구 떠오른다. 한국에 도착하기 전까지는 생각하지 말자고 되뇐다.-정신적 건강

비행기의 이륙은 언제나 설렌다. 공항 활주로로 비행기가 이동하기 시작하고, 엔진이 돌아가는 속도가 빨라진다. 활주로를 달리기 시작한다. 땅에서 바퀴가 떨어지고, 하늘로 비행기가 상승하고 있다. 날개의 각이 이리저리 맞춰지고, 안정권의 궤도에 진입한다.

그렇게 30여 분이 지나고, 식사가 제공된다. 기내식이 나오는 비행기는 호주로 올 때 처음 타보고, 이제 한국으로 돌아가며 또 기내식을 먹는

다. 아이들은 밥이 2번 나오는 거 맞는지 재차 확인한다. 첫 번째 식사로는 비빔밥을 먹었다. 비행기 안에서 먹는 밥은 하늘에서 먹어서 그런가, 밥맛 자체도 맛있지만, 맛이 없는 걸 먹어도 맛있을 거 같다는 생각이 든다. 밥 한 끼 제대로 먹고, 비행기 안에서 제공되는 영화 tv 등을 각자 알아서 본다. 이어폰을 끼고 본인이 보고 싶은 것을 선택할 수 있는 자유가 주어지는 것이 행복하다.

〈인천상륙작전〉 영화를 봤다.

> 사람은 단지 오래 살았다고 늙지 않아.
> 자신의 이상을 버릴 때 비로소 늙게 되는 거야.
> 세월은 피부를 주름지게 하지만
> 포기는 영혼을 주름지게 하지.

호주 한달살이를 오기까지, 사실은 많이 고비들이 있었다. 과연 아이들을 데리고 내가 할 수 있을까? 시기적으로는 지금이 딱 적기인데, 그리고 그러려고 열심히 아이들에게 수영, 영어를 가르쳤는데… 실제로 호주로 가보려고 이것저것 알아보다 보니, 생각한 것보다 비용이 비쌌다. 15년 전에 혼자 호주에 갔을 때 비용을 생각하면, 또 뭐 그리 비싼 것도 아니다 싶다가, 생활 속에서 그 돈을 빼내는 것은 쉽지 않은 일이었다. 그럼에도 불구하고, '시간을 돈으로 살 수 없으니깐!'이라는 생각으로 감행했다. —자기관리 역량 호주에서의 한 달이라는 시간 동안, 영어가 그리 팍 늘지도 않았을 것이며, 눈에 뭔가 선명하게 보이는 성장은 보이지 않을 수도 있다. 하지만, 2024년 1월 남반구에서 지낸 호주의 뜨거운 여름 한 달, 우리가 보고, 듣고, 느낀 다양한 경험들은 아이들과 내 인생에 성장의 거름이 되어 꿈의 씨앗을 피우는 데 자양분이 되리라 생각한다.-정신적 건강

적용하기

본문에서 제시된 사례를 보고 떠오른 과거에 이미 했던 경험, 앞으로 해주고 싶은 경험이 있다면 해당 사항에 표시하고, 적어 보아요.

신체적 건강	
정신적 건강	
사회적 건강	

자기관리 역량	
지식정보처리 역량	
창의적 사고 역량	
심미적 감성 역량	
협력적 의사소통 역량	
공동체 역량	

3

마무리 운동

함께 잘 키워요! 건강+역량 있게!

11 더 나은 방향으로 변화, 성장하다

저와 함께 30일간의 여정을 함께 해주셔서 감사합니다. 《초등 6년의 모든 경험은 성장이다》라는 제목을 보고, 어떤 생각이 드셨나요? 어떤 경험을 해주어야 할까, 우리 아이도 제대로 키우고 싶다, 올바르게 성장을 했으면 좋겠다라는 생각을 펼쳐보셨을 것 같아요.

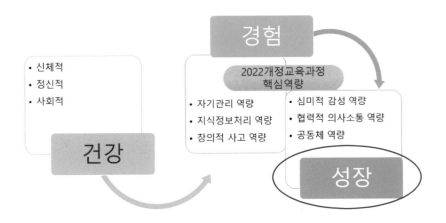

'성장'이란 무엇일까요? 국어사전에서는 사람이나 동식물 따위가 자라서 점점 커짐이라고 정의하고 있습니다. 실제적인 의미로는 단순히 키나 몸무게가 커지는 것이 아니라, '더 나은 방향으로의 변화'라고 생각합니다. 결과보다는 과정의 의미를 내포하고 있고요. 성공이 결과 중심이라면, 성장은 과정 중심이라고 볼 수 있습니다.

아이도 부모도 지속적으로 '성장'해야 합니다. 급변하는 사회에 적응하고 무언가를 할 수 있는 능력을 키우는 일은 필수죠. 아이들이 살아갈 시대에 적어도 이런 능력은 있어야 살아갈 수 있다고 제시한 것이 2022개정 교육과정에서 제시한 6가지 핵심역량입니다. 그 바탕에는 건강이 전제되어야 합니다.

독자님께서는 이 책을 읽으면서 '성장'하셨나요? 저는 이 책을 집필하면서 '성장'했다고 생각합니다. 내가 왜 이 책을 쓰고 싶은지, 독자들에게 나누고 싶은 내용이 무엇인지, 조금씩 조금씩 제 생각이 정리되고, 구체화됐습니다. 수십 번 고치고, 또 고치는 과정을 거쳐서 여러분 손에 닿은 이 책이 부족한 부분이 있겠지만, 제 진심과 생각을 잘 담아보려 애쓰고 또 애썼습니다. 책을 쓰는 과정 자체가 이미 '성장'입니다. 독자 분도 분명히 이 책을 읽으시는 과정 그 차제가 '성장'임에 틀림없습니다. 책 내용 중에 동의하거나 공감하는 부분도 있었을 테고, 또는 나는 좀 생각이 다른데 느껴지는 부분도 있었을 거라 생각합니다. 그 과정 자체가 지식정보처리 역량을 향상시켰으며, 책을 통해 호주 한달살이를 간접적으로 경험함으로써 심미적 감성 역량에도 도움이 됐으리라 생각합니다. 또한 책을 한 권 읽었다는 사실은 자기관리 역량도 충분하다는 것이지요

2) 함께 잘 키우려고 책을 쓰다

제가 생각하고 경험한 것이 정답도 오답도 아닙니다. 그저 아이들의 성장을 위해 올바른 방향을 무엇인지 함께 생각해보고 싶었습니다. 간호사로 근무하던 시절 제 나이는 대학을 갓 졸업하고 스물넷이었습니다. 소아중환자실이니깐, 중증 환아들이 많을 수밖에 없고, 중증 질환이어서 사망하는 아이들이 있을 수밖에요. 아이들이 생사를 헤매는 과정에서 돌봄을 제공하는 1년 차 신규간호사는 간호사로서 해야 하는 업무도 벅찼지만, 그 상황 속에 놓인 것 자체가 너무 힘들었습니다. 환아들의 아픔과 보호자의 슬픔이 가슴 깊이 파고들어서 마음이 찢어지는 듯했습니다. 유난히 아이들을 보면 설레인 마음에 그 아이들을 지키고 싶었고, 간호사로서 담당 환자를 책임감 있게 볼 수 있는 중환자실을 지원했고, 1순위로 지원한 부서에 배치된 운 좋은 신규간호사였는데 말이죠. 그 신규간호사는 정확히 1년을 근무하고 사직합니다. 사직하면서, 품은 꿈이 있었습니다. 아이들이 아프기 전에, 건강할 때 건강을 지킬 수 있는 일을 해야겠다고 마음먹었습니다. 그래서 보건교사 임용시험을 준비했습니다. 사실 그쯤 체육대학을 나오고, 운동선수를 하신 아버지가 갑자기 말기 암 판정을 받았습니다. 아버지의 죽음 앞에서도 저의 진로변경에 대한 의지를 미루거나 변경하고 싶지 않았습니다. 오히려 건강하던 아버지의 급작스런 투병과 죽음은 건강한 사람을 오래도록 더 건강하게 지켜주고 싶은 더욱 간절한 마음을 갖

게끔 하였습니다.

그렇게 간절한 마음을 품고 임용시험을 봤고, 다행히 합격하여 18년째 고등학교 보건교사로 근무하고 있습니다. 교사로서 근무하던 초임 시절에는 그저 건강한 아이들을 만날 수 있는 그 자체가 너무 행복했습니다. 그리고 학생들과 나이 차이도 8-9살뿐이라서 그들의 생각과 마음이 곧 나의 생각과 마음이고, 학생들이 예쁘고 또 예뻤습니다. 그리고 저 또한 아이를 낳고 키우면서 '엄마'가 되었습니다. 학생들을 바라보는 또 다른 눈이 장착되었지요. 부모가 되고 나니, 학생 뒤에 계신 부모님이 보였습니다. 각 가정에서 얼마나 소중한 자식인지가 자연스럽게 생각나고, 그들을 위해 해줄 수 있는 것을 좀 더 깊이 고민하게 되었습니다.

저는 서울의 공립중학교, 공립고등학교를 나왔습니다. 저 역시 현재 서울의 공립고등학교에서 근무 중입니다. 공립중고에서 만난 저의 은사님들과 함께 근무하기도 하였습니다. 특별히 고2 때 수학 선생님, 고3 때는 담임선생님이셨던 은사님이 계신데요. 3-4년 전에 갑작스럽게 암으로 떠나셨습니다. 언제나 저를 믿고 응원해주신 잊을 수 없는 은사님이시죠. 선생님이 제게 주신 사랑을 저와 인연이 닿지 않는 학생들에게도 사랑으로 전할 수 있는 방법이 바로 '책'이었습니다. 이 책을 읽은 부모님의 아이는 적어도 조금 더 건강해질 수 있을 거라고 생각합니다.

소아중환자실에서 떠나보낸 환아들, 말기암 진단으로 갑작스럽게 돌아가신 아빠, 그리고 고3 담임선생님을 생각하며 여전히 건강한 아이들을 더 오래도록 건강하고 행복할 수 있게 지켜 주고 싶은 마음이 간절합니다.

고등학교 보건실에 오는 학생들 중에는 신체 증상을 호소하지만, 신체 증상의 원인은 마음의 문제인 경우가 많습니다. 학생들의 마음이 좀 더 단단해야겠구나를 느끼는 순간이 매우 많습니다. 그런 이유로 저는 이 책을 썼습니다. 마음이 건강하고, 신체도 건강하며, 사회적인 관계도 잘 유지하는 사람, 그리고 성적만 좋은 아이가 아니라, 고등학교, 대학교를 졸업하고 사회에서도 자기주도적으로 삶을 살아갈 수 있는 힘, 그 역량을 키워주고 싶었습니다.

축구선수 손흥민을 생각해 보세요. 축구를 잘하는 것은 기본이고, 인성도 훌륭합니다. 도전, 끈기, 인내, 성실, 희생, 배려 등 인품이 그야말로 월드클래스입니다. 인성이 만들어지는 시기는 사실 초등학교 시절입니다. 중 · 고등학교 성인이 되어서도 노력하고 변화할 수 있지만, 대부분의 습관은 초등 시기에 형성됩니다. 초등 시기에 형성되는 건강 및 학습 습관을 제대로 만들어주고 싶습니다. 아이들의 습관은 사실 많은 부분 가정에서의 분위기가 스며들게 되지요. 부모가 어떤 방향으로 이끌어주느냐에 따라 아이들은 유연하게 바뀝니다.

그럼 내 아이만 혼자 잘 키워서 1등, 수석하면 되는 거 아닌가? 라고 생각할 수도 있는데요. 아이 주변 사람들이 건강하고 행복해야 제 아이도 건강하고 행복해지거든요. 주변 사람은 아이에게 사회적 환경이 됩니다. 아이와 에너지를 주고받는 사람이 건강해야죠. 아이의 친구도, 아이의 담임 선생님도, 아이가 다니는 학원 선생님도 건강하고 행복해야 제 아이도 건강하고 행복해지는 것은 진리입니다. 제 아이만 잘 키우는 것이 아니라,

우리가 다 함께 잘 키워야 하는 이유이고요. 우리 함께 건강하고 행복하며 자기주도적으로 삶을 살아가요.

호주 한달살이를 저와 아이들만 경험하고 끝나는 것이 아니라, 간접적으로라도 나누고 싶었습니다. 호주를 다녀왔다는 자랑이 아니라, 호주를 갔던 목적을 생각하며, 제가 깨닫고 느낀 것들을 제 아이 친구의 부모님들과도 나누고 싶었습니다. 함께 잘 키워야, 제 아이가 진짜 건강하고 행복할 테니까요.

또 하나 잊지 말아야 하는 사실은요, 부모가 건강하고 행복하게 자기주도적으로 살아간다면, 아이도 그럴 가능성이 매우 높습니다. 자연스럽게 스며들기 때문입니다. 아이도 부모님도 건강하고 행복하기를, 역량 있는 구성원이기를 간절히 소망합니다.

3) 건강+역량에 도움이 되는 활동

신체적, 정신적, 사회적 건강 그리고 자기관리 역량, 지식정보처리 역량, 창의적 사고 역량, 심미적 감성 역량, 협력적 의사소통 역량, 공동체 역량에 대해 완벽한 이해는 아니더라도, 개념적으로 건강은 3가지 측면으로 봐야 하고, 6가지 핵심역량의 제목 정도는 자연스럽게 익혀지셨지요?

호주에서 경험한 저와 아이들의 일상을 살펴보시면서, 여러분이 경험한 비슷한 상황도 떠올랐을까요? 떠오르는 경험이 없다면, 그건 경험을 하지 않은 것이 아니라, 일상 속에서 유의한 경험을 발견하는 시야가 다소 부족할 뿐입니다. 사실은, 건강하고 역량 있게 키우는 방법이라고 해서 특별한 비법이 있지 않습니다. 다만, 아이들의 일상을 바라볼 때, 점수와 레벨만이 아닌, 건강과 역량의 잣대로 삶을 바라볼 수 있는 눈을 갖는 것이 우선되어야 합니다.

이제는 균형 잡힌 건강과 핵심역량에 대한 개념이 생겼을 테니까, 지금부터 아이들이 겪는 일상에서 유의미한 경험을 찾아볼까요?

● 단체 운동 : (예) 농구, 축구, 배드민턴 등

'운동' 자체가 신체적 건강 향상에 도움이 된다는 것은 설명하지 않아도 될 만큼 누구나 잘 압니다. 단체 운동의 경우, 팀원들과 의사소통을 해야 하기 때문에 '사회적 건강'이 향상되며, '협력적 의사소통 역량'을 향상시

킬 수 있습니다. 뿐만 아니라 '공동체 역량'도 향상됩니다. 팀의 일원으로서 팀에 기여할 수 있는 본인의 역할을 생각하고, 역할 수행을 위해 노력을 하게 되니까요.

● 악기 연주 : (예) 피아노, 바이올린, 오케스트라

악기를 연주한다는 것은 연주할 수 있도록 '연습'을 한다는 것입니다. 연습의 결과로 연주를 하게 되죠. 본인이 연주하는 선율을 들으며 정서적으로 안정됩니다. '정서적 건강'에 도움이 되지요. '심미적 감성 역량'이 향상되고, 음악을 듣다 보면 '창의적 사고 역량'도 향상될 수 있습니다. 자유롭게 생각을 확장하며, 상상력을 바탕으로 새로운 아이디어를 창출할 수 있기도 합니다.

● 다이어리 쓰기 : (예) 학습플래너, 방학생활계획

1년, 한 달, 한 주, 하루를 자기주도적으로 보낼 수 있는 방법입니다. 목표를 설정하고 시간을 관리하여 성취를 경험할 수 있어 '자기관리 역량' 향상에 도움이 됩니다. 해냈다는 성취감은 자존감을 높여주며, '정서적 건강'을 증진시킵니다. 목표한 바를 성취하지 못했을 때는 원인과 개선방안을 생각해 볼 수 있습니다. 그리고 또 목표한 바를 이루지 못했다고 실망하고 좌절하는 것이 아니라, 다시 시도해보는 것입니다. 이 또한 성취해낸 경험만큼 중요합니다. 성취하지 못했을 때, 다시 일어나는 힘 '회복탄력성', 성취될 때까지 하는 '끈기' 등 '정신적 건강'과 관련이 깊습니다.

● 함께 책 읽기

혼자서 하는 독서도 물론 의미가 있지만, 같은 책을 읽고 다른 사람들과 생각과 마음을 나누는 활동을 하면, 책을 더 깊게 읽어낼 수 있습니다. 타인과 한 책에 대해서 의견을 나누는 과정을 통해서 '협력적 의사소통 역량'이 향상됩니다. 같은 책을 읽고 생각이 다른 점을 이해하며, 문제 해결 및 융합적 사고에 도움이 되어 '창의적 사고 역량'이 향상될 것입니다. 뿐만 아니라, 책을 읽는 과정을 통해 자아가 성장하므로 정서적 건강에 도움이 되고, 함께 나누는 과정을 통해 사회적 건강에도 도움이 됩니다.

● 예술 감상하기 : 미술관, 콘서트, 영화 등

그림, 음악, 영화 등 예술작품을 감상하는 경험은 삶을 풍요롭게 합니다. 정서적 건강에 도움이 되지요. 아름다움을 인식하며, 예술작품에 내재된 의미를 탐구하고 비판적으로 감상할 수 있습니다. 이러한 과정 속에서 자신의 생각과 감정에 몰입하게 됩니다. 집중력이 향상되는 것은 물론이고, '심미적 감성 역량'이 풍부해질 것입니다. 예술작품의 내용에 따라 '공동체 역량'이 향상될 수도 있습니다. 예를 들어, 감염병과 관련된 영화를 봤다면, 감염병의 문제, 사회 및 국가의 대응 등에 대해서 생각하며 '공동체 역량'이 향상될 것입니다.

제가 호주를 갔던 이유는 아이들을 학교와 학원으로만 채워지는 일상이 아닌, 새로운 곳에서 적응하는 경험을 하며, 아이들의 건강 상태와 역량을 확인해보고 싶었던 것이었습니다. 호주가 아니어도, 한 달이 아니어도 괜찮습니다. 주말을 이용해서 캠핑, 박물관 관람, 대회 참가 등 다양한 경험을 해보며, 아이들의 건강 상태와 핵심역량을 확인해 주세요. 그리고 앞으로 아이들이 건강하고 역량을 키울 수 있도록 키워주세요. 건강하고 역량이 있는 사람이라면, 설령 당장 점수가 높지 않아도, 언젠가는 잠재된 능력은 빛을 발한다고 생각합니다.

레벨과 점수만으로 아이를 평가하면 미래 사회의 인재로 키우기 어렵다고 감히 말씀드립니다. 변동성, 불확실성, 복합성으로 특징되는 미래 사회에서 아이들은 유연해야 합니다. 사회의 변화를 읽어내고, 변화에 적응해야 합니다. 시험지에 나오는 문제만 열심히 풀어서는 어렵습니다. 우리가 살아가는 사회는 정답과 오답이 있지 않습니다. 당장은 학원 레벨과 점수가 아이의 미래를 보장해주는 지표로 느껴지실 수 있습니다. 다만, 그것은 측정하기 쉽고, 당장 가시적으로 보이는 결과일 뿐입니다. 정답을 찾으려고 어떠한 노력을 어떻게 했는지, 오답을 고치려고 어떠한 노력을 어떻게 했는지로 포커스를 옮겨보세요. 과정중심평가, 성장중심평가라는 단어들이 정답, 오답의 결과가 아닌, '과정'을 보겠다, 성적이 아닌 '성장'을 보겠다라는 의미이지요. 오답이 왜 오답인지 이유를 명확히 알고, 그 어떤 어려움과 고비가 와도 포기하지 않고, 정답을 찾아가는 과정이 연습되어야 합니다. 그래야 삶을 제대로 살아낼 수 있습니다.

부록

호주
한달살이
준비하기

11) 한달살이 국가 선정 : WHY 호주?

우리나라의 학사일정은 겨울방학이 한 달 이상 확보된다. 학교에 따라서 2월 초에 개학을 하기도 하지만, 대부분의 초등학교는 1-2월 연속 방학을 한다. 한달살이를 다녀오고 나서, 신학기를 준비하기에도 여유가 있는 겨울방학이 여름방학보다 한달살이를 가기에 시간적으로 부담이 덜 된다.

그렇다면 겨울방학에 떠나는 한달살이, 왜 호주를 선택했을까? 에 대해서 구체적으로 알아보자. 최근 한달살이를 많이 가는 나라는 말레이시아, 필리핀, 태국 등 동남아시아 국가들이다. 현지 물가, 숙박, 어학원 등 비용적인 측면, 한국에서 5-6시간이면 도착하는 비행 거리, 시간, 항공료도 부담이 덜 된다. 물론 지인이 있거나, 특별한 이유로 미국, 영국으로 한달살이를 가기도 한다. 우리가 선택한 호주는 남반구에 위치해서 우리나라가 겨울이지만, 호주는 여름이다. 여름이라는 계절은 옷의 무게가 가볍기에 일단 짐이 겨울보다는 가볍다. 첫째, 가벼운 옷이 한달살이의 짐의 무게를 줄여주는 부분도 분명히 있다.

둘째, 우리나라는 '겨울'이라는 계절인데, '여름'이라는 계절을 경험하게 하고 싶었다. 지구의 북반구와 남반구의 차이를 몸으로 경험하면, 지구의 공전, 계절의 변화 원리를 자연스럽게 이해하게 될 것이다. 적도 가까이 위치한 동남아시아도 우리나라 여름만큼 더울 수 있지만, 동남아시아는 한달살이가 아니더라도 여행으로도 가봤고, 갈 수 있으니까, 한 달이라는 시간과 돈을 투자한다면 남반구의 나라를 가고 싶었다. 물론, 비용은 동남 아시아 국가보다 많이 든다. 돈과 시간 비용을 생각했을 때, 비용 측면에서 조금 덜 부담되는 동남아시아와 비용은 조금 더 부담되지만, 한달살이의 기회가 한 번뿐이라면 호주를 갈 것이냐를 생각했을 때 고민 없이 후자를 선택했다.

셋째, 대부분 국가가 북반구에 많고, 우리나라도 북반구에 위치하지만, 남반구에 위치한 나라를 경험함으로써 세상에 대한 패러다임이 절대적인 것이 아니라, 상대적임도 자연스럽게 깨닫게 하고 싶었다. 크리스마스에는 눈이 와야 하지만, 크리스마스에 더워서 바닷가에서 수영할 수도 있음을 직접 느끼게 해주고 싶었다.

넷째, 말레이시아, 필리핀, 태국에서도 영어연수를 할 수 있지만, 아이들이 성인이 돼서 유학을 가기도 하는 국가, 선진국으로 가고 싶었다. 한달살이의 경험이 꿈의 씨앗이 될 수 있기를 바라는 마음이 컸다. 해외 유학이 아니더라도 워킹홀리데이, 어학연수 등 꼭 해야 하는 것은 아니지만, 할 수도 있는 국가에서 '살아보고' 싶었다. 비록 한 달이라는 짧은 시간이지만.

다섯째, 호주에 있는 지인들을 만나고 싶었다. 20년 전 미국 여행에서 만난 친구, 호주에서 잠시 한국에 거주하려고 왔을 때 인연이 닿은 아들의 친구, 호주에서 치과대학을 다니는 영어강사, 글로벌 임상연구 회사에서 일하는 첫 학교 제자 등 내가 만나고 싶기도 하고, 아이들에게도 호주라는 나라에서 살고 있는 사람들의 이야기를 아이들에게 자연스럽게 전하고 싶었다. 그 사람들이 어떤 과정을 거쳐서 호주에 서주하게 되었는지를 알게 되고, 그 과정을 통해 삶의 태도를 배우기를 원했다.

여섯 번째, 혹여라도 많이 아프거나 사고 등 긴급상황이 발생했을 때, 현지에서 도움을 줄 수 있는 사람이 있는 나라였다. 나를 도와줄 수 있는 사람보험이 있는 나라, 마음의 짐이 가벼워지는 나라였다.

혹시나, 호주 한달살이를 고민 중인데, 호주에 지인이 없다고 망설여진다면, 지인이 없는 경우에 좀 더 안전하게 가는 방법(현지 매니저를 낀 여행)도 있다. '호주'가 아닌 다른 나라로 한달살이를 떠난다면, 왜 이곳이어야 하는지 그 이유를 구체적으로 생각해 볼 필요가 있다. 혹시나 한달살이를 가고 싶은데, 비용과 시간이 여유롭지 않아서 못 가는 상황이라면, 한국에서의 한달살이를 가도 그 또한 괜찮다. 사실, 한달살이가 아닌, 그냥 살던 내 집과 일상이더라도, 한달살이를 떠난 듯한 시선으로 일상을 다시 살펴볼 수 있는 시선을 찾을 수 있기를 바란다. 중요한 것은 <u>우리가 보내는 일상을 '깨어있는 시선'으로 바라볼 수 있느냐</u>다.

한달살이 스케줄링   한달살이 시기, 비용, 국가

2| 항공권 구입하기

√ 직항 항공권 150만 원 내외
√ 경유 항공권
  [1] 갈 때, 올 때 모두 경유 : 80-90만 원 내외
  [2] 갈 때, 또는 올 때 1번 경유 : 120만 원 내외

직항의 경우는 10시간 비행으로 도착하나, 비용이 150만 원 내외다. 선택의 기준에서 시간과 비용을 동시에 고려해야 하는데, 우리 가족의 경우 남편이 3박 5일 일정으로 다시 한국으로 와야 해서, 시간과 체력을 낭비하지 않아야 하는 것이 우선이었다. 또한 비즈니스를 타지는 못하지만, 기내식이 포함된 편안한 비행을 하자는 목표를 두고, 아시아나 직항을 이용하였다.

아시아나를 이용하고 마일리지로 여름에 제주도 편도항공권을 무료로 이용할 수 있었던 것을 생각하면 나쁘지 않은 선택이었다고 생각한다. 남편만 한국으로 먼저 돌아갈 때는 젯스타를 이용했는데 비용이 저렴한 대신 물 하나도 비용을 내야 하고, 좌석의 크기도 좁아서 매우 불편했다고 한다. 모든 경우에 장단점이 있으므로, 본인의 상황에 맞게 선택하면 될 것으로 생각된다. 비용을 줄이고 싶다면, 불편함을 감수하고, 비행시간을 줄이고 싶다면 비용을 높여야 한다. 스탑오버 기회를 이용해서 싱가폴을

들러 여행을 하고 호주로 입국한 가족도 있었고, 중국 항공사를 이용하여 중국에서 1-2시간 경유하는 항공을 선택하기도 했다. 10만 원의 차이라고 해도 3명이면 30만 원이니, 비용과 시간, 체력 등을 적절히 고려해서 선택하면 좋겠다.

3) 숙박 예약하기 : 호텔 vs 에어BnB

장기간 숙박을 알아볼 때 에어BnB가 호텔보다 저렴하다고 알고 있다. 하지만, 호주의 극성수기(12-2월)에는 호텔과 에어BnB의 차이가 거의 없었다. 어떤 경우에는 에어BnB가 더 비싸기도 했다. 12월 30일, 12월 31일, 1월 1일의 시티 내 호텔 가격은 평상시 가격의 2-3배라서, 3일 동안은 시티 외곽 지역(파라마타, 기차로 30분 소요)에서 머물렀다. 파라마타 지역의 숙박비도 평소 가격의 2배는 됐다.(50만 원/일) 1월 2일부터는 시드니 도심 내 시티홀 근처의 주방이 있는 아파트먼트 호텔에서 머물렀으며, 주중과 주말의 요금 차이가 있지만 평균 23만 원 내외였다. 호텔을 예약할 때는 한 어플로 예약을 완료하면, 10번의 숙박에 1번의 무료 숙박 티켓이 나오는 것을 사용할 수 있다. 30일 중 2일 숙박은 무료쿠폰을 사용하였다. 에어BnB가 가격적인 측면에서 저렴하지 않다면, 호텔이 더 편했던 점이 매일 청소도 해주고, 비상시에 도움을 청할 수 있는 호텔 데스크 직원이 있다는 점이다. 숙박 장소는 도심이 근교보다 조금 더 비싸지만, 오고 가는 교통비와 시간을 생각하면, 도심에 머무는 것이 시간도, 돈도 절약할 수 있기에, 숙박을 정할 때, 단지 숙박비만 보고 정하기보다는 이동시간, 교통비도 생각하고 결정하기를 추천한다.

4) 호주비자 받기

호주 시민권자가 아닌 경우, 정식 호주 비자가 있어야만 입국이 가능하다. 뉴질랜드 여권 소지자는 입국 후 비자를 발급받아도 되지만, 타 여권 소지자는 연령에 관계없이 본국에서 출국 전에 비자를 신청해야 한다. ETA 비자(Electronic Travel Authority visa)는 전자 관광비자로, 1년 동안 무제한 입국과 각 방문 시 최대 3개월 체류가 가능하다. 비용은 20달러고, 24시간 이내에 발급된다. 이 비자는 호주 외 다수 국가 및 지역 여권 소지자에 한해 발급이 가능하다. 신청 방법에 관한 단계별 가이드는 호주 정부 내부무(Austrailian Goverment, Depart of Home Affairs)안내 사항을 참고하면 된다. (QR코드)

호주 비자 신청 방법

5) 여행 예산 짜기

● 30일 여행 경비

항목	내역	금액(만원)	
항공권(인천-시드니)	150만 원*4명	600	
항공권(시드니-브리즈번)	14만 원*3명	42	
항공권(골드코스트-시드니)	12만 원*3명	39	
투어(포트스테판)	15만 원*4명		60
투어(오페라하우스)	8만 원*3명		24
투어(블루마운틴)	8만 원*3명		24
숙박(30일)	23만 원*30일		690
30일 생활비	10만 원*30일		300
선물			70
외식(3명)	6만 원(3명)*6회		36
교통비(교통카드, 택시 등)			50
합계			1935

약 2000만 원의 경비가 들었다고 볼 수 있지만, 호주를 가지 않고 한국
에 있어도 들어가는 생활비를 제외하고 비교를 하는 것이 맞다고 본다. (4
인 가족 한국에서도 한 달, 최소한 400만 원은 지출) 생활비를 제외하고
1500-1600만 원의 경비라고 생각하면, 총 경비의 항공권(700만 원), 숙
박비(700만 원)가 전체 비용의 50% 이상 차지한다. 물론 우리가 호주를
방문했던 시기(12-2월)가 극성수기였기 때문에 더욱 비쌌다고 생각한다.

한국의 비싼 집값, 전월세 비용을 생각하면, 호주 호텔 숙박비가 많이
비싼 것은 아니라고 합리화했다. 우리가 머물렀던 호텔은 연말 3일은 시

티 내 숙박비가 너무 비싸서, 외곽(파라마타, 기차 타고 30분 소요)에 있었다. 1월 2일부터는 시드니 시티 내로, 어학원을 도보로 다닐 수 있고, 주방이 있는 곳이었다. 호스텔에 머무는 비용이 1인 8만 원이라고 했을 때, 3명(어른1, 아이2)이 머물면 총합이 비슷해진다. 호스텔에 비해 가족끼리만 있으므로 아이들과 함께 거주하기에 훨씬 편리하다.

생활비로 잡은 것은 아침, 점심, 저녁 식사를 마트에서 식재료를 구매해서 요리했을 때의 금액이다. 아침은 주로 한국식으로 누룽지, 국, 밥 등을 먹었다. 초반에는 한국에서 가지고 간 햇반, 컵밥, 라면 등을 먹었지만, 중반 이후에는 현지 한국마트에서 식재료를 구매했다. 점심은 아이들이 어학원을 다니는 동안에는 도시락을 준비했고, 저녁은 소고기 등 고기류를 구워먹었다. 고기 가격만큼은 호주가 한국보다 저렴했다. 외식은 거대한 코스 요리가 아니라, 햄버거, 치킨, 피자 등 함께 먹는 음료까지 생각하면 1인 2만 원 정도는 들었다. 시티 안에 거주해서 매일 드는 교통비가 거의 없었어도 주말에 이동하거나 주중 오후 시간을 이용해서 시드니 대학을 가거나 할 때 드는 대중교통비용도 생각보다 많이 들었다.

● 신용카드, 직불카드, 현금

신용카드는 비사용으로, 직불카드와 현금은 7대3 정도의 비율로 준비해 가는 것을 추천한다. 햄버거 가게 등 카드로만 결제가 가능한 곳들이 있어서, 직불카드 또는 신용카드가 필수다. 신용카드는 환전 수수료 등이 있으므로, 직불카드를 준비하는 것을 추천한다.

신용카드	- 직불카드를 분실 가능성 대비 신용카드 1-2개 예비용으로 가져 가기(마스터, 비자 다른 종류로 가져가는 것을 추천)
직불카드 (트레블로그, 트레블월렛)	연간 국가별 환전 한도 금액 있음, 환전수수료 없음, 재환전수수료 가 있으므로, 필요한 만큼 환전해서 사용 -카드로만 구매 가능한 곳이 있어 필수 준비
현금(호주 달러)	-아이들이 구매해보는 경험을 위해서 용돈 호주 달러로 환전(1인 300달러) -직불카드 한도가 있고, 카드 분실 위험 등 예비비로 환전 -시장, 대형마트, 작은 기념품가게 등에서는 현금 사용

6) 짐 챙기기 : 물병, 도시락, 한식재료, 우산, 의상(긴팔 필수), 상비약 등

* 개인물병 : 마트에서 1리터 생수는 저렴(80센트)하지만, 500리터 생수(2달러)를 편의점에서 사면 비싸다. 물병에 생수를 담아서 나가면 좋을 것 같다.

* 도시락통 : 마트에서 파는 음식을 도시락통에 담아서 공원 등에서 먹어도 좋다. 호주는 식당에서 파는 음식이 생각보다 비싸고, 많은 사람이 공원에서 샌드위치나 도시락을 먹는다.

* 한식 재료 : 김, 햇반, 누룽지, 장조림, 컵라면, 봉지라면(라면, 비빔면), 국
  - 호주에도 한국마트가 있어서 한국보다 조금 더 비싸지만, 대도시 주변에서는 한국 식재료를 구입하는 것이 어렵지 않다. 다만, 그 도시에 한국마트가 어디에 있는지 알기 전에 급하게 한식이 필요할 때를 생각해서 준비하면 될 것 같다.

* 상비약 : 알러지약, 진통해열제(타이레놀) 등 개인 건강 상황에 맞게 준비한다.

* 수영복 : 호텔 내 수영장에서는 실내용 수영복이 편하고, 바닷가 물놀이에서는 래쉬가드가 있으면 좋다.

* 우산 : 생각보다 비가 자주 와요. 비가 오다가 바로 맑아지기도 하고, 맑다가 비가 오기도 한다. (시드니 기준)

* 긴팔 남방, 얇은 점퍼 : 날씨가 한국 여름처럼 덥지 않고, 바람이 불면서 살짝 춥게 느껴진다. 에어컨을 튼 곳에서도 긴팔 남방이 필요하다.
* 원피스(편한 원피스, 정장 원피스) : 사진을 찍을 때 원피스가 이쁘게 나올 때가 많고, 공연을 볼 때 정장 원피스를 입으면 좋을 것 같다.

한달살이 준비물

7) 시드니 공항(시내)에서 시내(시드니 공항)로 이동하는 방법

시드니 공항에서 시내로 들어가거나, 시내에서 공항으로 오는 방법은 크게 4가지 방법이 있다. 여행 인원수, 짐의 무게, 개수, 아이 동반 여부 등 상황에 따라 적합한 것을 선택하면 된다. 시드니 공항에서 내려 시드니 도심에서 외곽으로 떨어진 파라마타로 가야 할 때는 공항철도를 이용했다. 인원 4명에, 캐리어 외 짐이 많아서 대형택시가 더 비쌀 거라고 생각하고 기차도 타볼 겸 공항철도를 이용했다. 어른 2명, 아이 2명의 요금으로 약 6만 원이 지출되었고, 택시요금과 엇비슷했다. 공항철도와 기차를 이용하며 시드니 교통을 익히고, 전철역에서 호텔까지 걸어가며 길을 익혔다는 장점이 있다. 시드니에서 브리즈번으로 국내선 비행기를 타고 여행할 때는 짐이 다소 가벼워 〈버스+기차〉를 이용했다. 비용이 저렴하지만, 짐이 절대적으로 가벼워야 가능하다. 아이들과 버스를 타고 내리고, 전철역으로 이동하는 것이 쉽지 않다. 한국으로 돌아갈 때는 짐이 많기도 하고 교통카드의 잔액을 환불하기가 어려워서 최소 잔액을 남기고, 우버를 이용해서 공항으로 이동했다. 호텔 앞에서 타고, 공항에 내려주니 짐을 들고 이동하는 거리가 거의 없어서 편리했다. 본인의 상황에 맞게 4가지 서비스 중에서 적절한 것을 선택하면 된다.

1) 픽업서비스

여행 어플(줌줌투어, 클룩, kkday 등)을 통해 개인 맞춤 픽업서비스를 요청할 수 있다. 공용 픽업은 비용은 1인 3만 원 내외다.

2) 우버 + 택시

시드니 도심으로 이동하는 경우 4-5만 원가량의 요금이 나온다. 짐이 많거나 아이가 있는 경우, 숙소 앞에 내릴 수 있어 이동이 편리한 장점이 있다.

3) 기차(공항철도)

공항에서 연결되는 공항철도를 타면 시내까지 12분이면 도착한다. 다만 기차 요금이 18,000원(2024년 기준)이기에, 3명 이상이라면, 우버(택시)를 이용하는 것이 조금 더 저렴하고 편할 수 있다.

4) 버스 + 기차

버스를 타고 공항 밖 구역으로 이동해서, Mascott 역에서 기차를 타면, 공항철도는 이용하지 않아서 저렴하고 빠르게 시내로 진입할 수 있다. 다만, 버스 승차장까지 걷고, 버스를 타고 내릴 때 짐을 들어야 하고, 짐을 들고 기차역으로 이동해야 하므로, 들고 다니는 짐의 크기, 무게, 아이 동반 여부 등을 고려해야 한다.

[TIPS] 한달살이 전에 배워서 가면 좋은 것 : 수영, 미술, 역사, 과학

● 수영

수영 강대국인 호주에는 공공수영장이 많다. 우리나라 지역마다 도서관이 있듯이, 수영장이 지역마다 있으며, 시설의 규모, 질도 우수했다. 수영 강국이 될 수 있는 사회기반이 잘 갖추어져 있다. 우리나라에서도 국가에서 운영하는 국민체육센터가 많이 생기고 있다. 한국에서는 초등학교 3, 4학년 대상으로 〈생존수영〉 프로그램이 있어서, 1, 2학년 학생들이 수영을 많이 배우고 있다. 첫째는 7세에 6개월을 배우다가 그만두었고, 이후 코로

나 상황으로 수영을 배울 수 없었다가, 호주 가기 1년 전부터 수영을 다시 배웠다. 둘째 아이도 1학년 여름방학부터 배우기 시작했으니 1년 6개월 정도 배우고 호주를 간 것이다. 사실은 호주로 떠나기 1년 전에 이미 호주를 간 친구를 보고, 호주를 간다면, 수영장에서 수영을 잘할 수 있으면 더 의미 있겠다라는 생각을 했다. 호주를 갈 수도 있다는 생각에, 수영을 의도적으로 꾸준히 가르쳤다. 접영, 배영, 평영, 자유형 4개의 영법을 그래도 영법답게 할 수 있는 아이들은 호주 수영장에서 제대로 즐길 수 있게 있었다. 4개의 영법을 배우는 데 주 2회 수업으로 약 1년 정도 걸린 것 같다. 수영을 배우고 오면, 수영강국 호주를 조금 더 내것이 되는 추억을 많이 만들 수 있다. 본다이 비치 아이스버그 수영장에서, 시드니 올림픽 수영장에서 접배평자 4개 영법을 자신감 있게 해본 경험을 잊지 못할 것이다.

● 미술

우리집 아이들은 글씨로 생각과 마음을 표현할 수 없는 나이, 3-6세에 그림을 참 많이 그렸다. 잘 그리든, 못 그리든 본인이 인상 깊은 경험이나 장소가 있으면 그림으로 표현했다. 그렇게 그림으로 생각과 마음을 그려내는 아이들이라 독후감상화대회, 미술대회 등을 경험할 수 있게 했다. 우연히 미술대회에서 상을 받은 경험은 미술학원에서 그림을 좀 더 배우고 싶은 동기를 유발했다. 다행히도 미술학원이 집 가까이 있었고, 미술학원을 다니면서 아이들의 그림은 좀 더 성장했다. 호주를 가기 전에도 호주 랜드마크인 하버브릿지를 그려보곤 했다. 글로 표현하는 것이 쉽지 않은 나이의 아이들에게 그림은 생각과 마음을 표현하는 통로가 된다. 글로 표현할 수 있는 나이라고 해도 글이 아닌 그림은 또 다른 이야기를 담을 수 있다. 그림으로 표현하는 것에 익숙해지면 삶이 좀 더 풍요로워진다고 생각한다.

그림은 경험과 정보가 소화되어 나오는 아웃풋이며, 점수를 매기지 않아도 되고, 못 그려도 잘 그려도 그림 자체로 가치가 있다. 그리고 그림을 그리는 아이들은 관찰력이 풍부해지고, 그림을 완성해내는 끈기와 그림을 그리는 동안 충분히 몰입하여 집중력 또한 향상된다.

'호주'의 국기 모양의 의미는 무엇일까? 로 시작해서 호주의 역사에 대
한 호기심을 자극한다. 영국의 유니언잭이 포함되어 있는 이유에 대해서
도 이야기를 나눠볼 수 있다. 호주는 1770년 영국의 제임스 쿡 선장이 뉴
사우스웨일스(남쪽의 새 웨일스)라고 이름을 명명하면서 역사가 시작된
다. 1776년 영국에서 유죄판결을 받은 사람들이 이주하면서 약 80년간 죄
수들이 유입되었고, 16만 명 정도다. 18세기 후반부터는 자유 의사로 이민
온 사람들이 증가했으며 영국계 호주인, 독일계 호주인이 주류를 이루었
다. 1900년 영국 빅토리아 여왕이 호주 연방을 인정하면서, 1901년 6개의
주가 하나의 연방으로 연합하였다. 2차 세계대전 이후로는 영국보다 미국
과 지내는 것이 현재는 중국, 인도, 한국, 베트남, 태국 등 아시아 사람들도

많이 거주하고 있다. 말 그대로 다문화 국가답게, 호주에서는 다양한 나라의 음식을 맛볼 수 있다.

　파란색 바탕 왼쪽 상단에 붙어 있는 유니언 잭은 오스트레일리아가 영국 연방의 일원임을 의미한다. 유니언 잭 아래쪽에 그려진 커다란 하얀색 칠각별은 연방의 별(Commonwealth Star)이라고 불리는데 이는 오스트레일리아를 구성하는 주와 준주를 의미한다. 국기 오른쪽에 그려진 5개의 크고 작은 하얀색 별(4개의 칠각별, 1개의 오각별)은 남십자자리를 표시한다. 남십자 별자리는 남반구에서만 보이기에 호주의 지리적인 위치를 나타낸다.

● 과학

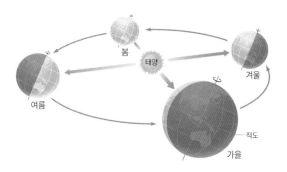

　호주는 남반구에 위치한 나라로, 지구의 공전, 계절의 변화를 몸으로 느낄 수 있는 국가다. 북반구와 남반구의 계절이 반대인 걸 인식하며, 지구

의 공전과 계절의 변화에 대해 자연스럽게 이해하게 된다. 호주 대륙에서 멜버른이 시드니보다 선선하고, 브리즈번이 시드니보다 기온이 높은 이유에 대해서도 생각할 수 있다. 남반구에서는 적도에 가까워질수록 기온이 높아지는 현상을 이해할 수 있다. 호주에 사막이 많은 이유에 대해서도 강수량이 적기 때문이며, 비는 수증기가 있어서 생기는데, 남극에서 불어오는 냉기가 수증기의 생성을 저해하기 때문이라고 설명할 수 있다. 브리즈번 도심을 흐르는 강이 진흙이 섞인 듯이 누런색이었는데, 이 또한 강바닥 아래가 모래가 아닌 뻘이라서 강물 색이 누렇다고 설명해 줄 수 있다.

초등 6년의 모든 경험은 성장이다

(featuring. 마흔다섯 살, 열세 살, 열 살의 호주 한달살이)

초판인쇄 2024년 10월 31일
초판발행 2024년 10월 31일

지은이 황희진
펴낸이 채종준
펴낸곳 한국학술정보(주)
주 소 경기도 파주시 회동길 230(문발동)
전 화 031-908-3181(대표)
팩 스 031-908-3189
홈페이지 http://ebook.kstudy.com
E-mail 출판사업부 publish@kstudy.com
등 록 제일산-115호(2000. 6. 19)

ISBN   979-11-7318-036-1 03370